高等职业院校学生专业技能考核标准与题库

广告设计与制作

曹大勇 刘 征 赵 敏 等编著

湖南大学出版社

内容简介

本书为高等职业院校学生专业技能考核标准与题库之一。

本书包含广告设计与制作专业技能考核标准、广告设计与制作专业技能考核题库两大部分，涉及构成设计、平面广告设计、品牌形象设计与制作等 10 个技能考核模块，均配有试题文本素材电子资源。

图书在版编目 (CIP) 数据

广告设计与制作／曹大勇等编著. —长沙：湖南大学出版社，2020.1

（高等职业院校学生专业技能考核标准与题库）

ISBN 978-7-5667-1833-4

Ⅰ．①广… Ⅱ．①曹… Ⅲ．①广告设计—高等职业教育—习题集 Ⅳ．①F713.81–44

中国版本图书馆CIP数据核字（2019）第269427号

高等职业院校学生专业技能考核标准与题库

广告设计与制作
GUANGGAO SHEJI YU ZHIZUO

编　著：曹大勇　刘　征　赵　敏　等	
责任编辑：贾志萍　杨　锴	责任校对：尚楠欣
印　装：长沙市昱华印务有限公司	
开　本：787mm×1092mm　16开	印张：16　字数：399千
版　次：2020年1月第1版	印次：2020年1月第1次印刷
书　号：ISBN 978-7-5667-1833-4	
定　价：48.00元	

出 版 人：雷　鸣
出版发行：湖南大学出版社
社　　址：湖南·长沙·岳麓山　　　邮编：410082
电　　话：0731-88822559（发行部），88821593（编辑室），88821006（出版部）
传　　真：0731-88649312（发行部），88822264（总编室）
网　　址：http://www.hnupress.com
电子邮箱：pressluosr@hnu.cn

高等职业院校学生专业技能考核标准与题库

编　委　会

主任委员： 应若平

委　　员： 马于军　王江清　王运政　方小斌

史明清　刘国华　刘彦奇　李　斌

余伟良　陈剑旄　姚利群　戚人杰

彭　元　彭文科　舒底清

本册主要研究与编著人员

孙湘明（中南大学）　　　　　　　　　曹大勇（长沙民政职业技术学院）

焦　翔（长沙民政职业技术学院）　　　刘　征（长沙民政职业技术学院）

赵　敏（长沙民政职业技术学院）　　　邓嘉琳（长沙民政职业技术学院）

马建成（湖南省设计艺术家协会）　　　张一明（湖南省包装设计协会）

丰明高（湖南科技职业学院）　　　　　袁金戈（湖南大众传媒职业技术学院）

王　礼（长沙环境保护职业技术学院）　何　进（湖南艺术职业学院）

朱岱丽（湖南工业职业技术学院）　　　莫　钧（湖南科技职业学院）

彭嘉骐（长沙民政职业技术学院）　　　李翔宁（长沙民政职业技术学院）

陈　鸣（长沙民政职业技术学院）　　　徐　峰（长沙民政职业技术学院）

黄　丽（长沙民政职业技术学院）　　　何　劲（长沙民政职业技术学院）

杨　宁（长沙九之龙动画有限公司）　　李伟英（湖南电视台总编室形象部）

鲁运辉（深圳行之文化传播有限公司）　熊　莎（湖南工业职业技术学院）

周利红（长沙环境保护职业技术学院）　姚　佳（长沙美艺品牌设计有限公司）

总　序

　　当前，我国已进入深化改革开放、转变发展方式、全面建设小康社会的攻坚时期。加快经济结构战略性调整，促进产业优化升级，任务重大而艰巨。要完成好这一重任，不可忽视的一个方面，就是要大力建设与产业发展实际需求及趋势要求相衔接的、高质量有特色的职业教育体系，特别是大力加强职业教育基础能力建设，切实抓好职业教育人才培养质量工作。

　　提升职业教育人才培养质量，建立健全质量保障体系，加强质量监控监管是关键。这就首先要解决"谁来监控"、"监控什么"的问题。传统意义上的人才培养质量监控，一般以学校内部为主，行业、企业以及政府的参与度不够，难以保证评价的真实性、科学性与客观性。而就当前情况而言，只有建立起政府、行业（企业）、职业院校多方参与的职业教育综合评价体系，才能真正发挥人才培养质量评价的杠杆和促进作用。为此，自 2010 年以来，湖南职教界以全省优势产业、支柱产业、基础产业、特色产业，特别是战略性新兴产业人才需求为导向，在省级教育行政部门统筹下，由具备条件的高等职业院校牵头，组织行业内的知名企业参与，每年随机选取抽查专业、随机抽查一定比例的学生。抽查结束后，将结果向全社会公布，并与学校专业建设水平评估结合。对抽查合格率低的专业，实行黄牌警告，直至停止招生。这就使得"南郭先生"难以再在职业院校"吹竽"，从而倒逼职业院校调整人、财、物力投向，更多地关注内涵和提升质量。

　　要保证专业技能抽查的客观性与有效性，前提是要制订出一套科学合理的专业技能抽查标准与题库。既为学生专业技能抽查提供依据，同时又可引领相关专业的教学改革，使之成为行业、企业与职业院校开展校企合作、对接融合的重要纽带。因此，我们在设计标准、开发题库时，除要考虑标准的普适性，使之能抽查到本专业完成基本教学任务所应掌握的通用的、基本的核心技能，保证将行业、企业的基本需求融入标准之外，更要使抽查标准较好地反映产业发展的新技术、新工艺、新要求，有效对接区域产业与行业发展。

　　湖南职教界近年探索建立的学生专业技能抽查制度，是加强职业教育质量监管，促进职业院校大面积提升人才培养水平的有益尝试，为湖南实施全面、客观、科学的职业教育综合评价迈出了可喜的一步，必将引导和激励职业院校进一步明确技能性人才培养的专业定位和岗位指向，深化教育教学改革，逐步构建起以职业能力为核心的课程体系，强化专业实践教学，更加注重职业素养与职业技能的培养。我也相信，只要我们坚持把这项工作不断完善和落实，全省职业教育人才培养质量提升可期，湖南产业发展的竞争活力也必将随之更加强劲！

　　是为序。

郭开朗

2011 年 10 月 10 日于长沙

目　次

第一部分　广告设计与制作专业技能考核标准

第二部分　广告设计与制作专业技能考核题库

第一部分 广告设计与制作专业技能考核标准

一、专业名称

广告设计与制作专业（650103）。

二、考核目标

本专业技能考核，通过设置构成设计、平面广告设计、品牌形象设计与制作等10个技能考核模块，测试学生的文字创意设计、图形创意设计、设计元素造型与应用、广告设计与制作实践能力以及从事广告设计与制作工作的艺术创想、造型表现、团队协作等职业素养，引导学校加强专业教学基本条件建设，深化课程教学改革，强化实践教学环节，增强学生创新创业能力，促进学生个性化发展，提高专业教学质量和专业教学水平，培养适应信息化时代发展所需要的广告设计与制作高素质技能人才。

三、考核内容

（一）专业基本技能模块

1.模块一 构成设计

该模块要求学生遵循现代平面设计思维与方法以及形式美法则，运用构成设计表现手法对构成元素进行重复、近似、发射、渐变、密集、特异、空间等平面构成设计，或运用设计色彩的表现手法进行色彩推移、色彩对比与调和、色彩情感与象征等色彩构成设计。该模块基本涵盖了广告设计与制作人员运用构成设计原理进行广告设计实践工作时所需的基本技能。

（1）平面构成设计。

基本要求：

①能熟练地运用设计绘图工具和造型工具，进行平面视觉元素造型与设计。

②能运用构成艺术的形式美法则，对视觉元素、概念元素、关系元素进行有序的组织与排列。

③能运用平面构成设计原理进行基本形造型与骨骼布局，以及点、线、面的综合构成设计。

④能运用秩序构成设计表现手法，进行重复、近似、发射、渐变等平面构成设计。

⑤能运用非秩序构成设计表现手法，进行特异、空间、密集、肌理等平面构成设计。

⑥能严格遵守广告设计行业内的职业道德，举止文明，不抄袭他人作品；创作的构成设计作品符合主题要求，生动新颖，具备设计形式美感；具备一定的手绘造型能力，不绘制恶俗、低俗的图形作品，对绘图工具运用娴熟；具备广告设计与制作人员积极上进、严谨认

真的工作态度和良好的职业价值观。

（2）色彩构成设计。

基本要求：

①能熟练运用绘图和设计造型工具以及调色技法。

②能运用构成艺术的形式美法则，进行平面色彩造型与设计。

③能理解与掌握色彩三要素色相、纯度、明度的原理，进行色相推移、纯度推移、明度推移等色彩构成的实践。

④能运用色彩冷暖、轻重、空间等色彩属性，进行色彩联想、空间混合等色彩构成设计。

⑤能运用色彩原理和表现手法，进行色彩重构、色彩情感与象征等色彩构成设计。

⑥能运用色彩原理和表现手法，进行色相对比与调和、纯度对比与调和、明度对比与调和构成设计。

⑦能严格遵守广告设计行业内的职业道德，举止文明，不抄袭他人作品；创作的构成设计作品符合主题要求，生动新颖，具备构成艺术的形式美感；不绘制恶俗、低俗的图形作品，具备一定的手绘造型能力，对绘图工具运用娴熟，了解色彩属性；具备广告设计与制作人员积极上进、严谨认真的工作态度和良好的职业价值观。

2. 模块二 文字创意设计

该模块要求学生熟练运用绘图和设计的造型工具，在遵循中英文字体外形规范的基础上，运用平面设计艺术表现技法，对中英文字形、笔画、结构等进行造型创意设计与版面编排，传达出文字的字义、情感和文化内涵。该模块也基本涵盖了广告设计与制作人员从事文字造型与编排设计工作所需的基本技能。

（1）文字造型设计。

基本要求：

①能根据文字的字义和形体特征，对合理的文字笔画、结构和形体等特征进行文字造型设计。

②能遵循文字笔画视觉规律，进行文字创意设计，传达文字的字义和内涵。

③能遵循文字规范的识别要求，合理布局文字的形体结构，完成后的创意字体要易于辨认，具备可读性和协调性，达到美观合理的文字设计效果。

④能运用艺术设计形式美法则，表现出文字创意设计的独特性与原创性，使其具有一定的视觉冲击力。

⑤能严格遵守广告设计行业内的职业道德，举止文明，不抄袭他人作品；具备一定的手绘造型能力，不绘制恶俗、低俗的图形作品；具备广告设计与制作人员积极上进、严谨认真的工作态度和良好的职业价值观。

（2）文字编排设计。

基本要求：

①能熟练运用绘图和设计造型工具。

②能把握字体的结构，注重文字设计的合理构架搭配。

③能运用对比、对称、均衡、正负等表现技法对文字进行多样化编排处理，体现出字体编排的新颖性。

④能遵循视觉流程要求，字体编排主次分明、疏密有致、布局合理。

⑤能严格遵守广告设计行业内的职业道德，举止文明，不抄袭他人作品；具备一定的手绘造型能力，不绘制恶俗、低俗的图形作品；具备广告设计与制作人员积极上进、严谨认真的工作态度和良好的职业价值观。

3. 模块三　图形创意设计

该模块要求学生熟练运用绘图和设计造型工具，遵循图形语言的心理特征和图形的创意原理，根据设计要求进行图形的同构、共生、置换、异影、正负等造型设计，表达构思独特和具有特定内涵的创意图形。该模块也基本涵盖了广告设计与制作人员从事图形创意设计与造型表现工作所需的基本技能。

（1）图形创意设计。

基本要求：

①能运用美学原理和图形创意联想形式，开展图形创意设计。

②能掌握图形传播的相关理论，运用图形创意表现手法，独立完成图形创意设计。

③能正确理解图形的艺术美感，图形造型设计完整，生动新颖。

④能合理解读图形设计的内涵与象征，使其符合创意主题要求。

⑤能严格遵守广告设计行业内的职业道德，举止文明，不抄袭他人作品；具备一定的手绘造型能力，不绘制恶俗、低俗的图形作品；具备基本的设计造型能力与视觉表现能力，具备广告设计与制作人员积极上进、严谨认真的工作态度和良好的职业价值观。

（2）图形造型表现。

基本要求：

①能自主选择和运用绘图工具、设计造型工具。

②具备对图形元素的概括、加工能力，进行图形元素的组合和设计的能力。

③能够掌握图形的同构、共生、夸张、置换、异影、正负等图形造型表现手法。

④作品能符合创意主题要求，图形元素的造型合理，图形完整，体现图形设计的内涵与象征意义。

⑤能严格遵守广告设计行业内的职业道德，举止文明，不抄袭他人作品；具备一定的手绘造型能力，不绘制恶俗、低俗的图形作品；具备基本的设计造型能力与视觉表现能力，具备广告设计与制作人员积极上进、严谨认真的工作态度和良好的职业价值观。

4. 模块四　手绘POP广告设计

该模块要求学生运用绘图和设计造型工具，遵循POP广告特征与设计方法，进行POP广告的文字绘写、图形绘制、色彩搭配、版面装饰等设计造型和编排制作，体现出POP广告的艺术气息和美感。该模块也基本涵盖了广告设计与制作人员从事手绘POP广告设计与制作所需要的基本技能。

（1）手绘POP广告设计。

基本要求：

①能选择和熟练运用马克笔、水性笔等手绘工具。

②能熟练进行手绘POP广告的文字绘制。

③能运用绘制技巧进行POP广告插图、装饰元素的手绘造型。

④能根据主题创作需要进行广告文字的提炼、设计要素的组合与表现。

⑤能严格遵守广告设计行业内的职业道德，举止文明，不抄袭他人作品；具备一定的手绘造型能力，不绘制恶俗、低俗的图形作品，对手工绘图工具使用熟练；具备广告设计与制作人员积极上进、严谨认真的工作态度和良好的职业价值观。

（2）手绘POP广告编排。

基本要求：

①能熟练运用马克笔、水性笔等手绘工具。

②能遵循设计艺术形式美法则，运用绘制技巧完成版面的图文装饰与编排设计。

③能根据设计主题进行广告图文元素的组构，有效展示设计信息。

④能根据设计主题进行色彩搭配，视觉元素层次分明，编排制作完整。

⑤能严格遵守广告设计行业内的职业道德，举止文明，不抄袭他人作品；具备一定的手绘造型能力，不绘制恶俗、低俗的图形作品，对手工绘图工具使用熟练；具备广告设计与制作人员积极上进、严谨认真的工作态度和良好的职业价值观。

（二）岗位核心技能模块

1.模块一　平面广告设计

该模块以企事业单位的平面广告开发项目为背景，按照平面广告设计与制作规范，要求学生运用广告创意设计思维，完成平面广告的文案编写、图形设计、色彩规划、版面编排与制作等工作任务。该模块也基本涵盖了平面广告设计与制作人员从事平面广告创意与设计制作所需要的核心技能。

（1）平面广告创意设计。

基本要求：

①能根据项目的设计要求，进行广告创意思维开发，写出项目需要的广告文案。

②能根据图文信息进行广告创意思维联想，完成广告图形创意和设计。

③能根据项目所提供的相关素材，以创意表现手法进行广告图形图像的艺术处理。

④能根据项目的设计要求，合理利用图形、文本元素传达主题。

⑤能应用专业术语准确地表述创意设计内涵。

⑥能严格遵守广告设计行业内的职业道德，不抄袭他人作品，举止文明；具备一定的手绘造型能力，不绘制恶俗、低俗的图形作品，熟练地使用计算机、数码绘图工具以及计算机辅助设计软件操作规范；具备广告设计与制作人员积极上进、严谨认真的工作态度和良好的职业价值观。

（2）平面广告视觉表现。

①能正确操作和使用电脑，能熟练使用计算机辅助设计软件，进行广告图形图像的视觉效果处理。

②能运用设计表现的技巧，进行广告文字、图形的视觉表现。

③能掌握好广告媒体的设计要求，广告要素运用得当，编排合理。

④能运用好色彩构成基本原理，规划好广告设计版面的色彩，使其符合广告设计视觉美感。

⑤能严格遵守广告设计行业内的职业道德，具备基本的广告媒体认知能力、艺术设计

的审美能力、造型能力，举止文明，不抄袭他人作品；具备一定的手绘造型能力，不绘制恶俗、低俗的图形作品，熟练地使用计算机、数码绘图工具以及计算机辅助设计软件操作规范；具备广告设计与制作人员积极上进、严谨认真的工作态度和良好的职业价值观。

2.模块二 影视广告剪辑与制作

该模块以企事业单位的影视广告开发项目为背景，按照影视广告剪辑与视频制作规范，熟练运用计算机视频编辑软件，进行影视素材片段的分割与伸展、链接与编组、场景元素动画设置、镜头的切换与转场优化、三维特效、后期特效处理，以及影视广告音频格式转换处理、动态字幕的转场与输出格式设置、视频合成等主要工作任务。该模块也基本涵盖了广告设计与制作人员从事影视广告视频剪辑与制作所需要的核心技能。

（1）影视广告视频剪辑。

基本要求：

①能熟练地操作和使用计算机视频编辑软件，进行视频资料的剪辑。

②能根据项目要求完成素材的格式转换、参数设定。

③能针对项目主题和内容要求，熟练地运用影视广告剪辑与表现技法，进行视频剪辑和字幕特效处理。

④能按照项目设计需求对视频素材的声音、图片、文字素材进行合成。

⑤能严格遵守广告设计行业内的职业道德，具备影视鉴赏能力、设计审美能力，不抄袭他人作品，举止文明；具备一定的手绘造型能力，不绘制恶俗、低俗的图形作品，熟练地使用计算机、数码绘图工具以及计算机视频编辑软件操作规范；具备广告设计与制作人员积极上进、严谨认真的工作态度和良好的职业价值观。

（2）影视广告特效制作。

基本要求：

①能运用计算机视频编辑软件的各种编辑功能，进行影视视频、文件特效的艺术处理。

②能运用计算机视频编辑软件对图文素材资料进行抠像、转场等艺术处理。

③能运用影视广告视频制作技巧，对文字、图片素材进行特效处理。

④掌握音频混音、视频合成、视频剪辑、特效制作方法，素材渲染、合成真实自然。

⑤能严格遵守广告设计行业内的职业道德，具备影视鉴赏能力、审美能力和设计元素构建能力，不抄袭他人作品，举止文明；具备一定的手绘造型能力，不绘制恶俗、低俗的图形作品，熟练地使用计算机、数码绘图工具以及计算机视频编辑软件操作规范；具备广告设计与制作人员积极上进、严谨认真的工作态度和良好的职业价值观。

3.模块三 网络广告设计与制作

该模块以企事业单位的网络广告开发项目为背景，按照网络广告设计与制作规范，熟练运用计算机辅助设计软件进行视觉元素的图形设计、图像处理、图文编排，以及网络广告图形、文字、色彩等视觉元素的动态视频编辑与制作等主要工作任务。该模块也基本涵盖了网络广告设计与制作人员从事网络广告编辑设计与动态视频制作所需要的核心技能。

（1）网络广告编辑设计。

基本要求：

①能根据网络广告特点和项目的设计要求，进行网络广告图文元素的布局。

②能根据项目图文信息进行创意联想，完成网络设计元素的编辑、动态效果的设计。

③能根据项目所提供的相关素材，以网络广告设计表现技巧进行图文元素的互动设计与编辑。

④能根据网络广告项目的设计要求，运用图形、文本元素传达主题。

⑤能严格遵守广告设计行业内的职业道德，不抄袭他人作品，举止文明；具备一定的手绘造型能力，不绘制恶俗、低俗图形，熟练地使用操作计算机、数码绘图工具以及计算机辅助设计软件操作规范；具备影视鉴赏能力、审美能力和设计元素组构能力，具备广告设计与制作人员积极上进、严谨认真的工作态度和良好的职业价值观。

（2）网络广告动画制作。

基本要求：

①能熟练运用计算机辅助设计软件进行图文信息资料整理与加工。

②能熟练运用地计算机辅助设计软件进行网络图形及元素的动画艺术处理。

③能按项目要求进行网络图文元素位置、比例、大小的编排，以及图文的动态编辑与制作。

④能掌握网络广告表现技巧，合理地进行色彩搭配与色彩效果的编辑。

⑤能严格遵守广告行业内的职业道德，具备基本的视觉审美及画面布局能力，不抄袭他人作品，举止文明；具备一定的手绘造型能力，不绘制恶俗、低俗的图形作品，熟练地使用计算机、数码绘图工具以及计算机辅助设计软件操作规范；具备广告设计与制作人员积极上进、严谨认真的工作态度和良好的职业价值观。

（三）跨岗位综合技能模块

1.模块一 品牌形象设计与制作

该模块以企事业单位的品牌形象设计项目为背景，按照标志设计与企业视觉形象识别设计制作规范，熟练运用计算机辅助设计软件，根据项目提供的图文信息进行标志设计、标准字设计、标准色彩规划以及品牌形象识别的应用设计等主要工作任务。该模块也基本涵盖了广告设计师和平面设计师从事标志设计、品牌形象设计与制作所需要的跨岗位综合技能。

（1）标志设计。

基本要求：

①能熟练操作和运用计算机辅助设计软件。

②能根据项目提供的资料信息去解读项目特点及企业文化，进行品牌标志的创意思维开发。

③能根据项目资料信息，进行标志的造型设计，展示出标志设计的创意内涵。

④能运用平面设计技巧和造型方法，进行品牌形象的标准字设计。

⑤能运用色彩具象联想和抽象象征知识，选定好标志的标准色系。

⑥能严格遵守广告设计行业内的职业道德，不抄袭他人作品，举止文明；具备一定的手绘造型能力，不绘制恶俗、低俗的图形作品，熟练地使用计算机、数码绘图工具以及计算机辅助设计软件操作规范；具备平面设计与制作人员积极上进、严谨认真的工作态度和良好的职业价值观。

（2）品牌形象应用设计。

基本要求：

①能熟练运用计算机辅助设计软件进行图文造型设计。

②能根据项目提供的资料信息，进行品牌形象的拓展设计。

③能根据项目提供的信息资料，完成品牌形象识别系统的应用设计与规范制作。

④能综合运用平面广告设计技能，根据项目要求进行品牌形象的整合规划设计。

⑤能严格遵守广告设计行业内的职业道德，不抄袭他人作品，举止文明；具备一定的手绘造型能力，不绘制恶俗、低俗的图形作品，熟练地使用计算机、数码绘图工具以及计算机辅助设计软件操作规范；具备平面设计与制作人员积极上进、严谨认真的工作态度和良好的职业价值观。

2. 模块二　包装设计与制作

该模块以企事业单位的包装设计项目为背景，按照包装设计与结构造型制作规范，熟练运用计算机辅助设计软件，根据项目任务要求进行包装的盒型设计、结构设计、装潢设计、材料与工艺、展示效果图表现与制图规范等主要工作任务。该模块也基本涵盖了平面设计师从事包装设计与结构造型所需要的跨岗位综合技能。

（1）包装创意设计。

基本要求：

①具备基本的三维空间与立体思维，能熟练运用计算机设计辅助软件。

②能运用现代包装设计节约与绿色的理念，进行包装创意设计。

③能注重包装设计的实用性与环保性，根据包装产品属性及受众审美需求，对包装材料与工艺进行选定。

④能根据视觉信息流程需要，对包装图形、色彩、文字等元素进行有效的版面编排。

⑤能结合印刷工艺要求，合理的进行包装色彩规划与工艺设计，体现产品特点与商业价值。

⑥能严格遵守广告设计行业内的职业道德，不抄袭他人作品，举止文明，具备一定的手绘造型能力，不绘制恶俗、低俗的图形作品，熟练地使用计算机、数码绘图工具以及计算机辅助设计软件的操作，具备平面设计与制作人员积极上进、严谨认真的工作态度和良好的职业价值观。

（2）包装结构与造型。

基本要求：

①能熟练运用绘图工具、计算机辅助设计软件进行包装造型设计。

②能从受众角度出发，进行包装人性化的合理设计。

③能遵循包装的绿色环保和成本节约的理念，根据产品属性特点选择合理的包装材料和造型方式。

④能熟练掌握包装结构展开图及包装制图的绘制方法。

⑤能掌握包装设计表现技巧，制作包装造型效果图和包装结构效果图。

⑥能严格遵守广告设计行业内的职业道德，不抄袭他人作品，举止文明，具备一定的手绘造型能力，不绘制恶俗、低俗的图形作品，熟练的使用计算机、数码绘图工具以及计算机辅助设计软件的操作，具备平面设计与制作人员积极上进、严谨认真的工作态度和良好的职业价值观。

3. 模块三 书籍封面设计与制作

该模块以企事业单位的书籍封面设计项目为背景，按照书籍封面设计项目任务要求，熟练运用计算机辅助设计软件，借助所提供的图文信息资料完成书籍封面设计与制作以及书籍版式设计与制作等主要工作任务。该模块也基本涵盖了平面设计师从事书籍封面设计和编排设计所需跨岗位综合技能。

（1）书籍封面设计。

基本要求：

①能熟练运用绘图工具，计算机辅助设计软件进行书籍封面造型设计。

②能根据项目提供的图文信息资料，进行封面设计思维开发和整体设计。

③能根据项目设计要求，进行书籍封面设计的文字提炼，绘制书籍封面的图形。

④根据书籍封面设计的项目特点，进行书籍封面的色彩组合与搭配。

⑤能严格遵守广告设计行业内的职业道德，不抄袭他人作品，举止文明，具备一定的手绘造型能力，不绘制恶俗、低俗的图形作品，熟练的使用计算机、数码绘图工具以及计算机辅助设计软件的操作，具备平面设计与制作人员积极上进、严谨认真的工作态度和良好的职业价值观。

（2）封面编排制作。

基本要求：

①能熟练运用绘图工具、计算机辅助设计软件进行书籍封面的整体构思和形态设计。

②能根据书籍结构与造型需要，选择图文设计元素进行封面编排设计。

③能根据版面视觉流程的引导，有效处理书籍封面图文的主次关系、构成关系。

④能运用艺术设计形式美法则，有效处理书籍封面文字的导读性。

⑤能借助平面设计的表现技巧，对书籍封面设计进行立体效果图的制作。

⑥能严格遵守广告设计行业内的职业道德，不抄袭他人作品，举止文明；具备一定的手绘造型能力，不绘制恶俗、低俗的图形作品，熟练地使用计算机、数码绘图工具以及计算机辅助设计软件操作规范；具备平面设计与制作人员积极上进、严谨认真的工作态度和良好的职业价值观。

四、评价标准

（1）评价方式：本专业技能考核采取过程考核与结果考核相结合、技能考核与职业素养考核相结合的方式。根据考生的操作规范性、职业素养、项目执行熟练程度等因素评价过程成绩；根据设计作品提交文档质量等因素来评价结果成绩。

（2）分值分配：本专业技能考核满分为100分，其中专业技能占90分，职业素养占10分。

（3）技能评价要点：根据模块中考核项目的不同，重点考核学生对该项目所必须掌握的技能情况和考核要求。虽然不同考试题目的技能侧重点有所不同，但完成任务的工作量和难易程度基本相同。各模块和项目的技能评价要点内容如表1-1所示。

表1-1 广告设计与制作专业技能考核评价要点

序号	模块	项目	任务	评价要点
1	专业基本技能	构成设计	平面构成设计	1. 绘图工具、造型工具运用的熟练程度如何 2. 构成元素、关系元素的构成组合与排列是否规范 3. 构成设计形式美法则的运用能力如何 4. 平面构成的表现形式是否符合主题要求 5. 能否运用专业术语准确表述设计内涵，有无错别字 6. 平面构成作品是否抄袭 7. 是否遵守相关职业规范
			色彩构成设计	1. 绘图工具、造型工具运用的熟练程度如何 2. 色彩冷暖、色彩关系的构成是否合理 3. 色彩对比的实践能力如何 4. 色彩调和的实践能力如何 5. 色彩构成的表现形式是否符合主题要求 6. 能否运用专业术语准确表述设计内涵，有无错别字 7. 色彩构成作品是否抄袭 8. 是否遵守相关职业规范
		文字创意设计	文字造型设计	1. 绘图工具、造型工具运用的熟练程度如何 2. 设计构思是否切合主题要求 3. 文字造型是否有原创性、识别性 4. 文字造型设计是否完整，是否有形式美感 5. 文字造型表现技法运用能力、视觉效果如何 6. 文字造型是否有错别字 7. 文字造型是否恶俗、低俗 8. 能否运用专业术语准确表述设计内涵，有无错别字 9. 文字造型是否抄袭 10. 是否遵守相关职业规范
			文字编排设计	1. 绘图工具、造型工具运用的熟练程度如何 2. 文字编排是否切合主题要求，能否体现出主题设计需要 3. 设计元素编排是否有层级，是否符合视觉阅读流程 4. 制作效果是否精美，是否有细节表现 5. 文字编排是否有错别字 6. 是否遵守相关职业规范
		图形创意设计	图形创意设计	1. 绘图工具、造型工具运用的熟练程度如何 2. 图形创意是否具备内涵与象征，是否切合主题要求 3. 图形设计是否有原创性 4. 图形设计手法是否娴熟，整体是否有形式美感 5. 能否运用专业术语准确表述设计内涵，有无错别字 6. 是否遵守相关职业规范
			图形造型表现	1. 能否灵活运用设计绘图工具如何 2. 能否熟练地运用形式美法则 3. 图形创作手法是否娴熟 4. 图形表现形式是否合理，能否体现出设计概念 5. 图形造型是否完整，元素编排是否得当，制作是否精美 6. 图形造型是否恶俗、低俗 7. 是否遵守相关职业规范

续上表

序号	模块	项目	任务	评价要点
1	专业基本技能	手绘POP广告设计	手绘POP广告设计	1. 运用马克笔、水性笔等手绘工具的熟练程度如何 2. POP文字绘写技巧如何 3. 广告元素的绘制和装饰设计是否生动流畅 4. 广告文案的提炼、主题文字是否符合设计需要 5. 广告插图的绘制是否生动、精美 6. 广告色彩运用效果如何 7. 文字绘写是否有错别字 8. 设计是否恶俗、低俗 9. 是否遵守相关职业规范
			手绘POP广告编排	1. 运用马克笔、水性笔等手绘工具的熟练程度如何 2. 手绘的图文信息与编排的表现技巧如何 3. 设计元素编排层次、关系是否协调 4. 插图造型、文字绘写的制作效果如何 5. 色彩搭配是否符合主题，色调是否统一协调 6. 插图造型是否恶俗、低俗 7. 是否遵守相关职业规范
2	岗位核心技能	平面广告设计	平面广告创意设计	1. 运用计算机平面设计软件的熟练程度如何 2. 广告创意构思是否切合主题要求，是否具有原创性 3. 提炼的广告诉求点、设计概念是否清晰 4. 广告文案、广告词的提炼是否符合主题诉求 5. 能否运用专业术语表述设计内涵，有无错别字 6. 广告创意是否抄袭 7. 是否遵守相关职业规范
			平面广告视觉表现	1. 运用计算机平面设计软件的熟练程度如何 2. 广告图形、文字艺术处理的表现技巧如何 3. 广告元素主次关系的编排是否有层次、处理得当 4. 广告的图文信息元素是否完整、清晰 5. 广告的色彩运用是否得当 6. 是否遵守相关职业规范
		影视广告剪辑与制作	影视广告视频剪辑	1. 运用计算机视频编辑软件的熟练程度如何 2. 视频素材的编辑是否切合主题，信息传递是否明确 3. 素材片段的采集、整合剪辑技巧如何 4. 视频镜头的切换与转场处理是否得当 5. 动态字幕的设置是否符合项目设计要求 6. 视频合成、音画效果处理是否流畅、有连贯性 7. 音频处理与格式转换是否符合要求，输出格式是否正确 8. 剪辑内容是否恶俗、低俗 9. 是否遵守相关职业规范
			影视广告特效制作	1. 运用计算机视频编辑软件的熟练程度如何 2. 音频、视频素材的采集获取是否切合制作需要 3. 素材抠像、特效制作与合成技巧是否真实自然 4. 三维特效、后期特效制作效果如何 5. 音画效果是否同步、流畅且有连贯性 6. 音频处理与格式转换是否符合要求 7. 制作内容是否恶俗、低俗 8. 是否遵守相关职业规范

续上表

序号	模块	项目	任务	评价要点
2	岗位核心技能	网络广告设计与制作	网络广告编辑设计	1.运用计算机设计软件的熟练程度如何 2.主题信息传达是否准确 3.设计素材运用是否恰当,动态视频效果如何 4.互动设计能否有效展示网络广告创意特性 5.二维动画的构建能力如何,是否符合网络广告主题需要 6.设计是否恶俗、低俗 7.是否遵守相关职业规范
			网络广告动画制作	1.运用计算机设计软件的熟练程度如何 2.网络动态图形及特效的艺术处理是否生动、新颖 3.动画设计要素的编排是否流畅 4.图文是否清晰,制作是否精美 5.设计参数、存储格式是否符合要求 6.声画是否同步,流畅连贯,无断帧、跳帧错误 7.是否遵守相关职业规范
3	跨岗位综合技能	品牌形象设计与制作	标志设计	1.运用计算机设计软件的熟练程度如何 2.标志图形创意是否切合主题要求,是否符合行业特性 3.标志图形创意是否有内涵,能否展示标志的意象美 4.标志图形造型是否生动新颖,能否展示标志的形象美 5.标志图形造型是否手法娴熟,是否有形式美感 6.能否运用专业术语表述设计内涵,有无错别字 7.标志图形造型是否恶俗、低俗 8.是否遵守相关职业规范
			品牌形象应用设计	1.运用计算机设计软件的熟练程度如何 2.形象应用设计思维是否灵活,符合常规应用需求 3.形象应用设计与标志是否匹配,整体设计是否风格统一 4.形象应用设计是否规范,是否体现形式美感 5.存储格式是否符合项目实践要求 6.设计造型是否恶俗、低俗 7.是否遵守相关职业规范
		包装设计与制作	包装创意设计	1.运用计算机辅助设计软件的熟练程度如何 2.能否对包装文字和图形进行艺术处理 3.包装创意是否符合节约与绿色的理念 4.包装设计能反映产品属性,是否符合受众审美需求 5.包装设计是否符合创意需要,视觉信息是否完整,形式美感强 6.设计要素是否运用得当,编排是否有主次 7.设计色彩能否体现产品特点与市场需求 8.能否运用专业术语表述设计内涵,有无错别字 9.设计是否恶俗、低俗 10.是否遵守相关职业规范
			包装结构造型	1.运用计算机辅助设计软件的熟练程度如何 2.是否具备三维立体思维,包装结构展开图、三视图绘制是否正确 3.包装结构是否符合绿色环保性和成本节约原则 4.包装结构造型与人性化功能设计的协调关系如何 5.包装结构造型是否恶俗、低俗 6.是否遵守相关职业规范

续上表

序号	模块	项目	任务	评价要点
3	跨岗位综合技能	书籍封面设计与制作	书籍封面设计	1. 运用计算机辅助设计软件的熟练程度如何 2. 图文信息资料提炼能否表达书籍内容的主题 3. 视觉要素设计是否能否有效展现书籍内容 4. 图文设计造型是否生动，主题信息是否突出 5. 设计内容是否完整，是否符合项目设计要求 6. 能否运用专业术语表述设计内涵，有无错别字 7. 设计是否恶俗、低俗 8. 是否遵守相关职业规范
			封面编排制作	1. 运用计算机辅助设计软件的熟练程度如何 2. 能否具备三维立体思维，图文设计能否强化项目创意需要 3. 设计元素的编排是否能有效展现项目信息诉求 4. 视觉流程的引导是否合理，图文处理能否体现主次关系 5. 图文编排的虚实强弱控制是否有导读性 6. 是否遵守相关职业规范

五、考核方式

本专业技能考核为现场操作考核，成绩评定采用过程考核与结果考核相结合的方式。具体方式如下：

①学校参考模块抽取：专业基本技能与岗位核心技能为必考模块，采用"1+1"的模块抽考方式，即被抽测学校参加测试总人数50%的学生随机抽取专业基本技能模块的项目参加测试，剩余50%的学生根据自身需要选取岗位核心技能模块的项目参加测试；跨岗位综合技能为选考模块，被抽测学校可根据自身需求选取参加（也可以不选取参加）。

②学生参考模块确定：被抽测学生按规定比例参加考核模块的项目测试，其中，50%被抽测的学生参加专业基本技能模块的项目任务考核，剩余50%被抽测的学生参加岗位核心技能模块的项目任务考核。各模块被测学生人数按四舍五入计算，剩余的尾数考生随机在任一模块中抽取应试模块。

③试题抽取方式：被抽测的学生在相应模块的项目题库中随机抽取一道试题进行考核。

六、附录

（一）相关法律法规（摘录）

①新《中华人民共和国广告法》（2015年4月24日修订，自2015年9月1日起施行）。新《广告法》规定：广告不得含有虚假或者引人误解的内容，不得欺骗、误导消费者。禁止在大众传播媒介或公共场所等发布烟草广告；禁止利用其他商品或服务的广告、公益广告，宣传烟草制品名称、商标等内容。

②《广告行业岗位职务规范（试行）》（中国广告协会颁布）。《广告行业岗位职务规范（试行）》是指广告行业组织、广告经营者和广告主自行制订的约束本行业或企业从事广告活动的协约和规则。它是广告行业组织与管理的重要内容，与政策对广告行业的管理和消费者对广告活动的监督共同构成对广告行业的组织与管理体系。

③《国家广告设计师职业资格认证标准》（2013年11月26日发布）。内容节选如下：

广告设计师职业等级由低到高共设四个等级，各等级所能达到的职业能力及适应的层次、岗位分别为：

广告设计师（五级）：具备理会设计意图和技术性参与制作的职业能力，（中等以上）职业学校（或同等学力）毕业层次，适应美工岗位；

广告设计师（四级）：具备综合利用软件进行完稿制作的职业能力，应届大学（专科以上）毕业层次，适应操作员岗位；

广告设计师（三级）：具备创新性技能与综合设计的职业能力，适应设计人员岗位；

广告设计师（二级）：具备指导能力与创新性广告策划的职业能力，适应艺术岗位。

（二）相关规范与标准

本专业标准主要依据的广告行业国家技术标准如表1-2所示。

表1-2　引用技术标准和规范

序号	标准号	中文标准名称
1	GZB 135-2003	广告设计师国家职业标准
2	DB21/T 1918-2011	会展广告服务规范
3	YD/T 1310-2004	互联网广告电子邮件格式要求
4	DB31/T 606-2012	立杆挂旗广告设置技术规范
5	DB31/ 283-2015	户外广告设施设置技术规范
6	DB31/T 776-2014	广告灯箱设置安全技术规范
7	GB/T 17961-2010	印刷体汉字识别系统要求与测试方法
8	GY/T 299.1-2016	高效音视频编码 第1部分：视频
9	GY/T 301-2016	视频节目对白字幕数据格式规范
10	GY/T 277-2014	互联网电视数字版权管理技术规范

第二部分　广告设计与制作专业技能考核题库

一、专业基本技能模块

（一）模块一　构成设计

1.考核评价标准（表2-1）

表2-1　构成设计考核评分细则

评价内容		配分	评分标准	
职业素养（10分）	专业素质	4分	按考试要求进行创作，不抄袭他人作品，创作内容积极向上	4分
	文明素质	6分	1.举止文明，遵守考场纪律	2分
			2.按照考试要求，正确填写个人信息并提交试卷	2分
			3.卷面干净、整洁	2分
工作任务（90分）	设计构思	30分	1.构成形式感清晰，设计切合主题要求	26～30分
			2.构成形式感模糊，设计基本切合主题要求	18～25分
			3.构成形式感混乱，设计不能表达主题要求	0～17分
	设计表现	30分	1.平面构成元素、关系元素的组合与排列的形式美感强，或色彩原理运用得当，色彩对比与调和的表现明确	26～30分
			2.平面构成元素、关系元素的组合与排列合理，或色彩原理运用得当，色彩对比与调和的表现较明确	18～25分
			3.构成设计表现能力弱，设计元素未能体现构成要求，或色彩对比与调和的表现不明，手法生硬	0～17分
	设计效果	20分	1.设计新颖，有原创性，作品完整，视觉冲击力强	17～20分
			2.设计平淡，构成原理运用清晰，有较好的形式美感	12～16分
			3.设计模糊，构成原理运用无章法，不具备形式美感	0～11分
	设计表述	10分	1.设计说明表达有条理，解析切合主题，无错别字	8～10分
			2.设计说明表达平淡，解析基本切合主题，无错别字	6～7分
			3.设计说明表达混乱，解析不明确，有错别字	0～5分
合计			100分	
备注		出现以下任意一种情况将做不合格处理： 1.考试舞弊、作品抄袭 2.没有按要求完成考生信息登记 3.绘制恶俗、低俗构成设计作品		

2. 考场实施条件（表2-2）

表 2-2　构成设计考场基本实施条件

项目	基本实施条件	备注
手绘场地	考场配置30个独立工作台和座位，每个考场照明通风良好。每个考场安装有摄像监控设施	考场必备
手绘物料	为每名考生配备八开画板一块、八开绘图纸一张、草稿纸两张	考场必备
手绘工具	铅笔、马克笔、橡皮、尺子、绘画颜料、拷贝纸等绘图工具	考生自备
场地设备	每考场备电吹风 3 个以上	考场必备
监考人员	由教育厅组织抽调非考点院校相关专业老师担任监考人员，每 1 ~ 15 个考生配一名监考人员	考场必备

3.考核题库

试题编号：J1-1

以"画笔"为主题，运用构成设计原理和创意表现手法，完成平面构成作品一幅。

（1）任务描述。

任务内容：

①根据主题进行构思创意。

②运用手绘方法，充分体现元素的设计与构成。

③以平面构成设计手法完成元素的组合构成，并符合主题要求。

④画面设计完整，构成设计形式感强。

⑤画面设计尺寸为20cm×20cm,构图版式横竖不限，以黑白色调为主。

⑥附创意设计说明，字数在50~150字。

（2）考核时量。

120分钟。

试题编号：J1-2

以"蜗牛"为主题，运用构成设计原理和创意表现手法，完成平面构成作品一幅。

（1）任务描述。

任务内容：

①根据主题进行构思创意。

②运用手绘方法，充分体现元素的设计与构成。

③以平面构成设计手法完成元素的组合构成，并符合主题要求。

④画面设计完整，构成设计形式感强。

⑤画面设计尺寸为20cm×20cm,构图版式横竖不限，以黑白色调为主。

⑥附创意设计说明，字数在50~150字。

（2）考核时量。

120分钟。

试题编号：J1-3

以"猫"为主题，运用构成设计原理和创意表现手法，完成平面构成作品一幅。

（1）任务描述。

任务内容：

①根据主题进行构思创意。

②运用手绘方法，充分体现元素的设计与构成。

③以平面构成设计手法完成元素的组合构成，并符合主题要求。

④画面设计完整，构成设计形式感强。

⑤画面设计尺寸为20cm×20cm，构图版式横竖不限，以黑白色调为主。

⑥附创意设计说明，字数在50~150字。

（2）考核时量。

120分钟。

试题编号：J1-4

以"足球"为主题，运用构成设计原理和创意表现手法，完成平面构成作品一幅。

（1）任务描述。

任务内容：

①根据主题进行构思创意。

②运用手绘方法，充分体现元素的设计与构成。

③以平面构成设计手法完成元素的组合构成，并符合主题要求。

④画面设计完整，构成设计形式感强。

⑤画面设计尺寸为20cm×20cm，构图版式横竖不限，以黑白色调为主。

⑥附创意设计说明，字数在50~150字。

（2）考核时量。

120分钟。

试题编号：J1-5

以"甲壳虫"为主题，运用构成设计原理和创意表现手法，完成平面构成作品一幅。

（1）任务描述。

任务内容：

①根据主题进行构思创意。

②运用手绘方法，充分体现元素的设计与构成。

③以平面构成设计手法完成元素的组合构成，并符合主题要求。

④画面设计完整，构成设计形式感强。

⑤画面设计尺寸为20cm×20cm，构图版式横竖不限，以黑白色调为主。

⑥附创意设计说明，字数在50~150字。

（2）考核时量。

120分钟。

试题编号：J1-6

以"自行车"为主题，运用构成设计原理和创意表现手法，完成平面构成作品一幅。

（1）任务描述。

任务内容：

①根据主题进行构思创意。

②运用手绘方法，充分体现元素的设计与构成。

③以平面构成设计手法完成元素的组合构成，并符合主题要求。

④画面设计完整，构成设计形式感强。

⑤画面设计尺寸为20cm×20cm，构图版式横竖不限，以黑白色调为主。

⑥附创意设计说明，字数在50～150字。

（2）考核时量。

120分钟。

试题编号：J1-7

以"山川"为主题，运用构成设计原理和创意表现手法，完成平面构成作品一幅。

（1）任务描述。

任务内容：

①根据主题进行构思创意。

②运用手绘方法，充分体现元素的设计与构成。

③以平面构成设计手法完成元素的组合构成，并符合主题要求。

④画面设计完整，构成设计形式感强。

⑤画面设计尺寸为20cm×20cm，构图版式横竖不限，以黑白色调为主。

⑥附创意设计说明，字数在50～150字。

（2）考核时量。

120分钟。

试题编号：J1-8

以"风车"为主题，运用构成设计原理和创意表现手法，完成平面构成作品一幅。

（1）任务描述。

任务内容：

①根据主题进行构思创意。

②运用手绘方法，充分体现元素的设计与构成。

③以平面构成设计手法完成元素的组合构成，并符合主题要求。

④画面设计完整，构成设计形式感强。

⑤画面设计尺寸为20cm×20cm，构图版式横竖不限，以黑白色调为主。

⑥附创意设计说明，字数在50～150字。

（2）考核时量。

120分钟。

试题编号：J1-9

以"球鞋"为主题，运用构成设计原理和创意表现手法，完成平面构成作品一幅。

（1）任务描述。

任务内容：

①根据主题进行构思创意。

②运用手绘方法，充分体现元素的设计与构成。

③以平面构成设计手法完成元素的组合构成，并符合主题要求。

④画面设计完整，构成设计形式感强。

⑤画面设计尺寸为20cm×20cm，构图版式横竖不限，以黑白色调为主。

⑥附创意设计说明，字数在50~150字。

（2）考核时量。

120分钟。

试题编号：J1-10

以"高跟鞋"为主题，运用构成设计原理和创意表现手法，完成平面构成作品一幅。

（1）任务描述。

任务内容：

①根据主题进行构思创意。

②运用手绘方法，充分体现元素的设计与构成。

③以平面构成设计手法完成元素的组合构成，并符合主题要求。

④画面设计完整，构成设计形式感强。

⑤画面设计尺寸为20cm×20cm，构图版式横竖不限，以黑白色调为主。

⑥附创意设计说明，字数在50~150字。

（2）考核时量。

120分钟。

试题编号：J1-11

以"台灯"为主题，运用构成设计原理和创意表现手法，完成平面构成作品一幅。

（1）任务描述。

任务内容：

①根据主题进行构思创意。

②运用手绘方法，充分体现元素的设计与构成。

③以平面构成设计手法完成元素的组合构成，并符合主题要求。

④画面设计完整，构成设计形式感强。

⑤画面设计尺寸为20cm×20cm，构图版式横竖不限，以黑白色调为主。

⑥附创意设计说明，字数在50~150字。

（2）考核时量。

120分钟。

试题编号：J1-12

以"电脑"为主题，运用构成设计原理和创意表现手法，完成平面构成作品一幅。

（1）任务描述。

任务内容：

①根据主题进行构思创意。

②运用手绘方法，充分体现元素的设计与构成。

③以平面构成设计手法完成元素的组合构成，并符合主题要求。

④画面设计完整，构成设计形式感强。

⑤画面设计尺寸为20cm×20cm，构图版式横竖不限，以黑白色调为主。

⑥附创意设计说明，字数在50～150字。

（2）考核时量。

120分钟。

试题编号：J1-13

以"手机"为主题，运用构成设计原理和创意表现手法，完成平面构成作品一幅。

（1）任务描述。

任务内容：

①根据主题进行构思创意。

②运用手绘方法，充分体现元素的设计与构成。

③以平面构成设计手法完成元素的组合构成，并符合主题要求。

④画面设计完整，构成设计形式感强。

⑤画面设计尺寸为20cm×20cm，构图版式横竖不限，以黑白色调为主。

⑥附创意设计说明，字数在50～150字。

（2）考核时量。

120分钟。

试题编号：J1-14

以"飞机"为主题，运用构成设计原理和创意表现手法，完成平面构成作品一幅。

（1）任务描述。

任务内容：

①根据主题进行构思创意。

②运用手绘方法，充分体现元素的设计与构成。

③以平面构成设计手法完成元素的组合构成，并符合主题要求。

④画面设计完整，构成设计形式感强。

⑤画面设计尺寸为20cm×20cm，构图版式横竖不限，以黑白色调为主。

⑥附创意设计说明，字数在50～150字。

（2）考核时量。

120分钟。

试题编号：J1-15

以"城市印象"为主题，运用构成设计原理和创意表现手法，完成平面构成作品一幅。

（1）任务描述。

任务内容：

①根据主题进行构思创意。

②运用手绘方法，充分体现元素的设计与构成。

③以平面构成设计手法完成元素的组合构成，并符合主题要求。

④画面设计完整，构成设计形式感强。

⑤画面设计尺寸为20cm×20cm，构图版式横竖不限，以黑白色调为主。

⑥附创意设计说明，字数在50~150字。

（2）考核时量。

120分钟。

试题编号：J1-16

以"儿童玩具"为主题，运用构成设计原理和创意表现手法，完成平面构成作品一幅。

（1）任务描述。

任务内容：

①根据主题进行构思创意。

②运用手绘方法，充分体现元素的设计与构成。

③以平面构成设计手法完成元素的组合构成，并符合主题要求。

④画面设计完整，构成设计形式感强。

⑤画面设计尺寸为20cm×20cm，构图横竖不限，以黑白色调为主。

⑥附创意设计说明，字数在50~150字。

（2）考核时量。

120分钟。

试题编号：J1-17

以"早餐"为主题，运用构成设计原理和创意表现手法，完成平面构成作品一幅。

（1）任务描述。

任务内容：

①根据主题进行构思创意。

②运用手绘方法，充分体现元素的设计与构成。

③以平面构成设计手法完成元素的组合构成，并符合主题要求。

④画面设计完整，构成设计形式感强。

⑤画面设计尺寸为20cm×20cm，构图版式横竖不限，以黑白色调为主。

⑥附创意设计说明，字数在50~150字。

（2）考核时量。

120分钟。

试题编号：J1-18

以"美食"为主题，运用构成设计原理和创意表现手法，完成平面构成作品一幅。

（1）任务描述。

任务内容：

①根据主题进行构思创意。

②运用手绘方法，充分体现元素的设计与构成。

③以平面构成设计手法完成元素的组合构成，并符合主题要求。

④画面设计完整，构成设计形式感强。

⑤画面设计尺寸为20cm×20cm，构图版式横竖不限，以黑白色调为主。

⑥附创意设计说明，字数在50~150字。

（2）考核时量。

120分钟。

试题编号：J1-19

以"星空"为主题，运用构成设计原理和创意表现手法，完成平面构成作品一幅。

（1）任务描述。

任务内容：

①根据主题进行构思创意。

②运用手绘方法，充分体现元素的设计与构成。

③以平面构成设计手法完成元素的组合构成，并符合主题要求。

④画面设计完整，构成设计形式感强。

⑤画面设计尺寸为20cm×20cm，构图版式横竖不限，以黑白色调为主。

⑥附创意设计说明，字数在50~150字。

（2）考核时量。

120分钟。

试题编号：J1-20

以"电风扇"为主题，运用构成设计原理和创意表现手法，完成平面构成作品一幅。

（1）任务描述。

任务内容：

①根据主题进行构思创意。

②运用手绘方法，充分体现元素的设计与构成。

③以平面构成设计手法完成元素的组合构成，并符合主题要求。

④画面设计完整，构成设计形式感强。

⑤画面设计尺寸为20cm×20cm，构图版式横竖不限，以黑白色调为主。

⑥附创意设计说明，字数在50~150字。

（2）考核时量。

120分钟。

试题编号：J1–21

以"电视机"为主题，运用构成设计原理和创意表现手法，完成平面构成作品一幅。

（1）任务描述。

任务内容：

①根据主题进行构思创意。

②运用手绘方法，充分体现元素的设计与构成。

③以平面构成设计手法完成元素的组合构成，并符合主题要求。

④画面设计完整，构成设计形式感强。

⑤画面设计尺寸为20cm×20cm，构图版式横竖不限，以黑白色调为主。

⑥附创意设计说明，字数在50~150字。

（2）考核时量。

120分钟。

试题编号：J1–22

以"童年"为主题，运用构成设计原理和创意表现手法，完成平面构成作品一幅。

（1）任务描述。

任务内容：

①根据主题进行构思创意。

②运用手绘方法，充分体现元素的设计与构成。

③以平面构成设计手法完成元素的组合构成，并符合主题要求。

④画面设计完整，构成设计形式感强。

⑤画面设计尺寸为20cm×20cm，构图版式横竖不限，以黑白色调为主。

⑥附创意设计说明，字数在50~150字。

（2）考核时量。

120分钟。

试题编号：J1–23

以"斑马"为主题，运用构成设计原理和创意表现手法，完成平面构成作品一幅。

（1）任务描述。

任务内容：

①根据主题进行构思创意。

②运用手绘方法，充分体现元素的设计与构成。

③以平面构成设计手法完成元素的组合构成，并符合主题要求。

④画面设计完整，构成设计形式感强。

⑤画面设计尺寸为20cm×20cm，构图版式横竖不限，以黑白色调为主。

⑥附创意设计说明，字数在50~150字。

（2）考核时量。

120分钟。

试题编号：J1-24

以"羽毛球"为主题，运用构成设计原理和创意表现手法，完成平面构成作品一幅。

（1）任务描述。

任务内容：

①根据主题进行构思创意。

②运用手绘方法，充分体现元素的设计与构成。

③以平面构成设计手法完成元素的组合构成，并符合主题要求。

④画面设计完整，构成设计形式感强。

⑤画面设计尺寸为20cm×20cm，构图版式横竖不限，以黑白色调为主。

⑥附创意设计说明，字数在50～150字。

（2）考核时量。

120分钟。

试题编号：J1-25

以"老年"为主题，运用构成设计原理和创意表现手法，完成平面构成作品一幅。

（1）任务描述。

任务内容：

①根据主题进行构思创意。

②运用手绘方法，充分体现元素的设计与构成。

③以平面构成设计手法完成元素的组合构成，并符合主题要求。

④画面设计完整，构成设计形式感强。

⑤画面设计尺寸为20cm×20cm，构图版式横竖不限，以黑白色调为主。

⑥附创意设计说明，字数在50～150字。

（2）考核时量。

120分钟。

试题编号：J1-26

以"我的大学生活"为主题，运用色彩对比和色彩调和的表现手法，完成色彩构成作品一幅。

（1）任务描述。

任务内容：

①根据主题进行构思创意。

②运用手绘的表现方式完成色彩构成设计作品，工具可使用水粉颜料（或彩铅、马克笔等）。

③画面设计完整，色彩生动协调，充分体现元素的设计与构成。

④画面设计尺寸为20cm×20cm，构图版式横竖不限。

⑤附创意设计说明，字数在50～150字。

（2）考核时量。

120分钟。

试题编号：J1-27

以"家乡印象"为主题，运用色彩对比和色彩调和的表现手法，完成色彩构成作品一幅。

（1）任务描述。

任务内容：

①根据主题进行构思创意。

②运用手绘的表现方式完成色彩构成设计作品，工具可使用水粉颜料（或彩铅、马克笔等）。

③画面设计完整，色彩生动协调，充分体现元素的设计与构成。

④画面设计尺寸为20cm×20cm，构图版式横竖不限。

⑤附创意设计说明，字数在50～150字。

（2）考核时量。

120分钟。

试题编号：J1-28

以"青春梦"为主题，运用色彩对比和色彩调和的表现手法，完成色彩构成作品一幅。

（1）任务描述。

任务内容：

①根据主题进行构思创意。

②运用手绘的表现方式完成色彩构成设计作品，工具可使用水粉颜料（或彩铅、马克笔等）。

③画面设计完整，色彩生动协调，充分体现元素的设计与构成。

④画面设计尺寸为20cm×20cm，构图版式横竖不限。

⑤附创意设计说明，字数在50～150字。

（2）考核时量。

120分钟。

试题编号：J1-29

以"欢乐童年"为主题，运用色彩对比和色彩调和的表现手法，完成色彩构成作品一幅。

（1）任务描述。

任务内容：

①根据主题进行构思创意。

②运用手绘的表现方式完成色彩构成设计作品，工具可使用水粉颜料（或彩铅、马克笔等）。

③画面设计完整，色彩生动协调，充分体现元素的设计与构成。

④画面设计尺寸为20cm×20cm，构图版式横竖不限。

⑤附创意设计说明，字数在50～150字。

（2）考核时量。

120分钟。

试题编号：J1-30

以"斑斓的动物园"为主题，运用色彩对比和色彩调和的表现手法，完成色彩构成作品一幅。

（1）任务描述。

任务内容：

①根据主题进行构思创意。

②运用手绘的表现方式完成色彩构成设计作品，工具可使用水粉颜料（或彩铅、马克笔等）。

③画面设计完整，色彩生动协调，充分体现元素的设计与构成。

④画面设计尺寸为20cm×20cm,构图版式横竖不限。

⑤附创意设计说明，字数在50~150字。

（2）考核时量。

120分钟。

试题编号：J1-31

以"雾中的城市"为主题，运用色彩对比和色彩调和的表现手法，完成色彩构成作品一幅。

（1）任务描述。

任务内容：

①根据主题进行构思创意。

②运用手绘的表现方式完成色彩构成设计作品，工具可使用水粉颜料（或彩铅、马克笔等）。

③画面设计完整，色彩生动协调，充分体现元素的设计与构成。

④画面设计尺寸为20cm×20cm,构图版式横竖不限。

⑤附创意设计说明，字数在50~150字。

（2）考核时量。

120分钟。

试题编号：J1-32

以"秋天的颜色"为主题，运用色彩对比和色彩调和的表现手法，完成色彩构成作品一幅。

（1）任务描述。

任务内容：

①根据主题进行构思创意。

②运用手绘的表现方式完成色彩构成设计作品，工具可使用水粉颜料（或彩铅、马克笔等）。

③画面设计完整，色彩生动协调，充分体现元素的设计与构成。

④画面设计尺寸为20cm×20cm,构图版式横竖不限。

⑤附创意设计说明，字数在50~150字。

（2）考核时量。

120分钟。

试题编号：J1-33

以"春天的气息"为主题，运用色彩对比和色彩调和的表现手法，完成色彩构成作品一幅。

（1）任务描述。

任务内容：

①根据主题进行构思创意。

②运用手绘的表现方式完成色彩构成设计作品，工具可使用水粉颜料（或彩铅、马克笔等）。

③画面设计完整，色彩生动协调，充分体现元素的设计与构成。

④画面设计尺寸为20cm×20cm，构图版式横竖不限。

⑤附创意设计说明，字数在50~150字。

（2）考核时量。

120分钟。

试题编号：J1-34

以"激情篮球"为主题，运用色彩对比和色彩调和的表现手法，完成色彩构成作品一幅。

（1）任务描述。

任务内容：

①根据主题进行构思创意。

②运用手绘的表现方式完成色彩构成设计作品，工具可使用水粉颜料（或彩铅、马克笔等）。

③画面设计完整，色彩生动协调，充分体现元素的设计与构成。

④画面设计尺寸为20cm×20cm，构图版式横竖不限。

⑤附创意设计说明，字数在50~150字。

（2）考核时量。

120分钟。

试题编号：J1-35

以"花样年华"为主题，运用色彩对比和色彩调和的表现手法，完成色彩构成作品一幅。

（1）任务描述。

任务内容：

①根据主题进行构思创意。

②运用手绘的表现方式完成色彩构成设计作品，工具可使用水粉颜料（或彩铅、马克笔等）。

③画面设计完整，色彩生动协调，充分体现元素的设计与构成。

④画面设计尺寸为20cm×20cm，构图版式横竖不限。

⑤附创意设计说明，字数在50~150字。

（2）考核时量。

120分钟。

试题编号：J1-36

以"青山绿水"为主题，运用色彩对比和色彩调和的表现手法，完成色彩构成作品一幅。

（1）任务描述。

任务内容：

①根据主题进行构思创意。

②运用手绘的表现方式完成色彩构成设计作品，工具可使用水粉颜料（或彩铅、马克笔等）。

③画面设计完整，色彩生动协调，充分体现元素的设计与构成。

④画面设计尺寸为20cm×20cm，构图版式横竖不限。

⑤附创意设计说明，字数在50~150字。

（2）考核时量。

120分钟。

试题编号：J1-37

以"蝴蝶"为主题，运用色彩对比和色彩调和的表现手法，完成色彩构成作品一幅。

（1）任务描述。

任务内容：

①根据主题进行构思创意。

②运用手绘的表现方式完成色彩构成设计作品，工具可使用水粉颜料（或彩铅、马克笔等）。

③画面设计完整，色彩生动协调，充分体现元素的设计与构成。

④画面设计尺寸为20cm×20cm，构图版式横竖不限。

⑤附创意设计说明，字数在50~150字。

（2）考核时量。

120分钟。

试题编号：J1-38

以"孔雀"为主题，运用色彩对比和色彩调和的表现手法，完成色彩构成作品一幅。

（1）任务描述。

任务内容：

①根据主题进行构思创意。

②运用手绘的表现方式完成色彩构成设计作品，工具可使用水粉颜料（或彩铅、马克笔等）。

③画面设计完整，色彩生动协调，充分体现元素的设计与构成。

④画面设计尺寸为20cm×20cm，构图版式横竖不限。

⑤附创意设计说明，字数在50~150字。

（2）考核时量。

120分钟。

试题编号：J1-39

以"窗外"为主题，运用色彩对比和色彩调和的表现手法，完成色彩构成作品一幅。

（1）任务描述。

任务内容：

①根据主题进行构思创意。

②运用手绘的表现方式完成色彩构成设计作品，工具可使用水粉颜料（或彩铅、马克笔等）。

③画面设计完整，色彩生动协调，充分体现元素的设计与构成。

④画面设计尺寸为20cm×20cm，构图版式横竖不限。

⑤附创意设计说明，字数在50~150字。

（2）考核时量。

120分钟。

试题编号：J1-40

以"落日黄昏"为主题，运用色彩对比和色彩调和的表现手法，完成色彩构成作品一幅。

（1）任务描述。

任务内容：

①根据主题进行构思创意。

②运用手绘的表现方式完成色彩构成设计作品，工具可使用水粉颜料（或彩铅、马克笔等）。

③画面设计完整，色彩生动协调，充分体现元素的设计与构成。

④画面设计尺寸为20cm×20cm，构图版式横竖不限。

⑤附创意设计说明，字数在50~150字。

（2）考核时量。

120分钟。

试题编号：J1-41

以"绿色田野"为主题，运用色彩对比和色彩调和的表现手法，完成色彩构成作品一幅。

（1）任务描述。

任务内容：

①根据主题进行构思创意。

②运用手绘的表现方式完成色彩构成设计作品，工具可使用水粉颜料（或彩铅、马克笔等）。

③画面设计完整，色彩生动协调，充分体现元素的设计与构成。

④画面设计尺寸为20cm×20cm，构图版式横竖不限。

⑤附创意设计说明，字数在50~150字。

（2）考核时量。

120分钟。

试题编号：J1-42

以"美食的诱惑"为主题，运用色彩对比和色彩调和的表现手法，完成色彩构成作品一幅。

（1）任务描述。

任务内容：

①根据主题进行构思创意。

②运用手绘的表现方式完成色彩构成设计作品，工具可使用水粉颜料（或彩铅、马克笔等）。

③画面设计完整，色彩生动协调，充分体现元素的设计与构成。

④画面设计尺寸为20cm×20cm，构图版式横竖不限。

⑤附创意设计说明，字数在50～150字。

（2）考核时量。

120分钟。

试题编号：J1-43

以"雨伞"为主题，运用色彩对比和色彩调和的表现手法，完成色彩构成作品一幅。

（1）任务描述。

任务内容：

①根据主题进行构思创意。

②运用手绘的表现方式完成色彩构成设计作品，工具可使用水粉颜料（或彩铅、马克笔等）。

③画面设计完整，色彩生动协调，充分体现元素的设计与构成。

④画面设计尺寸为20cm×20cm，构图版式横竖不限。

⑤附创意设计说明，字数在50～150字。

（2）考核时量。

120分钟。

试题编号：J1-44

以"我的大学宿舍"为主题，运用色彩对比和色彩调和的表现手法，完成色彩构成作品一幅。

（1）任务描述。

任务内容：

①根据主题进行构思创意。

②运用手绘的表现方式完成色彩构成设计作品，工具可使用水粉颜料（或彩铅、马克笔等）。

③画面设计完整，色彩生动协调，充分体现元素的设计与构成。

④画面设计尺寸为20cm×20cm，构图版式横竖不限。

⑤附创意设计说明，字数在50～150字。

（2）考核时量。

120分钟。

试题编号：J1-45

以"玫瑰花"为主题，运用色彩对比和色彩调和的表现手法，完成色彩构成作品一幅。

（1）任务描述。

任务内容：

①根据主题进行构思创意。

②运用手绘的表现方式完成色彩构成设计作品，工具可使用水粉颜料（或彩铅、马克笔等）。

③画面设计完整，色彩生动协调，充分体现元素的设计与构成。

④画面设计尺寸为20cm×20cm，构图版式横竖不限。

⑤附创意设计说明，字数在50～150字。

（2）考核时量。

120分钟。

试题编号：J1-46

以"夏天的游泳池"为主题，运用色彩对比和色彩调和的表现手法，完成色彩构成作品一幅。

（1）任务描述。

任务内容：

①根据主题进行构思创意。

②运用手绘的表现方式完成色彩构成设计作品，工具可使用水粉颜料（或彩铅、马克笔等）。

③画面设计完整，色彩生动协调，充分体现元素的设计与构成。

④画面设计尺寸为20cm×20cm，构图版式横竖不限。

⑤附创意设计说明，字数在50～150字。

（2）考核时量。

120分钟。

试题编号：J1-47

以"美丽的家"为主题，运用色彩对比和色彩调和的表现手法，完成色彩构成作品一幅。

（1）任务描述。

任务内容：

①根据主题进行构思创意。

②运用手绘的表现方式完成色彩构成设计作品，工具可使用水粉颜料（或彩铅、马克笔等）。

③画面设计完整，色彩生动协调，充分体现元素的设计与构成。

④画面设计尺寸为20cm×20cm，构图版式横竖不限。

⑤附创意设计说明，字数在50～150字。

（2）考核时量。

120分钟。

试题编号：J1–48

以"雨后彩虹"为主题，运用色彩对比和色彩调和的表现手法，完成色彩构成作品一幅。

（1）任务描述。

任务内容：

①根据主题进行构思创意。

②运用手绘的表现方式完成色彩构成设计作品，工具可使用水粉颜料（或彩铅、马克笔等）。

③画面设计完整，色彩生动协调，充分体现元素的设计与构成。

④画面设计尺寸为20cm×20cm，构图版式横竖不限。

⑤附创意设计说明，字数在50～150字。

（2）考核时量。

120分钟。

试题编号：J1–49

以"猫和鱼"为主题，运用色彩对比和色彩调和的表现手法，完成色彩构成作品一幅。

（1）任务描述。

任务内容：

①根据主题进行构思创意。

②运用手绘的表现方式完成色彩构成设计作品，工具可使用水粉颜料（或彩铅、马克笔等）。

③画面设计完整，色彩生动协调，充分体现元素的设计与构成。

④画面设计尺寸为20cm×20cm，构图版式横竖不限。

⑤附创意设计说明，字数在50～150字。

（2）考核时量。

120分钟。

试题编号：J1–50

以"池塘荷花"为主题，运用色彩对比和色彩调和的表现手法，完成色彩构成作品一幅。

（1）任务描述。

任务内容：

①根据主题进行构思创意。

②运用手绘的表现方式完成色彩构成设计作品，工具可使用水粉颜料（或彩铅、马克笔等）。

③画面设计完整，色彩生动协调，充分体现元素的设计与构成。

④画面设计尺寸为20cm×20cm，构图版式横竖不限。

⑤附创意设计说明，字数在50～150字。

（2）考核时量。

120分钟。

（二）模块二　文字创意设计

1.考核评价标准（表2-3）

表2-3　文字创意设计考核评分细则

评价内容		配分	评分标准	
职业素养(10分)	专业素质	4分	按考试要求进行创作，不抄袭他人作品，创作内容积极向上	4分
	文明素质	6分	1.举止文明，遵守考场纪律	2分
			2.按照考试要求，正确填写个人信息并提交试卷	2分
			3.卷面干净、整洁	2分
工作任务(90分)	文字创意构思	30分	1.创意新颖，能清晰传达文字的字义和内涵，切合主题设计要求	25～30分
			2.创意平淡，能传达文字的字义和内涵，基本符合主题设计要求	16～24分
			3.创意模糊，没能传达文字的字义和内涵，不切合主题设计要求	0～15分
	文字造型设计	25分	1.文字造型设计生动，特色鲜明，文字的形体造型特色突出，文字设计识别性强，有独特的形式美感	22～25分
			2.文字造型设计结构合理，有较好的识别性和协调性，文字的形体造型有较好的形式美感	15～21分
			3.文字造型设计结构松散，文字的形体造型生硬呆板，文字的识别性差	0～14分
	文字编排表现	25分	1.文字编排设计新颖，主次分明，疏密有致，有较好的视觉阅读美感，作品完整	22～25分
			2.文字编排设计平淡，编排单一、平均，基本具有视觉阅读美感，作品完整	15～21分
			3.文字编排设计散乱，编排结构主次不当，没有视觉阅读美感，作品不够完整	0～14分
	设计表述	10分	1.设计说明表述准确，专业术语运用合理，无错别字	9～10分
			2.设计说明表述不够清晰，专业术语运用欠妥，无错别字	6～8分
			3.设计说明表述混乱，专业术语运用不当，有错别字	0～5分
合计			100分	
备注		出现以下任意一种情况将做不合格处理： 1.考试舞弊、作品抄袭 2.没有按要求完成考生信息登记 3.绘制恶俗、低俗文字创意设计作品		

2.考场实施条件（表2-4）

表2-4　文字创意设计考场基本实施条件

项目	基本实施条件	备注
手绘场地	考场配置30个独立工作台和座位，每个考场照明通风良好，且安装有摄像监控设施	考场必备
手绘物料	为每名考生配备八开画板一块、八开绘图纸一张、草稿纸两张	考场必备
手绘工具	铅笔、马克笔、橡皮、尺子及绘画颜料、拷贝纸等绘图工具	考生自备
场地设备	每考场备电吹风2个以上	考场必备
监考人员	由教育厅组织抽调非考点院校相关专业老师担任监考人员，每1～15个考生配一名监考人员	考场必备

3.考核题库

试题编号：J2-1

以"光明磊落（guang ming lei luo）"为设计元素，完成一幅创意字体设计作品。

（1）任务描述。

任务内容：

①根据设计元素的字面意义进行创意设计。

②中文与拉丁字母的设计要素运用得当，造型生动、有趣，有形式美感。

③文字编排设计灵动、流畅、完整。

④手绘技法运用得当，设计整体效果醒目。

⑤黑白、彩色均可，构图版式横竖不限。

⑥附创意设计说明，字数在50～150字。

（2）考核时量。

120分钟。

试题编号：J2-2

以"口若悬河（kou ruo xuan he）"为设计元素，完成一幅创意字体设计作品。

（1）任务描述。

任务内容：

①根据设计元素的字面意义进行创意设计。

②中文与拉丁字母的设计要素运用得当，造型生动、有趣，有形式美感。

③文字编排设计灵动、流畅、完整。

④手绘技法运用得当，设计整体效果醒目。

⑤黑白、彩色均可，构图版式横竖不限。

⑥附创意设计说明，字数在50～150字。

（2）考核时量。

120分钟。

试题编号：J2-3

以"冰清玉洁（bing qing yu jie）"为设计元素，完成一幅创意字体设计作品。

（1）任务描述。

任务内容：

①根据设计元素的字面意义进行创意设计。

②中文与拉丁字母的设计要素运用得当，造型生动、有趣，有形式美感。

③文字编排设计灵动、流畅、完整。

④手绘技法运用得当，设计整体效果醒目。

⑤黑白、彩色均可，构图版式横竖不限。

⑥附创意设计说明，字数在50～150字。

（2）考核时量。

120分钟。

试题编号：J2-4

以"谈笑风生（tan xiao feng sheng）"为设计元素，完成一幅创意字体设计作品。

（1）任务描述。

任务内容：

①根据设计元素的字面意义进行创意设计。

②中文与拉丁字母的设计要素运用得当，造型生动、有趣，有形式美感。

③文字编排设计灵动、流畅、完整。

④手绘技法运用得当，设计整体效果醒目。

⑤黑白、彩色均可，构图版式横竖不限。

⑥附创意设计说明，字数在50～150字。

（2）考核时量。

120分钟。

试题编号：J2-5

以"伶牙俐齿（ling ya li chi）"为设计元素，完成一幅创意字体设计作品。

（1）任务描述。

任务内容：

①根据设计元素的字面意义进行创意设计。

②中文与拉丁字母的设计要素运用得当，造型生动、有趣，有形式美感。

③文字编排设计灵动、流畅、完整。

④手绘技法运用得当，设计整体效果醒目。

⑤黑白、彩色均可，构图版式横竖不限。

⑥附创意设计说明，字数在50～150字。

（2）考核时量。

120分钟。

试题编号：J2-6

以"望梅止渴（wang mei zhi ke）"为设计元素，完成一幅创意字体设计作品。

（1）任务描述。

任务内容：

①根据设计元素的字面意义进行创意设计。

②中文与拉丁字母的设计要素运用得当，造型生动、有趣，有形式美感。

③文字编排设计灵动、流畅、完整。

④手绘技法运用得当，设计整体效果醒目。

⑤黑白、彩色均可，构图版式横竖不限。

⑥附创意设计说明，字数在50~150字。

（2）考核时量。

120分钟。

试题编号：J2-7

以"走马观花（zou ma guan hua）"为设计元素，完成一幅创意字体设计作品。

（1）任务描述。

任务内容：

①根据设计元素的字面意义进行创意设计。

②中文与拉丁字母的设计要素运用得当，造型生动、有趣，有形式美感。

③文字编排设计灵动、流畅、完整。

④手绘技法运用得当，设计整体效果醒目。

⑤黑白、彩色均可，构图版式横竖不限。

⑥附创意设计说明，字数在50~150字。

（2）考核时量。

120分钟。

试题编号：J2-8

以"跋山涉水（ba shan she shui）"为设计元素，完成一幅创意字体设计作品。

（1）任务描述。

任务内容：

①根据设计元素的字面意义进行创意设计。

②中文与拉丁字母的设计要素运用得当，造型生动、有趣，有形式美感。

③文字编排设计灵动、流畅、完整。

④手绘技法运用得当，设计整体效果醒目。

⑤黑白、彩色均可，构图版式横竖不限。

⑥附创意设计说明，字数在50~150字。

（2）考核时量。

120分钟。

试题编号：J2-9

以"张牙舞爪（zhang ya wu zhao）"为设计元素，完成一幅创意字体设计作品。

（1）任务描述。

任务内容：

①根据设计元素的字面意义进行创意设计。

②中文与拉丁字母的设计要素运用得当，造型生动、有趣，有形式美感。

③文字编排设计灵动、流畅、完整。

④手绘技法运用得当，设计整体效果醒目。

⑤黑白、彩色均可，构图版式横竖不限。

⑥附创意设计说明，字数在50～150字。

（2）考核时量。

120分钟。

试题编号：J2-10

以"手足情深（shou zu qing shen）"为设计元素，完成一幅创意字体设计作品。

（1）任务描述。

任务内容：

①根据设计元素的字面意义进行创意设计。

②中文与拉丁字母的设计要素运用得当，造型生动、有趣，有形式美感。

③文字编排设计灵动、流畅、完整。

④手绘技法运用得当，设计整体效果醒目。

⑤黑白、彩色均可，构图版式横竖不限。

⑥附创意设计说明，字数在50～150字。

（2）考核时量。

120分钟。

试题编号：J2-11

以"风雨同舟（feng yu tong zhou）"为设计元素，完成一幅创意字体设计作品。

（1）任务描述。

任务内容：

①根据设计元素的字面意义进行创意设计。

②中文与拉丁字母的设计要素运用得当，造型生动、有趣，有形式美感。

③文字编排设计灵动、流畅、完整。

④手绘技法运用得当，设计整体效果醒目。

⑤黑白、彩色均可，构图版式横竖不限。

⑥附创意设计说明，字数在50～150字。

（2）考核时量。

120分钟。

试题编号：J2-12

以"花枝招展（hua zhi zhao zhan）"为设计元素，完成一幅创意字体设计作品。

（1）任务描述。

任务内容：

①根据设计元素的字面意义进行创意设计。

②中文与拉丁字母的设计要素运用得当，造型生动、有趣，有形式美感。

③文字编排设计灵动、流畅、完整。

④手绘技法运用得当，设计整体效果醒目。

⑤黑白、彩色均可，构图版式横竖不限。

⑥附创意设计说明，字数在50～150字。

（2）考核时量。

120分钟。

试题编号：J2-13

以"鱼米之乡（yu mi zhi xiang）"为设计元素，完成一幅创意字体设计作品。

（1）任务描述。

任务内容：

①根据设计元素的字面意义进行创意设计。

②中文与拉丁字母的设计要素运用得当，造型生动、有趣，有形式美感。

③文字编排设计灵动、流畅、完整。

④手绘技法运用得当，设计整体效果醒目。

⑤黑白、彩色均可，构图版式横竖不限。

⑥附创意设计说明，字数在50～150字。

（2）考核时量。

120分钟。

试题编号：J2-14

以"画蛇添足（hua she tian zu）"为设计元素，完成一幅创意字体设计作品。

（1）任务描述。

任务内容：

①根据设计元素的字面意义进行创意设计。

②中文与拉丁字母的设计要素运用得当，造型生动、有趣，有形式美感。

③文字编排设计灵动、流畅、完整。

④手绘技法运用得当，设计整体效果醒目。

⑤黑白、彩色均可，构图版式横竖不限。

⑥附创意设计说明，字数在50～150字。

（2）考核时量。

120分钟。

试题编号：J2-15

以"胆战心惊（dan zhan xin jing）"为设计元素，完成一幅创意字体设计作品。

（1）任务描述。

任务内容：

①根据设计元素的字面意义进行创意设计。

②中文与拉丁字母的设计要素运用得当，造型生动、有趣，有形式美感。

③文字编排设计灵动、流畅、完整。

④手绘技法运用得当，设计整体效果醒目。

⑤黑白、彩色均可，构图版式横竖不限。

⑥附创意设计说明，字数在50~150字。

（2）考核时量。

120分钟。

试题编号：J2-16

以"自相矛盾（zi xiang mao dun）"为设计元素，完成一幅创意字体设计作品。

（1）任务描述。

任务内容：

①根据设计元素的字面意义进行创意设计。

②中文与拉丁字母的设计要素运用得当，造型生动、有趣，有形式美感。

③文字编排设计灵动、流畅、完整。

④手绘技法运用得当，设计整体效果醒目。

⑤黑白、彩色均可，构图版式横竖不限。

⑥附创意设计说明，字数在50~150字。

（2）考核时量。

120分钟。

试题编号：J2-17

以"守株待兔（shou zhu dai tu）"为设计元素，完成一幅创意字体设计作品。

（1）任务描述。

任务内容：

①根据设计元素的字面意义进行创意设计。

②中文与拉丁字母的设计要素运用得当，造型生动、有趣，有形式美感。

③文字编排设计灵动、流畅、完整。

④手绘技法运用得当，设计整体效果醒目。

⑤黑白、彩色均可，构图版式横竖不限。

⑥附创意设计说明，字数在50~150字。

（2）考核时量。

120分钟。

试题编号：J2-18

以"春暖花开（chun nuan hua kai）"为设计元素，完成一幅创意字体设计作品。

（1）任务描述。

任务内容：

①根据设计元素的字面意义进行创意设计。

②中文与拉丁字母的设计要素运用得当，造型生动、有趣，有形式美感。

③文字编排设计灵动、流畅、完整。

④手绘技法运用得当，设计整体效果醒目。

⑤黑白、彩色均可，构图版式横竖不限。

⑥附创意设计说明，字数在50～150字。

（2）考核时量。

120分钟。

试题编号：J2-19

以"烈日炎炎（lie ri yan yan）"为设计元素，完成一幅创意字体设计作品。

（1）任务描述。

任务内容：

①根据设计元素的字面意义进行创意设计。

②中文与拉丁字母的设计要素运用得当，造型生动、有趣，有形式美感。

③文字编排设计灵动、流畅、完整。

④手绘技法运用得当，设计整体效果醒目。

⑤黑白、彩色均可，构图版式横竖不限。

⑥附创意设计说明，字数在50～150字。

（2）考核时量。

120分钟。

试题编号：J2-20

以"高耸入云（gao song ru yun）"为设计元素，完成一幅创意字体设计作品。

（1）任务描述。

任务内容：

①根据设计元素的字面意义进行创意设计。

②中文与拉丁字母的设计要素运用得当，造型生动、有趣，有形式美感。

③文字编排设计灵动、流畅、完整。

④手绘技法运用得当，设计整体效果醒目。

⑤黑白、彩色均可，构图版式横竖不限。

⑥附创意设计说明，字数在50～150字。

（2）考核时量。

120分钟。

试题编号：J2-21

以"东倒西歪（dong dao xi wai）"为设计元素，完成一幅创意字体设计作品。

（1）任务描述。

任务内容：

①根据设计元素的字面意义进行创意设计。

②中文与拉丁字母的设计要素运用得当，造型生动、有趣，有形式美感。

③文字编排设计灵动、流畅、完整。

④手绘技法运用得当，设计整体效果醒目。

⑤黑白、彩色均可，构图版式横竖不限。

⑥附创意设计说明，字数在50～150字。

（2）考核时量。

120分钟。

试题编号：J2-22

以"风驰电掣（feng chi dian che）"为设计元素，完成一幅创意字体设计作品。

（1）任务描述。

任务内容：

①根据设计元素的字面意义进行创意设计。

②中文与拉丁字母的设计要素运用得当，造型生动、有趣，有形式美感。

③文字编排设计灵动、流畅、完整。

④手绘技法运用得当，设计整体效果醒目。

⑤黑白、彩色均可，构图版式横竖不限。

⑥附创意设计说明，字数在50～150字。

（2）考核时量。

120分钟。

试题编号：J2-23

以"争先恐后（zheng xian kong hou）"为设计元素，完成一幅创意字体设计作品。

（1）任务描述。

任务内容：

①根据设计元素的字面意义进行创意设计。

②中文与拉丁字母的设计要素运用得当，造型生动、有趣，有形式美感。

③文字编排设计灵动、流畅、完整。

④手绘技法运用得当，设计整体效果醒目。

⑤黑白、彩色均可，构图版式横竖不限。

⑥附创意设计说明，字数在50～150字。

（2）考核时量。

120分钟。

试题编号：J2-24

以"不见不散（bu jian bu san）"为设计元素，完成一幅创意字体设计作品。

（1）任务描述。

任务内容：

①根据设计元素的字面意义进行创意设计。

②中文与拉丁字母的设计要素运用得当，造型生动、有趣，有形式美感。

③文字编排设计灵动、流畅、完整。

④手绘技法运用得当，设计整体效果醒目。

⑤黑白、彩色均可，构图版式横竖不限。

⑥附创意设计说明，字数在50~150字。

（2）考核时量。

120分钟。

试题编号：J2-25

以"父爱如山（fu ai ru shan）"为设计元素，完成一幅创意字体设计作品。

（1）任务描述。

任务内容：

①根据设计元素的字面意义进行创意设计。

②中文与拉丁字母的设计要素运用得当，造型生动、有趣，有形式美感。

③文字编排设计灵动、流畅、完整。

④手绘技法运用得当，设计整体效果醒目。

⑤黑白、彩色均可，构图版式横竖不限。

⑥附创意设计说明，字数在50~150字。

（2）考核时量。

120分钟。

试题编号：J2-26

以"心如刀割（xin ru dao ge）"为设计元素，完成一幅创意字体设计作品。

（1）任务描述。

任务内容：

①根据设计元素的字面意义进行创意设计。

②中文与拉丁字母的设计要素运用得当，造型生动、有趣，有形式美感。

③文字编排设计灵动、流畅、完整。

④手绘技法运用得当，设计整体效果醒目。

⑤黑白、彩色均可，构图版式横竖不限。

⑥附创意设计说明，字数在50~150字。

（2）考核时量。

120分钟。

试题编号：J2-27

以"风和日丽（feng he ri li）"为设计元素，完成一幅创意字体设计作品。

（1）任务描述。

任务内容：

①根据设计元素的字面意义进行创意设计。

②中文与拉丁字母的设计要素运用得当，造型生动、有趣，有形式美感。

③文字编排设计灵动、流畅、完整。

④手绘技法运用得当，设计整体效果醒目。

⑤黑白、彩色均可，构图版式横竖不限。

⑥附创意设计说明，字数在50～150字。

（2）考核时量。

120分钟。

试题编号：J2-28

以"登高望远（deng gao wang yuan）"为设计元素，完成一幅创意字体设计作品。

（1）任务描述。

任务内容：

①根据设计元素的字面意义进行创意设计。

②中文与拉丁字母的设计要素运用得当，造型生动、有趣，有形式美感。

③文字编排设计灵动、流畅、完整。

④手绘技法运用得当，设计整体效果醒目。

⑤黑白、彩色均可，构图版式横竖不限。

⑥附创意设计说明，字数在50～150字。

（2）考核时量。

120分钟。

试题编号：J2-29

以"对牛弹琴（dui niu tan qin）"为设计元素，完成一幅创意字体设计作品。

（1）任务描述。

任务内容：

①根据设计元素的字面意义进行创意设计。

②中文与拉丁字母的设计要素运用得当，造型生动、有趣，有形式美感。

③文字编排设计灵动、流畅、完整。

④手绘技法运用得当，设计整体效果醒目。

⑤黑白、彩色均可，构图版式横竖不限。

⑥附创意设计说明，字数在50～150字。

（2）考核时量。

120分钟。

试题编号：J2-30

以"杀鸡儆猴（sha ji jing hou）"为设计元素，完成一幅创意字体设计作品。

（1）任务描述。

①根据设计元素的字面意义进行创意设计。

②中文与拉丁字母的设计要素运用得当，造型生动、有趣，有形式美感。

③文字编排设计灵动、流畅、完整。

④手绘技法运用得当，设计整体效果醒目。

⑤黑白、彩色均可，构图版式横竖不限。

⑥附创意设计说明，字数在50～150字。

（2）考核时量。

120分钟。

试题编号：J2-31

以"顺手牵羊（shun shou qian yang）"为设计元素，完成一幅创意字体设计作品。

（1）任务描述

任务内容：

①根据设计元素的字面意义进行创意设计。

②中文与拉丁字母的设计要素运用得当，造型生动、有趣，有形式美感。

③文字编排设计灵动、流畅、完整。

④手绘技法运用得当，设计整体效果醒目。

⑤黑白、彩色均可，构图版式横竖不限。

⑥附创意设计说明，字数在50～150字。

（2）考核时量。

120分钟。

试题编号：J2-32

以"千军万马（qian jun wan ma）"为设计元素，完成一幅创意字体设计作品。

（1）任务描述。

任务内容：

①根据设计元素的字面意义进行创意设计。

②中文与拉丁字母的设计要素运用得当，造型生动、有趣，有形式美感。

③文字编排设计灵动、流畅、完整。

④手绘技法运用得当，设计整体效果醒目。

⑤黑白、彩色均可，构图版式横竖不限。

⑥附创意设计说明，字数在50～150字。

（2）考核时量。

120分钟。

试题编号：J2-33

以"耳闻目睹（er wen mu du）"为设计元素，完成一幅创意字体设计作品。

（1）任务描述。

任务内容：

①根据设计元素的字面意义进行创意设计。

②中文与拉丁字母的设计要素运用得当，造型生动、有趣，有形式美感。

③文字编排设计灵动、流畅、完整。

④手绘技法运用得当，设计整体效果醒目。

⑤黑白、彩色均可，构图版式横竖不限。

⑥附创意设计说明，字数在50～150字。

（2）考核时量。

120分钟。

试题编号：J2-34

以"蛛丝马迹（zhu si ma ji）"为设计元素，完成一幅创意字体设计作品。

（1）任务描述。

任务内容：

①根据设计元素的字面意义进行创意设计。

②中文与拉丁字母的设计要素运用得当，造型生动、有趣，有形式美感。

③文字编排设计灵动、流畅、完整。

④手绘技法运用得当，设计整体效果醒目。

⑤黑白、彩色均可，构图版式横竖不限。

⑥附创意设计说明，字数在50～150字。

（2）考核时量。

120分钟。

试题编号：J2-35

以"心猿意马（xin yuan yi ma）"为设计元素，完成一幅创意字体设计作品。

（1）任务描述。

任务内容：

①根据设计元素的字面意义进行创意设计。

②中文与拉丁字母的设计要素运用得当，造型生动、有趣，有形式美感。

③文字编排设计灵动、流畅、完整。

④手绘技法运用得当，设计整体效果醒目。

⑤黑白、彩色均可，构图版式横竖不限。

⑥附创意设计说明，字数在50～150字。

（2）考核时量。

120分钟。

试题编号：J2-36

以"眼高手低（yan gao shou di）"为设计元素，完成一幅创意字体设计作品。

（1）任务描述。

任务内容：

①根据设计元素的字面意义进行创意设计。

②中文与拉丁字母的设计要素运用得当，造型生动、有趣，有形式美感。

③文字编排设计灵动、流畅、完整。

④手绘技法运用得当，设计整体效果醒目。

⑤黑白、彩色均可，构图版式横竖不限。

⑥附创意设计说明，字数在50～150字。

（2）考核时量。

120分钟。

试题编号：J2-37

以"举足轻重（ju zu qing zhong）"为设计元素，完成一幅创意字体设计作品。

（1）任务描述。

任务内容：

①根据设计元素的字面意义进行创意设计。

②中文与拉丁字母的设计要素运用得当，造型生动、有趣，有形式美感。

③文字编排设计灵动、流畅、完整。

④手绘技法运用得当，设计整体效果醒目。

⑤黑白、彩色均可，构图版式横竖不限。

⑥附创意设计说明，字数在50～150字。

（2）考核时量。

120分钟。

试题编号：J2-38

以"互动空间（hu dong kong jian）"为设计元素，完成一幅创意字体设计作品。

（1）任务描述。

任务内容：

①根据设计元素的字面意义进行创意设计。

②中文与拉丁字母的设计要素运用得当，造型生动、有趣，有形式美感。

③文字编排设计灵动、流畅、完整。

④手绘技法运用得当，设计整体效果醒目。

⑤黑白、彩色均可，构图版式横竖不限。

⑥附创意设计说明，字数在50～150字。

（2）考核时量。

120分钟。

试题编号：J2-39

以"调兵遣将（diao bing qian jiang）"为设计元素，完成一幅创意字体设计作品。

（1）任务描述。

任务内容：

①根据设计元素的字面意义进行创意设计。

②中文与拉丁字母的设计要素运用得当，造型生动、有趣，有形式美感。

③文字编排设计灵动、流畅、完整。

④手绘技法运用得当，设计整体效果醒目。

⑤黑白、彩色均可，构图版式横竖不限。

⑥附创意设计说明，字数在50～150字。

（2）考核时量。

120分钟。

试题编号：J2-40

以"狂风暴雨（kuang feng bao yu）"为设计元素，完成一幅创意字体设计作品。

（1）任务描述。

任务内容：

①根据设计元素的字面意义进行创意设计。

②中文与拉丁字母的设计要素运用得当，造型生动、有趣，有形式美感。

③文字编排设计灵动、流畅、完整。

④手绘技法运用得当，设计整体效果醒目。

⑤黑白、彩色均可，构图版式横竖不限。

⑥附创意设计说明，字数在50～150字。

（2）考核时量。

120分钟。

试题编号：J2-41

以"山崩地裂（shan beng di lie）"为设计元素，完成一幅创意字体设计作品。

（1）任务描述。

任务内容：

①根据设计元素的字面意义进行创意设计。

②中文与拉丁字母的设计要素运用得当，造型生动、有趣，有形式美感。

③文字编排设计灵动、流畅、完整。

④手绘技法运用得当，设计整体效果醒目。

⑤黑白、彩色均可，构图版式横竖不限。

⑥附创意设计说明，字数在50～150字。

（2）考核时量。

120分钟。

试题编号：J2-42

以"相亲相爱（xiang qin xiang ai）"为设计元素，完成一幅创意字体设计作品。

（1）任务描述。

任务内容：

①根据设计元素的字面意义进行创意设计。

②中文与拉丁字母的设计要素运用得当，造型生动、有趣，有形式美感。

③文字编排设计灵动、流畅、完整。

④手绘技法运用得当，设计整体效果醒目。

⑤黑白、彩色均可，构图版式横竖不限。

⑥附创意设计说明，字数在50～150字。

（2）考核时量。

120分钟。

试题编号：J2-43

以"鸟语花香（niao yu hua xiang）"为设计元素，完成一幅创意字体设计作品。

（1）任务描述。

任务内容：

①根据设计元素的字面意义进行创意设计。

②中文与拉丁字母的设计要素运用得当，造型生动、有趣，有形式美感。

③文字编排设计灵动、流畅、完整。

④手绘技法运用得当，设计整体效果醒目。

⑤黑白、彩色均可，构图版式横竖不限。

⑥附创意设计说明，字数在50～150字。

（2）考核时量。

120分钟。

试题编号：J2-44

以"坐井观天（zuo jing guan tian）"为设计元素，完成一幅创意字体设计作品。

（1）任务描述。

任务内容：

①根据设计元素的字面意义进行创意设计。

②中文与拉丁字母的设计要素运用得当，造型生动、有趣，有形式美感。

③文字编排设计灵动、流畅、完整。

④手绘技法运用得当，设计整体效果醒目。

⑤黑白、彩色均可，构图版式横竖不限。

⑥附创意设计说明，字数在50～150字。

（2）考核时量。

120分钟。

试题编号：J2-45

以"惊弓之鸟（jing gong zhi niao）"为设计元素，完成一幅创意字体设计作品。

（1）任务描述。

任务内容：

①根据设计元素的字面意义进行创意设计。

②中文与拉丁字母的设计要素运用得当，造型生动、有趣，有形式美感。

③文字编排设计灵动、流畅、完整。

④手绘技法运用得当，设计整体效果醒目。

⑤黑白、彩色均可，构图版式横竖不限。

⑥附创意设计说明，字数在50～150字。

（2）考核时量。

120分钟。

试题编号：J2-46

以"任重道远（ren zhong dao yuan）"为设计元素，完成一幅创意字体设计作品。

（1）任务描述。

任务内容：

①根据设计元素的字面意义进行创意设计。

②中文与拉丁字母的设计要素运用得当，造型生动、有趣，有形式美感。

③文字编排设计灵动、流畅、完整。

④手绘技法运用得当，设计整体效果醒目。

⑤黑白、彩色均可，构图版式横竖不限。

⑥附创意设计说明，字数在50～150字。

（2）考核时量。

120分钟。

试题编号：J2-47

以"扬帆起航（yang fan qi hang）"为设计元素，完成一幅创意字体设计作品。

（1）任务描述。

任务内容：

①根据设计元素的字面意义进行创意设计。

②中文与拉丁字母的设计要素运用得当，造型生动、有趣，有形式美感。

③文字编排设计灵动、流畅、完整。

④手绘技法运用得当，设计整体效果醒目。

⑤黑白、彩色均可，构图版式横竖不限。

⑥附创意设计说明，字数在50～150字。

（2）考核时量。

120分钟。

试题编号：J2-48

以"花好月圆（hua hao yue yuan）"为设计元素，完成一幅创意字体设计作品。

（1）任务描述。

任务内容：

①根据设计元素的字面意义进行创意设计。

②中文与拉丁字母的设计要素运用得当，造型生动、有趣，有形式美感。

③文字编排设计灵动、流畅、完整。

④手绘技法运用得当，设计整体效果醒目。

⑤黑白、彩色均可，构图版式横竖不限。

⑥附创意设计说明，字数在50～150字。

（2）考核时量。

120分钟。

试题编号：J2-49

以"马到成功（ma dao cheng gong）"为设计元素，完成一幅创意字体设计作品。

（1）任务描述。

任务内容：

①根据设计元素的字面意义进行创意设计。

②中文与拉丁字母的设计要素运用得当，造型生动、有趣，有形式美感。

③文字编排设计灵动、流畅、完整。

④手绘技法运用得当，设计整体效果醒目。

⑤黑白、彩色均可，构图版式横竖不限。

⑥附创意设计说明，字数在50～150字。

（2）考核时量。

120分钟。

试题编号：J2-50

以"花样年华（hua yang nian hua）"为设计元素，完成一幅创意字体设计作品。

（1）任务描述。

任务内容：

①根据设计元素的字面意义进行创意设计。

②中文与拉丁字母的设计要素运用得当，造型生动、有趣，有形式美感。

③文字编排设计灵动、流畅、完整。

④手绘技法运用得当，设计整体效果醒目。

⑤黑白、彩色均可，构图版式横竖不限。

⑥附创意设计说明，字数在50～150字。

（2）考核时量。

120分钟。

（三） 模块三 图形创意设计

1.考核评价标准（表2-5）

表2-5　图形创意设计考核评分细则

评价内容		配分	评分标准	
职业素养（10分）	专业素质	4分	按考试要求进行创作，不抄袭他人作品，创作内容积极向上	4分
	文明素质	6分	1. 举止文明，遵守考场纪律	2分
			2. 按照考试要求，正确填写个人信息并提交试卷	2分
			3. 卷面干净、整洁	2分
工作任务（90分）	图形创意	30分	1. 图形创意联想新颖，具备图形设计的内涵与象征，构思切合主题要求	25 ~ 30分
			2. 图形创意联想合理，具备图形设计的内涵与象征，构思符合主题要求	16 ~ 24分
			3. 图形创意生硬，构思模糊，不知所云，不符合主题要求	0 ~ 15分
	图形设计	25分	1. 图形设计独特，生动有趣，表现形式新颖，有原创性	22 ~ 25分
			2. 图形设计新颖，表现形式合理，有一定的设计技巧	15 ~ 21分
			3. 图形设计生硬呆板，造型拼凑随意	0 ~ 14分
	图形表现	25分	1. 图形表现手法娴熟，设计元素协调得当，作品完整	22 ~ 25分
			2. 图形表现手法平淡，设计元素安排合理，作品完整	15 ~ 21分
			3. 图形表现手法生疏，设计元素安排不当，拼凑生硬	0 ~ 14分
	设计表述	10分	1. 设计说明表述准确，专业术语运用得当，无错别字	9 ~ 10分
			2. 设计说明表述清晰，专业术语运用欠妥，无错别字	6 ~ 8分
			3. 设计说明表述不清，专业术语运用不当，有错别字	0 ~ 5分
合计			100分	
备注		出现以下任意一种情况将做不合格处理： 1. 考试舞弊、作品抄袭 2. 没有按要求完成考生信息登记 3. 绘制恶俗、低俗图形创意设计作品		

2.考场实施条件（表2-6）

表2-6 图形创意设计考场基本实施条件

项目	基本实施条件	备注
手绘场地	考场配置30个独立工作台和座位，每个考场照明通风良好，且安装有摄像监控设施	考场必备
手绘材料	为每名考生配备八开画板一块、八开绘图纸一张、草稿纸两张	考场必备
手绘工具	铅笔、马克笔、橡皮、尺子、绘画颜料、拷贝纸等绘图工具	考生自备
场地设备	每考场备电吹风3个以上	考场必备
监考人员	由教育厅组织抽调非考点院校相关专业老师担任监考人员，每1～15个考生配一名监考人员	考场必备

3.考核题库

试题编号：J3-1

以"树木"为主要设计元素，设计一幅以"环保"为主题的图形创意设计作品。

（1）任务描述。

任务内容：

①根据设计元素的特性进行创意联想，图形创意切合主题要求。

②应用创意设计思维，图形设计具有形式美与意象美。

③手绘技法运用得当，图形造型新颖，具有想象力与原创性。

④图形设计完整，设计元素协调得当。

⑤附创意设计说明，字数在50～150字。

⑥黑白、彩色手绘均可，构图版式横竖不限。

（2）考核时量。

90分钟。

试题编号：J3-2

以"香烟"为主要设计元素，设计一幅以"吸烟有害健康"为主题的图形创意设计作品。

（1）任务描述。

任务内容：

①根据设计元素的特性进行创意联想，图形创意切合主题要求。

②应用创意设计思维，图形设计具有形式美与意象美。

③手绘技法运用得当，图形造型新颖，具有想象力与原创性。

④图形设计完整，设计元素协调得当。

⑤附创意设计说明，字数在50～150字。

⑥黑白、彩色手绘均可，构图版式横竖不限。

（2）考核时量。

90分钟。

试题编号：J3-3

以"水"为主要设计元素，设计一幅以"节约用水"为主题的图形创意设计作品。

（1）任务描述。

任务内容：

①根据设计元素的特性进行创意联想，图形创意切合主题要求。

②应用创意设计思维，图形设计具有形式美与意象美。

③手绘技法运用得当，图形造型新颖，具有想象力与原创性。

④图形设计完整，设计元素协调得当。

⑤附创意设计说明，字数在50～150字。

⑥黑白、彩色手绘均可，构图版式横竖不限。

（2）考核时量。

90分钟。

试题编号：J3-4

以"烟囱、云朵"为主要设计元素，设计一幅以"环保"为主题的图形创意设计作品。

（1）任务描述。

任务内容：

①根据设计元素的特性进行创意联想，图形创意切合主题要求。

②应用创意设计思维，图形设计具有形式美与意象美。

③手绘技法运用得当，图形造型新颖，具有想象力与原创性。

④图形设计完整，设计元素协调得当。

⑤附创意设计说明，字数在50～150字。

⑥黑白、彩色手绘均可，构图版式横竖不限。

（2）考核时量。

90分钟。

试题编号：J3-5

以"手"为主要设计元素，设计一幅以"沟通"为主题的图形创意设计作品。

（1）任务描述。

任务内容：

①根据设计元素的特性进行创意联想，图形创意切合主题要求。

②应用创意设计思维，图形设计具有形式美与意象美。

③手绘技法运用得当，图形造型新颖，具有想象力与原创性。

④图形设计完整，设计元素协调得当。

⑤附创意设计说明，字数在50～150字。

⑥黑白、彩色手绘均可，构图版式横竖不限。

（2）考核时量。

90分钟。

试题编号：J3-6

以"蜡烛"为主要设计元素，设计一幅以"教师节"为主题的图形创意设计作品。

（1）任务描述。

任务内容：

①根据设计元素的特性进行创意联想，图形创意切合主题要求。

②应用创意设计思维，图形设计具有形式美与意象美。

③手绘技法运用得当，图形造型新颖，具有想象力与原创性。

④图形设计完整，设计元素协调得当。

⑤附创意设计说明，字数在50～150字。

⑥黑白、彩色手绘均可，构图版式横竖不限。

（2）考核时量。

90分钟。

试题编号：J3-7

以"酒瓶"为主要设计元素，设计一幅以"禁止酒驾"为主题的图形创意设计作品。

（1）任务描述。

任务内容：

①根据设计元素的特性进行创意联想，图形创意切合主题要求。

②应用创意设计思维，图形设计具有形式美与意象美。

③手绘技法运用得当，图形造型新颖，具有想象力与原创性。

④图形设计完整，设计元素协调得当。

⑤附创意设计说明，字数在50～150字。

⑥黑白、彩色手绘均可，构图版式横竖不限。

（2）考核时量。

90分钟。

试题编号：J3-8

以"眼睛"为主要设计元素，设计一幅以"关爱视力"为主题的图形创意设计作品。

（1）任务描述。

任务内容：

①根据设计元素的特性进行创意联想，图形创意切合主题要求。

②应用创意设计思维，图形设计具有形式美与意象美。

③手绘技法运用得当，图形造型新颖，具有想象力与原创性。

④图形设计完整，设计元素协调得当。

⑤附创意设计说明，字数在50～150字。

⑥黑白、彩色手绘均可，构图版式横竖不限。

（2）考核时量。

90分钟。

试题编号：J3-9

以"铅笔"为主要设计元素，设计一幅以"我爱设计"为主题的图形创意设计作品。

（1）任务描述。

任务内容：

①根据设计元素的特性进行创意联想，图形创意切合主题要求。

②应用创意设计思维，图形设计具有形式美与意象美。

③手绘技法运用得当，图形造型新颖，具有想象力与原创性。

④图形设计完整，设计元素协调得当。

⑤附创意设计说明，字数在50～150字。

⑥黑白、彩色手绘均可，构图版式横竖不限。

（2）考核时量。

90分钟。

试题编号：J3-10

以"灯泡"为主要设计元素，设计一幅以"节能环保"主题的图形创意作品。

（1）任务描述。

任务内容：

①根据设计元素的特性进行创意联想，图形创意切合主题要求。

②应用创意设计思维，图形设计具有形式美与意象美。

③手绘技法运用得当，图形造型新颖，具有想象力与原创性。

④图形设计完整，设计元素协调得当。

⑤附创意设计说明，字数在50～150字。

⑥黑白、彩色手绘均可，构图版式横竖不限。

（2）考核时量。

90分钟。

试题编号：J3-11

以"花朵"为主要设计元素，设计一幅以"生命"为主题的图形创意设计作品。

（1）任务描述。

任务内容：

①根据设计元素的特性进行创意联想，图形创意切合主题要求。

②应用创意设计思维，图形设计具有形式美与意象美。

③手绘技法运用得当，图形造型新颖，具有想象力与原创性。

④图形设计完整，设计元素协调得当。

⑤附创意设计说明，字数在50～150字。

⑥黑白、彩色手绘均可，构图版式横竖不限。

（2）考核时量。

90分钟。

试题编号：J3-12

以"树叶"为主要设计元素，设计一幅以"保护树木"为主题的图形创意设计作品。

（1）任务描述。

任务内容：

①根据设计元素的特性进行创意联想，图形创意切合主题要求。

②应用创意设计思维，图形设计具有形式美与意象美。

③手绘技法运用得当，图形造型新颖，具有想象力与原创性。

④图形设计完整，设计元素协调得当。

⑤附创意设计说明，字数在50～150字。

⑥黑白、彩色手绘均可，构图版式横竖不限。

（2）考核时量。

90分钟。

试题编号：J3-13

以"钥匙"为主要设计元素，设计一幅以"开启心智"为主题的图形创意设计作品。

（1）任务描述。

任务内容：

①根据设计元素的特性进行创意联想，图形创意切合主题要求。

②应用创意设计思维，图形设计具有形式美与意象美。

③手绘技法运用得当，图形造型新颖，具有想象力与原创性。

④图形设计完整，设计元素协调得当。

⑤附创意设计说明，字数在50～150字。

⑥黑白、彩色手绘均可，构图版式横竖不限。

（2）考核时量。

90分钟。

试题编号：J3-14

以"书本"为主要设计元素，设计一幅以"知识就是力量"为主题的图形创意设计作品。

（1）任务描述。

任务内容：

①根据设计元素的特性进行创意联想，图形创意切合主题要求。

②应用创意设计思维，图形设计具有形式美与意象美。

③手绘技法运用得当，图形造型新颖，具有想象力与原创性。

④图形设计完整，设计元素协调得当。

⑤附创意设计说明，字数在50～150字。

⑥黑白、彩色手绘均可，构图版式横竖不限。

（2）考核时量。

90分钟。

试题编号：J3-15

以"枪、子弹"为主要设计元素，设计一幅以"反对战争"为主题的图形创意设计作品。

（1）任务描述。

任务内容：

①根据设计元素的特性进行创意联想，图形创意切合主题要求。

②应用创意设计思维，图形设计具有形式美与意象美。

③手绘技法运用得当，图形造型新颖，具有想象力与原创性。

④图形设计完整，设计元素协调得当。

⑤附创意设计说明，字数在50～150字。

⑥黑白、彩色手绘均可，构图版式横竖不限。

（2）考核时量。

90分钟。

试题编号：J3-16

以"篮球"为主要设计元素，设计一幅以"生命在于运动"为主题的图形创意设计作品。

（1）任务描述。

任务内容：

①根据设计元素的特性进行创意联想，图形创意切合主题要求。

②应用创意设计思维，图形设计具有形式美与意象美。

③手绘技法运用得当，图形造型新颖，具有想象力与原创性。

④图形设计完整，设计元素协调得当。

⑤附创意设计说明，字数在50～150字。

⑥黑白、彩色手绘均可，构图版式横竖不限。

（2）考核时量。

90分钟。

试题编号：J3-17

以"鱼"为主要设计元素，设计一幅以"防止水污染"为主题的图形创意设计作品。

（1）任务描述。

任务内容：

①根据设计元素的特性进行创意联想，图形创意切合主题要求。

②应用创意设计思维，图形设计具有形式美与意象美。

③手绘技法运用得当，图形造型新颖，具有想象力与原创性。

④图形设计完整，设计元素协调得当。

⑤附创意设计说明，字数在50～150字。

⑥黑白、彩色手绘均可，构图版式横竖不限。

（2）考核时量。

90分钟。

试题编号：J3-18

以"绿芽"为主要设计元素，设计一幅以"关注儿童成长"为主题的图形创意设计作品。

（1）任务描述。

任务内容：

①根据设计元素的特性进行创意联想，图形创意切合主题要求。

②应用创意设计思维，图形设计具有形式美与意象美。

③手绘技法运用得当，图形造型新颖，具有想象力与原创性。

④图形设计完整，设计元素协调得当。

⑤附创意设计说明，字数在50～150字。

⑥黑白、彩色手绘均可，构图版式横竖不限。

（2）考核时量。

90分钟。

试题编号：J3-19

以"电池"为主要设计元素，设计一幅以"传递正能量"为主题的图形创意设计作品。

（1）任务描述。

任务内容：

①根据设计元素的特性进行创意联想，图形创意切合主题要求。

②应用创意设计思维，图形设计具有形式美与意象美。

③手绘技法运用得当，图形造型新颖，具有想象力与原创性。

④图形设计完整，设计元素协调得当。

⑤附创意设计说明，字数在50～150字。

⑥黑白、彩色手绘均可，构图版式横竖不限。

（2）考核时量。

90分钟。

试题编号：J3-20

以"书包"为主要设计元素，设计一幅以"梦想"为主题的图形创意设计作品。

（1）任务描述。

任务内容：

①根据设计元素的特性进行创意联想，图形创意切合主题要求。

②应用创意设计思维，图形设计具有形式美与意象美。

③手绘技法运用得当，图形造型新颖，具有想象力与原创性。

④图形设计完整，设计元素协调得当。

⑤附创意设计说明，字数在50～150字。

⑥黑白、彩色手绘均可，构图版式横竖不限。

（2）考核时量。

90分钟。

试题编号：J3-21

以"斑马线"为主要设计元素，设计一幅以"遵守交通法规"为主题的图形创意设计作品。

（1）任务描述。

任务内容：

①根据设计元素的特性进行创意联想，图形创意切合主题要求。

②应用创意设计思维，图形设计具有形式美与意象美。

③手绘技法运用得当，图形造型新颖，具有想象力与原创性。

④图形设计完整，设计元素协调得当。

⑤附创意设计说明，字数在50～150字。

⑥黑白、彩色手绘均可，构图版式横竖不限。

（2）考核时量。

90分钟。

试题编号：J3-22

以"蔬菜"为主要设计元素，设计一幅以"食品安全"为主题的图形创意设计作品。

（1）任务描述。

任务内容：

①根据设计元素的特性进行创意联想，图形创意切合主题要求。

②应用创意设计思维，图形设计具有形式美与意象美。

③手绘技法运用得当，图形造型新颖，具有想象力与原创性。

④图形设计完整，设计元素协调得当。

⑤附创意设计说明，字数在50～150字。

⑥黑白、彩色手绘均可，构图版式横竖不限。

（2）考核时量。

90分钟。

试题编号：J3-23

以"辣椒"为主要设计元素，设计一幅以"湖南印象"为主题的图形创意设计作品。

（1）任务描述。

任务内容：

①根据设计元素的特性进行创意联想，图形创意切合主题要求。

②应用创意设计思维，图形设计具有形式美与意象美。

③手绘技法运用得当，图形造型新颖，具有想象力与原创性。

④图形设计完整，设计元素协调得当。

⑤附创意设计说明，字数在50～150字。

⑥黑白、彩色手绘均可，构图版式横竖不限。

（2）考核时量。

90分钟。

试题编号：J3-24

以"鞋子"为主要设计元素，设计一幅以"运动·快乐"为主题的图形创意设计作品。

（1）任务描述。

任务内容：

①根据设计元素的特性进行创意联想，图形创意切合主题要求。

②应用创意设计思维，图形设计具有形式美与意象美。

③手绘技法运用得当，图形造型新颖，具有想象力与原创性。

④图形设计完整，设计元素协调得当。

⑤附创意设计说明，字数在50～150字。

⑥黑白、彩色手绘均可，构图版式横竖不限。

（2）考核时量。

90分钟。

试题编号：J3-25

以"餐盘"为设计元素，设计一幅以"珍惜粮食"为主题的图形创意设计作品。

（1）任务描述。

任务内容：

①根据设计元素的特性进行创意联想，图形创意切合主题要求。

②应用创意设计思维，图形设计具有形式美与意象美。

③手绘技法运用得当，图形造型新颖，具有想象力与原创性。

④图形设计完整，设计元素协调得当。

⑤附创意设计说明，字数在50～150字。

⑥黑白、彩色手绘均可，构图版式横竖不限。

（2）考核时量。

90分钟。

试题编号：J3-26

以"吸管"为主要设计元素，设计一幅以"节约用水"为主题的图形创意设计作品。

（1）任务描述。

任务内容：

①根据设计元素的特性进行创意联想，图形创意切合主题要求。

②应用创意设计思维，图形设计具有形式美与意象美。

③手绘技法运用得当，图形造型新颖，具有想象力与原创性。

④图形设计完整，设计元素协调得当。

⑤附创意设计说明，字数在50～150字。

⑥黑白、彩色手绘均可，构图版式横竖不限。

（2）考核时量。

90分钟。

<head>高等职业院校学生专业技能考核标准与题库</head>

试题编号：J3-27

以"树叶"为主要设计元素，设计一幅以"低碳出行"为主题的图形创意设计作品。

（1）任务描述。

任务内容：

①根据设计元素的特性进行创意联想，图形创意切合主题要求。

②应用创意设计思维，图形设计具有形式美与意象美。

③手绘技法运用得当，图形造型新颖，具有想象力与原创性。

④图形设计完整，设计元素协调得当。

⑤附创意设计说明，字数在50～150字。

⑥黑白、彩色手绘均可，构图版式横竖不限。

（2）考核时量。

90分钟。

试题编号：J3-28

以"人物"为主要设计元素，设计一幅以"关爱老人"为主题的图形创意设计作品。

（1）任务描述。

任务内容：

①根据设计元素的特性进行创意联想，图形创意切合主题要求。

②应用创意设计思维，图形设计具有形式美与意象美。

③手绘技法运用得当，图形造型新颖，具有想象力与原创性。

④图形设计完整，设计元素协调得当。

⑤附创意设计说明，字数在50～150字。

⑥黑白、彩色手绘均可，构图版式横竖不限。

（2）考核时量。

90分钟。

试题编号：J3-29

以"电线"为主要设计元素，设计一幅以"青春无限量"为主题的图形创意设计作品。

（1）任务描述。

任务内容：

①根据设计元素的特性进行创意联想，图形创意切合主题要求。

②应用创意设计思维，图形设计具有形式美与意象美。

③手绘技法运用得当，图形造型新颖，具有想象力与原创性。

④图形设计完整，设计元素协调得当。

⑤附创意设计说明，字数在50～150字。

⑥黑白、彩色手绘均可，构图版式横竖不限。

（2）考核时量。

90分钟。

试题编号：J3–30

以"鼠标"为主要设计元素，设计一幅以"远离网瘾"为主题的图形创意设计作品。

（1）任务描述。

任务内容：

①根据设计元素的特性进行创意联想，图形创意切合主题要求。

②应用创意设计思维，图形设计具有形式美与意象美。

③手绘技法运用得当，图形造型新颖，具有想象力与原创性。

④图形设计完整，设计元素协调得当。

⑤附创意设计说明，字数在50～150字。

⑥黑白、彩色手绘均可，构图版式横竖不限。

（2）考核时量。

90分钟。

试题编号：J3–31

以"键盘"为主要设计元素，设计一幅以"文明上网"为主题的图形创意设计作品。

（1）任务描述。

任务内容：

①根据设计元素的特性进行创意联想，图形创意切合主题要求。

②应用创意设计思维，图形设计具有形式美与意象美。

③手绘技法运用得当，图形造型新颖，具有想象力与原创性。

④图形设计完整，设计元素协调得当。

⑤附创意设计说明，字数在50～150字。

⑥黑白、彩色手绘均可，构图版式横竖不限。

（2）考核时量。

90分钟。

试题编号：J3–32

以"条形码"为主要设计元素，设计一幅以"遵守秩序"为主题的图形创意设计作品。

（1）任务描述。

任务内容：

①根据设计元素的特性进行创意联想，图形创意切合主题要求。

②应用创意设计思维，图形设计具有形式美与意象美。

③手绘技法运用得当，图形造型新颖，具有想象力与原创性。

④图形设计完整，设计元素协调得当。

⑤附创意设计说明，字数在50～150字。

⑥黑白、彩色手绘均可，构图版式横竖不限。

（2）考核时量。

90分钟。

试题编号：J3-33

以"天秤"为主要设计元素，设计一幅以"法制公平"为主题的图形创意设计作品。

（1）任务描述。

任务内容：

①根据设计元素的特性进行创意联想，图形创意切合主题要求。

②应用创意设计思维，图形设计具有形式美与意象美。

③手绘技法运用得当，图形造型新颖，具有想象力与原创性。

④图形设计完整，设计元素协调得当。

⑤附创意设计说明，字数在50～150字。

⑥黑白、彩色手绘均可，构图版式横竖不限。

（2）考核时量。

90分钟。

试题编号：J3-34

以"人、手"为主要设计元素，设计一幅以"团结就是力量"为主题的图形创意设计作品。

（1）任务描述。

任务内容：

①根据设计元素的特性进行创意联想，图形创意切合主题要求。

②应用创意设计思维，图形设计具有形式美与意象美。

③手绘技法运用得当，图形造型新颖，具有想象力与原创性。

④图形设计完整，设计元素协调得当。

⑤附创意设计说明，字数在50～150字。

⑥黑白、彩色手绘均可，构图版式横竖不限。

（2）考核时量。

90分钟。

试题编号：J3-35

以"螺丝钉"为主要设计元素，设计一幅以"有动力·有钻劲"为主题的图形创意设计作品。

（1）任务描述。

任务内容：

①根据设计元素的特性进行创意联想，图形创意切合主题要求。

②应用创意设计思维，图形设计具有形式美与意象美。

③手绘技法运用得当，图形造型新颖，具有想象力与原创性。

④图形设计完整，设计元素协调得当。

⑤附创意设计说明，字数在50～150字。

⑥黑白、彩色手绘均可，构图版式横竖不限。

（2）考核时量。

90分钟。

试题编号：J3-36

以"绳索"为主要设计元素，设计一幅以"团结·和谐"为主题的图形创意设计作品。

（1）任务描述。

任务内容：

①根据设计元素的特性进行创意联想，图形创意切合主题要求。

②应用创意设计思维，图形设计具有形式美与意象美。

③手绘技法运用得当，图形造型新颖，具有想象力与原创性。

④图形设计完整，设计元素协调得当。

⑤附创意设计说明，字数在50～150字。

⑥黑白、彩色手绘均可，构图版式横竖不限。

（2）考核时量。

90分钟。

试题编号：J3-37

以"苹果"为主要设计元素，设计一幅以"表里不一"为主题的图形创意设计作品。

（1）任务描述。

任务内容：

①根据设计元素的特性进行创意联想，图形创意切合主题要求。

②应用创意设计思维，图形设计具有形式美与意象美。

③手绘技法运用得当，图形造型新颖，具有想象力与原创性。

④图形设计完整，设计元素协调得当。

⑤附创意设计说明，字数在50～150字。

⑥黑白、彩色手绘均可，构图版式横竖不限。

（2）考核时量。

90分钟。

试题编号：J3-38

以"磁铁"为主要设计元素，设计一幅以"招聘人才"为主题的图形创意设计作品。

（1）任务描述。

任务内容：

①根据设计元素的特性进行创意联想，图形创意切合主题要求。

②应用创意设计思维，图形设计具有形式美与意象美。

③手绘技法运用得当，图形造型新颖，具有想象力与原创性。

④图形设计完整，设计元素协调得当。

⑤附创意设计说明，字数在50～150字。

⑥黑白、彩色手绘均可，构图版式横竖不限。

（2）考核时量。

90分钟。

试题编号：J3-39

以"水杯"为主要设计元素，设计一幅以"人口与生存状况"为主题的图形创意设计作品。

（1）任务描述。

任务内容：

①根据设计元素的特性进行创意联想，图形创意切合主题要求。

②应用创意设计思维，图形设计具有形式美与意象美。

③手绘技法运用得当，图形造型新颖，具有想象力与原创性。

④图形设计完整，设计元素协调得当。

⑤附创意设计说明，字数在50～150字。

⑥黑白、彩色手绘均可，构图版式横竖不限。

（2）考核时量。

90分钟。

试题编号：J3-40

以"尺子"为主要设计元素，设计一幅以"尺度在心中"为主题的图形创意设计作品。

（1）任务描述。

任务内容：

①根据设计元素的特性进行创意联想，图形创意切合主题要求。

②应用创意设计思维，图形设计具有形式美与意象美。

③手绘技法运用得当，图形造型新颖，具有想象力与原创性。

④图形设计完整，设计元素协调得当。

⑤附创意设计说明，字数在50～150字。

⑥黑白、彩色手绘均可，构图版式横竖不限。

（2）考核时量。

90分钟。

试题编号：J3-41

以"X"字母为主要设计元素，设计一幅以"禁止"为主题的图形创意设计作品。

（1）任务描述。

任务内容：

①根据设计元素的特性进行创意联想，图形创意切合主题要求。

②应用创意设计思维，图形设计具有形式美与意象美。

③手绘技法运用得当，图形造型新颖，具有想象力与原创性。

④图形设计完整，设计元素协调得当。

⑤附创意设计说明，字数在50～150字。

⑥黑白、彩色手绘均可，构图版式横竖不限。

（2）考核时量。

90分钟。

试题编号：J3-42

以"@"符号为主要设计元素，设计一幅以"网络无处不在"为主题的图形创意设计作品。

（1）任务描述。

任务内容：

①根据设计元素的特性进行创意联想，图形创意切合主题要求。

②应用创意设计思维，图形设计具有形式美与意象美。

③手绘技法运用得当，图形造型新颖，具有想象力与原创性。

④图形设计完整，设计元素协调得当。

⑤附创意设计说明，字数在50～150字。

⑥黑白、彩色手绘均可，构图版式横竖不限。

（2）考核时量。

90分钟。

试题编号：J3-43

以"建筑物"为主要设计元素，设计一幅以"城市印象"为主题的图形创意设计作品。

（1）任务描述。

任务内容：

①根据设计元素的特性进行创意联想，图形创意切合主题要求。

②应用创意设计思维，图形设计具有形式美与意象美。

③手绘技法运用得当，图形造型新颖，具有想象力与原创性。

④图形设计完整，设计元素协调得当。

⑤附创意设计说明，字数在50～150字。

⑥黑白、彩色手绘均可，构图版式横竖不限。

（2）考核时量。

90分钟。

试题编号：J3-44

以"眼镜"为主要设计元素，设计一幅以"保护视力"为主题的图形创意设计作品。

（1）任务描述。

任务内容：

①根据设计元素的特性进行创意联想，图形创意切合主题要求。

②应用创意设计思维，图形设计具有形式美与意象美。

③手绘技法运用得当，图形造型新颖，具有想象力与原创性。

④图形设计完整，设计元素协调得当。

⑤附创意设计说明，字数在50～150字。

⑥黑白、彩色手绘均可，构图版式横竖不限。

（2）考核时量。

90分钟。

试题编号：J3-45

以"方向盘"为主要设计元素，设计一幅以"安全驾驶"为主题的图形创意设计作品。

（1）任务描述。

任务内容：

①根据设计元素的特性进行创意联想，图形创意切合主题要求。

②应用创意设计思维，图形设计具有形式美与意象美。

③手绘技法运用得当，图形造型新颖，具有想象力与原创性。

④图形设计完整，设计元素协调得当。

⑤附创意设计说明，字数在50~150字。

⑥黑白、彩色手绘均可，构图版式横竖不限。

（2）考核时量。

90分钟。

试题编号：J3-46

以"梳子"为主要设计元素，设计一幅以"纠结"为主题的图形创意设计作品。

（1）任务描述。

任务内容：

①根据设计元素的特性进行创意联想，图形创意切合主题要求。

②应用创意设计思维，图形设计具有形式美与意象美。

③手绘技法运用得当，图形造型新颖，具有想象力与原创性。

④图形设计完整，设计元素协调得当。

⑤附创意设计说明，字数在50~150字。

⑥黑白、彩色手绘均可，构图版式横竖不限。

（2）考核时量。

90分钟。

试题编号：J3-47

以"电话"为主要设计元素，设计一幅以"情人节"为主题的图形创意设计作品。

（1）任务描述。

任务内容：

①根据设计元素的特性进行创意联想，图形创意切合主题要求。

②应用创意设计思维，图形设计具有形式美与意象美。

③手绘技法运用得当，图形造型新颖，具有想象力与原创性。

④图形设计完整，设计元素协调得当。

⑤附创意设计说明，字数在50~150字。

⑥黑白、彩色手绘均可，构图版式横竖不限。

（2）考核时量。

90分钟。

试题编号：J3-48

以"鸟、树叶"为主要设计元素，设计一幅以"和谐共生"为主题的图形创意设计作品。

（1）任务描述。

任务内容：

①根据设计元素的特性进行创意联想，图形创意切合主题要求。

②应用创意设计思维，图形设计具有形式美与意象美。

③手绘技法运用得当，图形造型新颖，具有想象力与原创性。

④图形设计完整，设计元素协调得当。

⑤附创意设计说明，字数在50～150字。

⑥黑白、彩色手绘均可，构图版式横竖不限。

（2）考核时量。

90分钟。

试题编号：J3-49

以"绳索"为主要设计元素，设计一幅以"强大源于合力"为主题的图形创意设计作品。

（1）任务描述。

任务内容：

①根据设计元素的特性进行创意联想，图形创意切合主题要求。

②应用创意设计思维，图形设计具有形式美与意象美。

③手绘技法运用得当，图形造型新颖，具有想象力与原创性。

④图形设计完整，设计元素协调得当。

⑤附创意设计说明，字数在50～150字。

⑥黑白、彩色手绘均可，构图版式横竖不限。

（2）考核时量。

90分钟。

试题编号：J3-50

以"D"字母为主要设计元素，设计一幅以"结构错视"为主题的图形创意设计作品。

（1）任务描述。

任务内容：

①根据设计元素的特性进行创意联想，图形创意切合主题要求。

②应用创意设计思维，图形设计具有形式美与意象美。

③手绘技法运用得当，图形造型新颖，具有想象力与原创性。

④图形设计完整，设计元素协调得当。

⑤附创意设计说明，字数在50～150字。

⑥黑白、彩色手绘均可，构图版式横竖不限。

（2）考核时量。

90分钟。

（四）模块四 手绘POP广告设计

1. 考核评价标准（表2-7）

表2-7　手绘POP广告设计考核评分细则

评价内容		配分	评分标准	
职业素养（10分）	专业素质	4分	按考试要求进行创作，不抄袭他人作品，创作内容积极向上	4分
	文明素质	6分	1.举止文明，遵守考场纪律	2分
			2.按照考试要求，正确填写个人信息并提交试卷	2分
			3.卷面干净、整洁	2分
工作任务（90分）	设计造型	35分	1.设计独特，符合主题设计要求，元素造型和装饰设计生动流畅，有形式美感	27～35分
			2.设计符合主题设计要求，元素造型和装饰设计协调得当，有视觉效果	15～26分
			3.设计平淡，基本符合主题设计要求，素材运用简单，元素造型单一生涩	0～14分
	手绘技能	30分	1.手绘工具运用熟练，绘写技法生动、有特色，色彩运用得当，手绘表现能力突出	25～30分
			2.手绘工具运用熟练，绘写技法规范，色彩运用合理，手绘表现能力较好	11～24分
			3.手绘工具运用生涩，绘写技法单一，色彩运用平淡，手绘表现能力差	0～10分
	编排制作	25分	1.视觉元素编排层次分明，节奏清晰，主题内容突出，信息要素完整	17～25分
			2.视觉元素编排有一定层次，协调得当，主题不够突出，信息要素完整	8～16分
			3.视觉元素编排缺乏层次，简单平淡，没有凸显主题内容，信息要素不完整	0～7分
合计		100分		
备注		出现以下任意一种情况将做不合格处理： 1.考试舞弊、作品抄袭 2.没有按要求完成考生信息登记 3.绘制恶俗、低俗手绘POP广告设计作品		

2. 考场实施条件（表2-8）

表2-8 手绘POP广告设计考场基本实施条件

项目	基本实施条件	备注
手绘场地	考场配置30个独立工作台和座位，每个考场照明通风良好，且安装有摄像监控设施	考场必备
手绘物料	为每名考生配备八开画板一块、八开绘图纸一张、草稿纸两张	考场必备
手绘工具	铅笔、马克笔、橡皮、尺子、绘画颜料、拷贝纸等绘图工具	考生自备
场地设备	每考场备电吹风3个以上	考场必备
监考人员	由教育厅组织抽调非考点院校相关专业老师担任监考人员，每1~15个考生配一名监考人员	考场必备

3. 考核题库

试题编号：J4-1

以"美食天堂，全新开幕"为主题，绘制一幅POP广告设计作品。

（1）任务描述。

任务内容：

①围绕主题，进行创意设计，标题文字与相关元素自拟（如：商家名称、开幕时间、优惠餐饮种类等）。

②文字绘写生动、有趣，图形设计装饰造型得当，有形式美感。

③版面编排合理、流畅，手绘技法运用得当。

④黑白、彩色均可，绘制手法不限。

⑤构图版式横竖不限。

（2）考核时量。

120分钟。

试题编号：J4-2

以"三八妇女节"为主题，手绘一幅女性用品（任何一类产品）促销POP广告设计作品。

（1）任务描述。

任务内容：

①围绕主题，进行创意设计，标题文字与相关元素自拟（如：商家名称、优惠商品种类、优惠折扣、价格等）。

②文字绘写生动、有趣，图形设计装饰造型得当，有形式美感。

③版面编排合理、流畅，手绘技法运用得当。

④黑白、彩色均可，绘制手法不限。

⑤构图版式横竖不限。

（2）考核时量。

120分钟。

试题编号：J4-3

以"六一儿童节"为主题，绘制一幅儿童玩具（任何一类产品）的促销POP广告设计作品。

（1）任务描述。

任务内容：

①围绕主题，进行创意设计，标题文字与相关元素自拟（如：商家名称、优惠商品折扣、价格等）。

②文字绘写生动、有趣，图形设计装饰造型得当，有形式美感。

③版面编排合理、流畅，手绘技法运用得当。

④黑白、彩色均可，绘制手法不限。

⑤构图版式横竖不限。

（2）考核时量。

120分钟。

试题编号：J4-4

以"圣诞节"为主题，绘制一幅生活用品（任何一类产品）的促销POP广告设计作品。

（1）任务描述。

任务内容：

①围绕主题，进行创意设计，标题文字与相关元素自拟（如：商家名称、优惠商品种类、折扣、价格等）。

②文字绘写生动、有趣，图形设计装饰造型得当，有形式美感。

③版面编排合理、流畅，手绘技法运用得当。

④黑白、彩色均可，绘制手法不限。

⑤构图版式横竖不限。

（2）考核时量。

120分钟。

试题编号：J4-5

以"年夜饭"为主题，绘制一幅饭店酒席预订的宣传POP广告设计作品。

（1）任务描述。

任务内容：

①围绕主题，进行创意设计，标题文字与相关元素自拟（如：商家名称、酒席种类、折扣、价位等）。

②文字绘写生动、有趣，图形设计装饰造型得当，有形式美感。

③版面编排合理、流畅，手绘技法运用得当。

④黑白、彩色均可，绘制手法不限。

⑤构图版式横竖不限。

（2）考核时量。

120分钟。

试题编号：J4-6

以"中秋节"为主题，绘制一幅超市月饼促销的宣传POP广告设计作品。

（1）任务描述。

任务内容：

①围绕主题，进行创意设计，标题文字与相关元素自拟（如：商家名称、优惠商品价格等）。

②文字绘写生动、有趣，图形设计装饰造型得当，有形式美感。

③版面编排合理、流畅，手绘技法运用得当。

④黑白、彩色均可，绘制手法不限。

⑤构图版式横竖不限。

（2）考核时量。

120分钟。

试题编号：J4-7

以"重阳节"为主题，绘制一幅老年人用品（任何一类产品）的促销POP广告设计作品。

（1）任务描述。

任务内容：

①围绕主题，进行创意设计，标题文字与相关元素自拟（如：商家名称、优惠商品种类、打折幅度等）。

②文字绘写生动、有趣，图形设计装饰造型得当，有形式美感。

③版面编排合理、流畅，手绘技法运用得当。

④黑白、彩色均可，绘制手法不限。

⑤构图版式横竖不限。

（2）考核时量。

120分钟。

试题编号：J4-8

以"端午节"为主题，绘制一幅粽子的促销POP广告设计作品。

（1）任务描述。

任务内容：

①围绕主题，进行创意设计，标题文字与相关元素自拟（如：商家名称、优惠商品种类、打折幅度等）。

②文字绘写生动、有趣，图形设计装饰造型得当，有形式美感。

③版面编排合理、流畅，手绘技法运用得当。

④黑白、彩色均可，绘制手法不限。

⑤构图版式横竖不限。

（2）考核时量。

120分钟。

试题编号：J4-9

以"情人节"为主题，绘制一幅巧克力的促销POP广告设计作品。

（1）任务描述。

任务内容：

①围绕主题，进行创意设计，标题文字与相关元素自拟（如：优惠商品种类、促销活动内容等）。

②文字绘写生动、有趣，图形设计装饰造型得当，有形式美感。

③版面编排合理、流畅，手绘技法运用得当。

④黑白、彩色均可，绘制手法不限。

⑤构图版式横竖不限。

（2）考核时量。

120分钟。

试题编号：J4-10

以"正月十五元宵节"为主题，绘制一幅元宵的促销POP广告设计作品。

（1）任务描述。

任务内容：

①围绕主题，进行创意设计，标题文字与相关元素自拟（如：商家名称、优惠商品种类、促销活动内容等）。

②文字绘写生动、有趣，图形设计装饰造型得当，有形式美感。

③版面编排合理、流畅，手绘技法运用得当。

④黑白、彩色均可，绘制手法不限。

⑤构图版式横竖不限。

（2）考核时量。

120分钟。

试题编号：J4-11

以"某宾馆招聘男保安两名"为主题，绘制一幅POP广告设计作品。

（1）任务描述。

任务内容：

①围绕主题，进行创意设计，标题文字与相关元素自拟（如：商家名称、岗位要求、待遇等）。

②文字绘写生动、有趣，图形设计装饰造型得当，有形式美感。

③版面编排合理、流畅，手绘技法运用得当。

④黑白、彩色均可，绘制手法不限。

⑤构图版式横竖不限。

（2）考核时量。

120分钟。

试题编号：J4-12

以"某超市招聘收银员两名"为主题，绘制一幅POP广告设计作品。

（1）任务描述。

任务内容：

①围绕主题，进行创意设计，标题文字与相关元素自拟（如：超市名称、岗位要求、待遇等）。

②文字绘写生动、有趣，图形设计装饰造型得当，有形式美感。

③版面编排合理、流畅，手绘技法运用得当。

④黑白、彩色均可，绘制手法不限。

⑤构图版式横竖不限。

（2）考核时量。

120分钟。

试题编号：J4-13

以"校园广播站招聘播音员一名"为主题，绘制一幅POP广告设计作品。

（1）任务描述。

任务内容：

①围绕主题，进行创意设计，标题文字与相关元素自拟（如：学校名称、岗位要求、待遇等）。

②文字绘写生动、有趣，图形设计装饰造型得当，有形式美感。

③版面编排合理、流畅，手绘技法运用得当。

④黑白、彩色均可，绘制手法不限。

⑤构图版式横竖不限。

（2）考核时量。

120分钟。

试题编号：J4-14

以"摄影协会招新"为主题，绘制一幅POP广告设计作品。

（1）任务描述。

任务内容：

①围绕主题，进行创意设计，标题文字与相关元素自拟（如：摄影协会名称、招新要求、人数限定等）。

②文字绘写生动、有趣，图形设计装饰造型得当，有形式美感。

③版面编排合理、流畅，手绘技法运用得当。

④黑白、彩色均可，绘制手法不限。

⑤构图版式横竖不限。

（2）考核时量。

120分钟。

试题编号：J4-15

以"某花店招聘接待员一名"为主题，绘制一幅POP广告设计作品。

（1）任务描述。

任务内容：

①围绕主题，进行创意设计，标题文字与相关元素自拟（如：花店名称、岗位要求、待遇等）。

②文字绘写生动、有趣，图形设计装饰造型得当，有形式美感。

③版面编排合理、流畅，手绘技法运用得当。

④黑白、彩色均可，绘制手法不限。

⑤构图版式横竖不限。

（2）考核时量。

120分钟。

试题编号：J4-16

以"某酒吧招聘服务员两名"为主题，绘制一幅POP广告设计作品。

（1）任务描述。

任务内容：

①围绕主题，进行创意设计，标题文字与相关元素自拟（如：酒吧名称、岗位要求、待遇等）。

②文字绘写生动、有趣，图形设计装饰造型得当，有形式美感。

③版面编排合理、流畅，手绘技法运用得当。

④黑白、彩色均可，绘制手法不限。

⑤构图版式横竖不限。

（2）考核时量。

120分钟。

试题编号：J4-17

以"某饭店招聘厨师一名"为主题，绘制一幅POP广告设计作品。

（1）任务描述。

任务内容：

①围绕主题，进行创意设计，标题文字与相关元素自拟（如：饭店名称、岗位要求、

待遇等）。

②文字绘写生动、有趣，图形设计装饰造型得当，有形式美感。

③版面编排合理、流畅，手绘技法运用得当。

④黑白、彩色均可，绘制手法不限。

⑤构图版式横竖不限。

（2）考核时量。

120分钟。

试题编号：J4—18

以"校园杂志社招聘记者一名"为主题，绘制一幅POP海报设计作品。

（1）任务描述。

任务内容：

①围绕主题，进行创意设计，标题文字与相关元素自拟（如：学校名称、岗位要求、待遇等）。

②文字绘写生动、有趣，图形设计装饰造型得当，有形式美感。

③版面编排合理、流畅，手绘技法运用得当。

④黑白、彩色均可，绘制手法不限。

⑤构图版式横竖不限。

（2）考核时量。

120分钟。

试题编号：J4—19

以"广告公司招聘美工两名"为主题，绘制一幅POP广告设计作品。

（1）任务描述。

任务内容：

①围绕主题，进行创意设计，标题文字与相关元素自拟（如：公司名称、岗位要求、待遇等）。

②文字绘写生动、有趣，图形设计装饰造型得当，有形式美感。

③版面编排合理、流畅，手绘技法运用得当。

④黑白、彩色均可，绘制手法不限。

⑤构图版式横竖不限。

（2）考核时量。

120分钟。

试题编号：J4—20

以"格力电器招聘销售员两名"为主题，绘制一幅POP广告设计作品。

（1）任务描述。

任务内容：

①围绕主题，进行创意设计，标题文字与相关元素自拟（如：岗位要求、待遇等）。

②文字绘写生动、有趣，图形设计装饰造型得当，有形式美感。

③版面编排合理、流畅，手绘技法运用得当。

④黑白、彩色均可，绘制手法不限。

⑤构图版式横竖不限。

（2）考核时量。

120分钟。

试题编号：J4-21

以"某超市部分商品特价酬宾"为主题，绘制一幅POP广告设计作品。

（1）任务描述。

任务内容：

①围绕主题，进行创意设计，标题文字与相关元素自拟（如：超市名称、优惠商品种类、价格等）。

②文字绘写生动、有趣，图形设计装饰造型得当，有形式美感。

③版面编排合理、流畅，手绘技法运用得当。

④黑白、彩色均可，绘制手法不限。

⑤构图版式横竖不限。

（2）考核时量。

120分钟。

试题编号：J4-22

以"某餐馆推出每日特价菜"为主题，绘制一幅POP广告设计作品。

（1）任务描述。

任务内容：

①围绕主题，进行创意设计，标题文字与相关元素自拟（如：餐馆名称、特价菜品名称、价位等）。

②文字绘写生动、有趣，图形设计装饰造型得当，有形式美感。

③版面编排合理、流畅，手绘技法运用得当。

④黑白、彩色均可，绘制手法不限。

⑤构图版式横竖不限。

（2）考核时量。

120分钟。

试题编号：J4-23

以"某饭店点菜送啤酒"为主题，绘制一幅POP广告设计作品。

（1）任务描述。

任务内容：

①围绕主题，进行创意设计，标题文字与相关元素自拟（如：饭店名称、优惠活动内容、价格等）。

②文字绘写生动、有趣，图形设计装饰造型得当，有形式美感。

③版面编排合理、流畅，手绘技法运用得当。

④黑白、彩色均可，绘制手法不限。

⑤构图版式横竖不限。

（2）考核时量。

120分钟。

试题编号：J4-24

以"某商场部分服饰换季打折"为主题，绘制一幅POP广告设计作品。

（1）任务描述。

任务内容：

①围绕主题，进行创意设计，标题文字与相关元素自拟（如：商场名称、打折商品种类、打折价格幅度等）。

②文字绘写生动、有趣，图形设计装饰造型得当，有形式美感。

③版面编排合理、流畅，手绘技法运用得当。

④黑白、彩色均可，绘制手法不限。

⑤构图版式横竖不限。

（2）考核时量。

120分钟。

试题编号：J4-25

以"某饭店消费现金满100元送50元代金券"为主题，绘制一幅POP广告设计作品。

（1）任务描述。

任务内容：

①围绕主题，进行创意设计，标题文字与相关元素自拟（如：饭店名称、优惠方式、代金券使用范围等）。

②文字绘写生动、有趣，图形设计装饰造型得当，有形式美感。

③版面编排合理、流畅，手绘技法运用得当。

④黑白、彩色均可，绘制手法不限。

⑤构图版式横竖不限。

（2）考核时量。

120分钟。

试题编号：J4-26

以"某快餐店扫码下单免费送饮料"为主题，绘制一幅POP广告设计作品。

（1）任务描述。

任务内容：

①围绕主题，进行创意设计，标题文字与相关元素自拟（如：快餐店名称、优惠活动方式、免费送饮料品种等）。

②文字绘写生动、有趣，图形设计装饰造型得当，有形式美感。

③版面编排合理、流畅，手绘技法运用得当。

④黑白、彩色均可，绘制手法不限。

⑤构图版式横竖不限。

（2）考核时量。

120分钟。

试题编号：J4-27

以"某网吧环境舒适，空调开放"为主题，绘制一幅夏季宣传POP广告设计作品。

（1）任务描述。

任务内容：

①围绕主题，进行创意设计，标题文字与相关元素自拟（如：网吧名称、内部设施介绍、上网优惠价位等）。

②文字绘写生动、有趣，图形设计装饰造型得当，有形式美感。

③版面编排合理、流畅，手绘技法运用得当。

④黑白、彩色均可，绘制手法不限。

⑤构图版式横竖不限。

（2）考核时量。

120分钟。

试题编号：J4-28

以"某餐馆推出冬日火锅"为主题，绘制一幅POP广告设计作品。

（1）任务描述。

任务内容：

①围绕主题，进行创意设计，标题文字与相关元素自拟（如：餐馆名称、火锅种类、优惠价格等）。

②文字绘写生动、有趣，图形设计装饰造型得当，有形式美感。

③版面编排合理、流畅，手绘技法运用得当。

④黑白、彩色均可，绘制手法不限。

⑤构图版式横竖不限。

（2）考核时量。

120分钟。

试题编号：J4-29

以"某母婴用品店积分兑换礼品"为主题，绘制一幅POP广告设计作品。

（1）任务描述。

任务内容：

①围绕主题，进行创意设计，标题文字与相关元素自拟（如：母婴用品店名称、优惠商品种类、积分方式等）。

②文字绘写生动、有趣，图形设计装饰造型得当，有形式美感。

③版面编排合理、流畅，手绘技法运用得当。

④黑白、彩色均可，绘制手法不限。

⑤构图版式横竖不限。

（2）考核时量。

120分钟。

试题编号：J4-30

以"某电影院办会员卡送电影票"为主题，绘制一幅POP广告设计作品。

（1）任务描述。

任务内容：

①围绕主题，进行创意设计，标题文字与相关元素自拟（如：影院名称、办卡流程、优惠幅度等）。

②文字绘写生动、有趣，图形设计装饰造型得当，有形式美感。

③版面编排合理、流畅，手绘技法运用得当。

④黑白、彩色均可，绘制手法不限。

⑤构图版式横竖不限。

（2）考核时量。

120分钟。

试题编号：J4-31

以"佳佳超市全新开业"为主题，绘制一幅POP广告设计作品。

（1）任务描述。

任务内容：

①围绕主题，进行创意设计，标题文字与相关元素自拟（如：开业时间、商品种类、优惠幅度等）。

②文字绘写生动、有趣，图形设计装饰造型得当，有形式美感。

③版面编排合理、流畅，手绘技法运用得当。

④黑白、彩色均可，绘制手法不限。

⑤构图版式横竖不限。

（2）考核时量。

120分钟。

试题编号：J4-32

以"晶晶饰品店开张大吉"为主题，绘制一幅POP广告设计作品。

（1）任务描述。

任务内容：

①围绕主题，进行创意设计，标题文字与相关元素自拟（如：开张时间、优惠商品种类、优惠活动方式等）。

②文字绘写生动、有趣，图形设计装饰造型得当，有形式美感。

③版面编排合理、流畅，手绘技法运用得当。

④黑白、彩色均可，绘制手法不限。

⑤构图版式横竖不限。

（2）考核时量。

120分钟。

试题编号：J4-33

以"欣欣鲜花店开业酬宾"为主题，绘制一幅POP广告设计作品。

（1）任务描述。

任务内容：

①围绕主题，进行创意设计，标题文字与相关元素自拟（如：开业时间、酬宾时段、优惠商品种类、价格等）。

②文字绘写生动、有趣，图形设计装饰造型得当，有形式美感。

③版面编排合理、流畅，手绘技法运用得当。

④黑白、彩色均可，绘制手法不限。

⑤构图版式横竖不限。

（2）考核时量。

120分钟。

试题编号：J4-34

以"友谊商城重新开业大酬宾"为主题，绘制一幅POP广告设计作品。

（1）任务描述。

任务内容：

①围绕主题，进行创意设计，标题文字与相关元素自拟（如：开业时间、酬宾时段、促销商品种类、促销活动方式等）。

②文字绘写生动、有趣，图形设计装饰造型得当，有形式美感。

③版面编排合理、流畅，手绘技法运用得当。

④黑白、彩色均可，绘制手法不限。

⑤构图版式横竖不限。

（2）考核时量。

120分钟。

试题编号：J4-35

以"心源美容院刷会员卡消费享八折优惠"为主题，绘制一幅POP广告设计作品。

（1）任务描述。

任务内容：

①围绕主题，进行创意设计，标题文字与相关元素自拟（如：优惠消费种类、优惠方式等）。

②文字绘写生动、有趣，图形设计装饰造型得当，有形式美感。

③版面编排合理、流畅，手绘技法运用得当。

④黑白、彩色均可，绘制手法不限。

⑤构图版式横竖不限。

（2）考核时量。

120分钟。

试题编号：J4-36

以"某饭店吃口味虾买两斤送一斤"为主题，绘制一幅POP广告设计作品。

（1）任务描述。

任务内容：

①围绕主题，进行创意设计，标题文字与相关元素自拟（如：饭店名称、优惠时段、优惠价格等）。

②文字绘写生动、有趣，图形设计装饰造型得当，有形式美感。

③版面编排合理、流畅，手绘技法运用得当。

④黑白、彩色均可，绘制手法不限。

⑤构图版式横竖不限。

（2）考核时量。

120分钟。

试题编号：J4-37

以"尚味美食坊限时特价"为主题，绘制一幅POP广告设计作品。

（1）任务描述。

任务内容：

①围绕主题，进行创意设计，标题文字与相关元素自拟（如：优惠时段、特价商品种类等）。

②文字绘写生动、有趣，图形设计装饰造型得当，有形式美感。

③版面编排合理、流畅，手绘技法运用得当。

④黑白、彩色均可，绘制手法不限。

⑤构图版式横竖不限。

（2）考核时量。

120分钟。

试题编号：J4-38

以"木木快餐店推出单人时尚套餐"为主题，绘制一幅POP广告设计作品。

（1）任务描述。

任务内容：

①围绕主题，进行创意设计，标题文字与相关元素自拟（如：优惠时段、优惠方式、套餐内容等）。

②文字绘写生动、有趣，图形设计装饰造型得当，有形式美感。

③版面编排合理、流畅，手绘技法运用得当。

④黑白、彩色均可，绘制手法不限。

⑤构图版式横竖不限。

（2）考核时量。

120分钟。

试题编号：J4-39

以"麦当劳推出巨无霸双人套餐"为主题，绘制一幅POP广告设计作品。

（1）任务描述。

任务内容：

①围绕主题，进行创意设计，标题文字与相关元素自拟（如：优惠时段、优惠方式、套餐内容等）。

②文字绘写生动、有趣，图形设计装饰造型得当，有形式美感。

③版面编排合理、流畅，手绘技法运用得当。

④黑白、彩色均可，绘制手法不限。

⑤构图版式横竖不限。

（2）考核时量。

120分钟。

试题编号：J4-40

以"必胜客推出铁板双拼比萨"为主题，绘制一幅POP广告设计作品。

（1）任务描述。

任务内容：

①围绕主题，进行创意设计，标题文字与相关元素自拟（如：优惠时段、优惠方式、套餐内容等）。

②文字绘写生动、有趣，图形设计装饰造型得当，有形式美感。

③版面编排合理、流畅，手绘技法运用得当。

④黑白、彩色均可，绘制手法不限。

⑤构图版式横竖不限。

（2）考核时量。

120分钟。

试题编号：J4-41

以"动感地带充话费享超值套餐"为主题，绘制一幅POP广告设计作品。

（1）任务描述。

任务内容：

①围绕主题，进行创意设计，标题文字与相关元素自拟（如：优惠时段、优惠方式、套餐内容、折扣幅度等）。

②文字绘写生动、有趣，图形设计装饰造型得当，有形式美感。

③版面编排合理、流畅，手绘技法运用得当。

④黑白、彩色均可，绘制手法不限。

⑤构图版式横竖不限。

（2）考核时量。

120分钟。

试题编号：J4-42

以"中国移动充话费送手机"为主题，绘制一幅POP广告设计作品。

（1）任务描述。

任务内容：

①围绕主题，进行创意设计，标题文字与相关元素自拟（如：优惠时段、优惠方式、套餐内容、手机类型等）。

②文字绘写生动、有趣，图形设计装饰造型得当，有形式美感。

③版面编排合理、流畅，手绘技法运用得当。

④黑白、彩色均可，绘制手法不限。

⑤构图版式横竖不限。

（2）考核时量。

120分钟。

试题编号：J4-43

以"如家酒店端午订房七折"为主题，绘制一幅POP广告设计作品。

（1）任务描述。

任务内容：

①围绕主题，进行创意设计，标题文字与相关元素自拟（如：优惠时段、优惠方式、优惠房型等）。

②文字绘写生动、有趣，图形设计装饰造型得当，有形式美感。

③版面编排合理、流畅，手绘技法运用得当。

④黑白、彩色均可，绘制手法不限。

⑤构图版式横竖不限。

（2）考核时量。

120分钟。

试题编号：J4-44

以"辉辉糖果屋进店免费领红包"为主题，绘制一幅POP广告设计作品。

（1）任务描述。

任务内容：

①围绕主题，进行创意设计，标题文字与相关元素自拟（如：免费方式、领红包流程、免费商品种类等）。

②文字绘写生动、有趣，图形设计装饰造型得当，有形式美感。

③版面编排合理、流畅，手绘技法运用得当。

④黑白、彩色均可，绘制手法不限。

⑤构图版式横竖不限。

（2）考核时量。

120分钟。

试题编号：J4-45

以"OFO共享单车中秋免费骑"为主题，绘制一幅POP广告设计作品。

（1）任务描述。

任务内容：

①围绕主题，进行创意设计，标题文字与相关元素自拟（如：优惠时段、活动方式、活动内容等）。

②文字绘写生动、有趣，图形设计装饰造型得当，有形式美感。

③版面编排合理、流畅，手绘技法运用得当。

④黑白、彩色均可，绘制手法不限。

⑤构图版式横竖不限。

（2）考核时量。

120分钟。

试题编号：J4-46

以"酷琪KTV网上下单立减20元"为主题，绘制一幅POP广告设计作品。

（1）任务描述。

任务内容：

①围绕主题，进行创意设计，标题文字与相关元素自拟（如：优惠时段、下单方式、活动内容等）。

②文字绘写生动、有趣，图形设计装饰造型得当，有形式美感。

③版面编排合理、流畅，手绘技法运用得当。

④黑白、彩色均可，绘制手法不限。

⑤构图版式横竖不限。

（2）考核时量。

120分钟。

试题编号：J4-47

以"萤火KTV推出欢乐野猫场"为主题，绘制一幅POP广告设计作品。

（1）任务描述。

任务内容：

①围绕主题，进行创意设计，标题文字与相关元素自拟（如：优惠时段、活动内容、活动价格等）。

②文字绘写生动、有趣，图形设计装饰造型得当，有形式美感。

③版面编排合理、流畅，手绘技法运用得当。

④黑白、彩色均可，绘制手法不限。

⑤构图版式横竖不限。

（2）考核时量。

120分钟。

试题编号：J4-48

以"冬景音乐烧烤吧推出99元双人体验套餐"为主题，绘制一幅POP广告设计作品。

（1）任务描述。

任务内容：

①围绕主题，进行创意设计，标题文字与相关元素自拟（如：优惠条件、体验方式、套餐内容等）。

②文字绘写生动、有趣，图形设计装饰造型得当，有形式美感。

③版面编排合理、流畅，手绘技法运用得当。

④黑白、彩色均可，绘制手法不限。

⑤构图版式横竖不限。

（2）考核时量。

120分钟。

试题编号：J4-49

以"纯色婚纱摄影520限时特惠"为主题，绘制一幅POP广告设计作品。

（1）任务描述。

任务内容：

①围绕主题，进行创意设计，标题文字与相关元素自拟（如：优惠时段、特惠项目等）。

②文字绘写生动、有趣，图形设计装饰造型得当，有形式美感。

③版面编排合理、流畅，手绘技法运用得当。

④黑白、彩色均可，绘制手法不限。

⑤构图版式横竖不限。

（2）考核时量。

120分钟。

试题编号：J4-50

以"风之声音乐培训班零元体验课"为主题，绘制一幅POP广告设计作品。

（1）任务描述。

任务内容：

①围绕主题，进行创意设计，标题文字与相关元素自拟（如：优惠条件、课程内容、体验课时数等）。

②文字绘写生动、有趣，图形设计装饰造型得当，有形式美感。

③版面编排合理、流畅，手绘技法运用得当。

④黑白、彩色均可，绘制手法不限。

⑤构图版式横竖不限。

（2）考核时量。

120分钟。

二、岗位核心技能模块

（一）模块一　平面广告设计

1.考核评价标准（表2-9）

表2-9　平面广告设计考核评分细则

评价内容		配分	评分标准	
职业素养（10分）	专业素质	4分	按考试要求进行创作，不抄袭他人作品，创作内容积极向上	4分
	文明素质	6分	1.举止文明，遵守考场纪律	2分
			2.按照考试要求，正确填写个人信息并提交试卷	2分
			3.卷面干净、整洁	2分
工作任务（90分）	创意构思	30分	1.创意新颖，切合主题要求，提炼的广告诉求点清晰	26~30分
			2.创意平淡，切合主题要求，提炼的广告诉求点模糊	18~25分
			3.创意拼凑，不切合主题要求，提炼的广告诉求点随意	0~17分
	设计表现	30分	1.广告主题设计表现突出，图文信息元素层次分明，版面编排主次清晰，色彩运用得当	26~30分
			2.广告主题设计表现合理，图文信息元素基本完整，版面编排有层次，色彩运用得当	18~25分
			3.广告主题设计表现平淡，图文信息元素不完整，版面编排主次不明，色彩运用随意	0~17分
	技能效果	20分	1.软件应用技术娴熟，图文信息的艺术处理自然、生动，画面视觉效果层次清晰	17~20分
			2.软件应用技术较熟练，图文信息的艺术处理平淡，画面视觉效果层次模糊	12~16分
			3.软件应用技术生疏，图文信息的艺术处理生硬、拼凑，画面视觉效果层次混乱	0~11分
	创意表述	10分	1.表述清晰，创意解析明确，切合主题，无错别字	8~10分
			2.表述平淡，创意解析明确，基本切合主题，有错别字	6~7分
			3.表述混乱，创意解析不明确，有错别字	0~5分
合计			100分	
备注		出现以下任意一种情况将做不合格处理： 1.考试舞弊、作品抄袭 2.没有按要求完成考生信息登记 3.未按试题要求保存文件 4.绘制恶俗、低俗平面广告设计作品		

2.考核实施条件（表2-10）

表2-10　平面广告设计考场基本实施条件

项目	基本实施条件	备注
考场	每个考场配置40个操作台面和座位，照明通风良好	考场必备
设备	每个考场配一台服务器、40台电脑，并开通考场局域网 电脑配置基本要求如下： 1.双核2.8GHz处理器 2.2GB内存 3.60GB可用硬盘空间 4.屏显达到1280×800像素，显存达到1GB	考场必备
软件 （正版）	考场每台计算机配备专业设计辅助软件如下： 1.Adobe Photoshop CS5（中文版）及以上 2.CorelDraw X4（中文版）及以上 3.Adobe Illustrator CS4（中文版）及以上 4.Word 2007及以上 5.安装方正字库一套	考场必备
应试软件 运行环境	Windows 7操作系统（正版）	考场必备
监考人员	由教育厅组织抽调非考点院校相关专业老师担任监考人员，每1～15个考生 配一名监考人员	考场必备

3.考核题库

试题编号：H1-1

以"珍惜水就是珍惜生命"为主题，设计一幅节约用水的公益类平面广告作品。

（1）任务描述。

任务内容：

①根据主题创意需要，自行选用所提供的图片素材。

②运用专业软件对主题文字和图形进行艺术处理。

③广告要素运用得当，画面整体效果层次分明。

④附创意设计说明，字数在50～150字。

作品保存：

①将完成作品和设计说明置于A3（420mm×297mm）页面，构图版式横竖不限。

②提交设计作品源文件格式和预览文件格式（*.jpg）各一份。设计作品源文件中出现的文字需转成曲线或栅格化，*.jpg文件格式要求分辨率为300dpi，色彩模式为CMYK格式。

③文件保存路径（网络共享文件夹中）：广告设计与制作专业技能考核\××××考场\工位号。

所附素材：见二维码。

（2）考核时量。

120分钟。

试题编号：H1-2

以"吸烟有害健康"为主题，设计一幅公益类平面广告作品。

（1）任务描述。

任务内容：

①根据主题创意需要，自行选用所提供的图片素材。

②运用专业软件对主题文字和图形进行艺术处理。

③广告要素运用得当，画面整体效果层次分明。

④附创意设计说明，字数在50~150字。

作品保存：

①将完成作品和设计说明置于A3（420mm×297mm）页面，构图版式横竖不限。

②提交设计作品源文件格式和预览文件格式（*.jpg）各一份。设计作品源文件中出现的文字需转成曲线或栅格化，*.jpg文件格式要求分辨率为300dpi，色彩模式为CMYK格式格式。

③文件保存路径（网络共享文件夹中）：广告设计与制作专业技能考核\××××考场\工位号。

所附素材：见二维码。

（2）考核时量。

120分钟。

试题编号：H1-3

以"低碳出行，健康相伴"为主题，设计一幅公益类平面广告作品。

（1）任务描述。

任务内容：

①根据主题创意需要，自行选用所提供的图片素材。

②运用专业软件对主题文字和图形进行艺术处理。

③广告要素运用得当，画面整体效果层次分明。

④附创意设计说明，字数在50~150字。

作品保存：

①将完成作品和设计说明置于A3（420mm×297mm）页面，构图版式横竖不限。

②提交设计作品源文件格式和预览文件格式（*.jpg）各一份。设计作品源文件中出现的文字需转成曲线或栅格化，*.jpg文件格式要求分辨率为300dpi，色彩模式为CMYK格式。

③文件保存路径（网络共享文件夹中）：广告设计与制作专业技能考核\××××考场\工位号。

所附素材：见二维码。

（2）考核时量。

120分钟。

试题编号：H1-4

以"鲜血有限，爱心无限"为主题，设计一幅义务献血公益类平面广告作品。

（1）任务描述。

任务内容：

①根据主题创意需要，自行选用所提供的图片素材。

②运用专业软件对主题文字和图形进行艺术处理。

③广告要素运用得当，画面整体效果层次分明。

④附创意设计说明，字数在50~150字。

作品保存：

①将完成作品和设计说明置于A3（420mm×297mm）页面，构图版式横竖不限。

②提交设计作品源文件格式和预览文件格式（*.jpg）各一份。设计作品源文件中出现的文字需转成曲线或栅格化，*.jpg文件格式要求分辨率为300dpi，色彩模式为CMYK格式。

③文件保存路径（网络共享文件夹中）：广告设计与制作专业技能考核\××××考场\工位号。

所附素材：见二维码。

（2）考核时量。

120分钟。

试题编号：H1-5

以"呵护地球就是关爱自己"为主题，设计一幅公益类平面广告作品。

（1）任务描述。

任务内容：

①根据主题创意需要，自行选用所提供的图片素材。

②运用专业软件对主题文字和图形进行艺术处理。

③广告要素运用得当，画面整体效果层次分明。

④附创意设计说明，字数在50~150字。

作品保存：

①将完成作品和设计说明置于A3（420mm×297mm）页面，构图版式横竖不限。

②提交设计作品源文件格式和预览文件格式（*.jpg）各一份。设计作品源文件中出现的文字需转成曲线或栅格化，*.jpg文件格式要求分辨率为300dpi，色彩模式为CMYK格式。

③文件保存路径（网络共享文件夹中）：广告设计与制作专业技能考核\××××考场\工位号。

所附素材：见二维码。

（2）考核时量。

120分钟。

试题编号：H1-6

以"时尚的罪恶"为主题，设计一幅"反对皮草"公益类平面广告作品。

（1）任务描述。

任务内容：

①根据主题创意需要，自行选用所提供的图片素材。

②运用专业软件对主题文字和图形进行艺术处理。

③广告要素运用得当，画面整体效果层次分明。

④附创意设计说明，字数在50～150字。

作品保存：

①将完成作品和设计说明置于A3（420mm×297mm）页面，构图版式横竖不限。

②提交设计作品源文件格式和预览文件格式（*.jpg）各一份。设计作品源文件中出现的文字需转成曲线或栅格化，*.jpg文件格式要求分辨率为300dpi，色彩模式为CMYK格式。

③文件保存路径（网络共享文件夹中）：广告设计与制作专业技能考核\××××考场\工位号\。

所附素材：见二维码。

（2）考核时量。

120分钟。

试题编号：H1-7

以"垃圾分类，举手之劳"为主题，设计一幅公益类平面广告作品。

（1）任务描述。

任务内容：

①根据主题创意需要，自行选用所提供的图片素材。

②运用专业软件对主题文字和图形进行艺术处理。

③广告要素运用得当，画面整体效果层次分明。

④附创意设计说明，字数在50～150字。

作品保存：

①将完成作品和设计说明置于A3（420mm×297mm）页面，构图版式横竖不限。

②提交设计作品源文件格式和预览文件格式（*.jpg）各一份。设计作品源文件中出现的文字需转成曲线或栅格化，*.jpg文件格式要求分辨率为300dpi，色彩模式为CMYK格式。

③文件保存路径（网络共享文件夹中）：广告设计与制作专业技能考核\××××考场\工位号\。

所附素材：见二维码。

（2）考核时量。

120分钟。

试题编号：H1-8

以"禁止酒驾"为主题，设计一幅公益类平面广告作品。

（1）任务描述。

任务内容：

①根据主题创意需要，自行选用所提供的图片素材。

②运用专业软件对主题文字和图形进行艺术处理。

③广告要素运用得当，画面整体效果层次分明。

④附创意设计说明，字数在50～150字。

作品保存：

①将完成作品和设计说明置于A3（420mm×297mm）页面，构图版式横竖不限。

②提交设计作品源文件格式和预览文件格式（*.jpg）各一份。设计作品源文件中出现的文字需转成曲线或栅格化，*.jpg文件格式要求分辨率为300dpi，色彩模式为CMYK格式。

③文件保存路径（网络共享文件夹中）：广告设计与制作专业技能考核\×××考场\工位号\。

所附素材：见二维码。

（2）考核时量。

120分钟。

试题编号：H1-9

以"珍惜和平，反对战争"为主题，设计一幅公益类平面广告作品。

（1）任务描述。

任务内容：

①根据主题创意需要，自行选用所提供的图片素材。

②运用专业软件对主题文字和图形进行艺术处理。

③广告要素运用得当，画面整体效果层次分明。

④附创意设计说明，字数在50～150字。

作品保存：

①将完成作品和设计说明置于A3（420mm×297mm）页面，构图版式横竖不限。

②提交设计作品源文件格式和预览文件格式（*.jpg）各一份。设计作品源文件中出现的文字需转成曲线或栅格化，*.jpg文件格式要求分辨率为300dpi，色彩模式为CMYK格式。

③文件保存路径（网络共享文件夹中）：广告设计与制作专业技能考核\×××考场\工位号\。

所附素材：见二维码。

（2）考核时量。

120分钟。

试题编号：H1-10

以"留守的是孩子，成长的是心灵"为主题，设计一幅公益类平面广告作品。

（1）任务描述。

任务内容：

①所提供的图片素材根据主题构思的创意需要，可自行选用。

②运用专业软件对主题文字和图形进行艺术处理。

③广告要素运用得当，画面整体效果层次分明。

④附创意设计说明，字数在50～150字。

作品保存：

①将完成作品和设计说明置于A3（420mm×297mm）页面，构图版式横竖不限。

②提交设计作品源文件格式和预览文件格式（*.jpg）各一份。设计作品源文件中出现的文字需转成曲线或栅格化，*.jpg文件格式要求分辨率为300dpi，色彩模式为CMYK格式。

③文件保存路径（网络共享文件夹中）：广告设计与制作专业技能考核\××××考场\工位号\。

所附素材：见二维码。

（2）考核时量。

120分钟。

试题编号：H1-11

以"珍爱生命，远离毒品"为主题，设计一幅公益类平面广告作品。

（1）任务描述。

任务内容：

①根据主题创意需要，自行选用所提供的图片素材。

②运用专业软件对主题文字和图形进行艺术处理。

③广告要素运用得当，画面整体效果层次分明。

④附创意设计说明，字数在50~150字。

作品保存：

①将完成作品和设计说明置于A3（420mm×297mm）页面，构图版式横竖不限。

②提交设计作品源文件格式和预览文件格式（*.jpg）各一份。设计作品源文件中出现的文字需转成曲线或栅格化，*.jpg文件格式要求分辨率为300dpi，色彩模式为CMYK格式。

③文件保存路径（网络共享文件夹中）：广告设计与制作专业技能考核\××××考场\工位号\。

所附素材：见二维码。

（2）考核时量。

120分钟。

试题编号：H1-12

以"停止摧毁城市文明"为题，设计一幅"创建文明城市"公益类平面广告作品。

（1）任务描述。

任务内容：

①根据主题创意需要，自行选用所提供的图片素材。

②运用专业软件对主题文字和图形进行艺术处理。

③广告要素运用得当，画面整体效果层次分明。

④附创意设计说明，字数在50~150字。

作品保存：

①将完成作品和设计说明置于A3（420mm×297mm）页面，构图版式横竖不限。

②提交设计作品源文件格式和预览文件格式（*.jpg）各一份。设计作品源文件中出现的文字需转成曲线或栅格化，*.jpg文件格式要求分辨率为300dpi，色彩模式为CMYK格式。

③文件保存路径（网络共享文件夹中）：广告设计与制作专业技能考核\××××考场\工位号\。

所附素材：见二维码。

（2）考核时量。

120分钟。

试题编号：H1-13

以"希望工程·用爱心铸就知识之路"为主题，设计一幅公益类平面广告作品。

（1）任务描述。

任务内容：

①根据主题创意需要，自行选用所提供的图片素材。

②运用专业软件对主题文字和图形进行艺术处理。

③广告要素运用得当，画面整体效果层次分明。

④附创意设计说明，字数在50~150字。

作品保存：

①将完成作品和设计说明置于A3（420mm×297mm）页面，构图版式横竖不限。

②提交设计作品源文件格式和预览文件格式（*.jpg）各一份。设计作品源文件中出现的文字需转成曲线或栅格化，*.jpg文件格式要求分辨率为300dpi，色彩模式为CMYK格式。

③文件保存路径（网络共享文件夹中）：广告设计与制作专业技能考核\××××考场\工位号\。

所附素材：见二维码。

（2）考核时量。

120分钟。

试题编号：H1-14

以"请说普通话"为主题，设计一幅公益类平面广告作品。

（1）任务描述。

任务内容：

①根据主题创意需要，自行选用所提供的图片素材。

②运用专业软件对主题文字和图形进行艺术处理。

③广告要素运用得当，画面整体效果层次分明。

④附创意设计说明，字数在50~150字。

作品保存：

①将完成作品和设计说明置于A3（420mm×297mm）页面，构图版式横竖不限。

②提交设计作品源文件格式和预览文件格式（*.jpg）各一份。设计作品源文件中出现的文字需转成曲线或栅格化，*.jpg文件格式要求分辨率为300dpi，色彩模式为CMYK格式。

③文件保存路径（网络共享文件夹中）：广告设计与制作专业技能考核\×××考场\工位号\。

所附素材：见二维码。

（2）考核时量。

120分钟。

试题编号：H1-15

以"警惕！食品安全"为主题，设计一幅公益类平面广告作品。

（1）任务描述。

任务内容：

①根据主题创意需要，自行选用所提供的图片素材。

②运用专业软件对主题文字和图形进行艺术处理。

③广告要素运用得当，画面整体效果层次分明。

④附创意设计说明，字数在50～150字。

作品保存：

①将完成作品和设计说明置于A3（420mm×297mm）页面，构图版式横竖不限。

②提交设计作品源文件格式和预览文件格式（*.jpg）各一份。设计作品源文件中出现的文字需转成曲线或栅格化，*.jpg文件格式要求分辨率为300dpi，色彩模式为CMYK格式。

③文件保存路径（网络共享文件夹中）：广告设计与制作专业技能考核\×××考场\工位号\。

所附素材：见二维码。

（2）考核时量。

120分钟。

试题编号：H1-16

以"给你一个撬起地球的支点"为主题，设计一幅"青年创业"公益类平面广告作品。

（1）任务描述。

任务内容：

①根据主题创意需要，自行选用所提供的图片素材。

②运用专业软件对主题文字和图形进行艺术处理。

③广告要素运用得当，画面整体效果层次分明。

④附创意设计说明，字数在50～150字。

作品保存：

①将完成作品和设计说明置于A3（420mm×297mm）页面，构图版式横竖不限。

②提交设计作品源文件格式和预览文件格式（*.jpg）各一份。设计作品源文件中出现的文字需转成曲线或栅格化，*.jpg文件格式要求分辨率为300dpi，色彩模式为CMYK格式。

③文件保存路径（网络共享文件夹中）：广告设计与制作专业技能考核\×××考场\工位号\。

所附素材：见二维码。

（2）考核时量。

120分钟。

试题编号：H1-17

以"反对家庭暴力"为主题，设计一幅公益类平面广告作品。

（1）任务描述。

任务内容：

①所提供的图片素材根据主题构思的创意需要，可自行选用。

②运用专业软件对主题文字和图形进行艺术处理。

③广告要素运用得当，画面整体效果层次分明。

④附创意设计说明，字数在50~150字。

作品保存：

①将完成作品和设计说明置于A3（420mm×297mm）页面，构图版式横竖不限。

②提交设计作品源文件格式和预览文件格式（*.jpg）各一份。设计作品源文件中出现的文字需转成曲线或栅格化，*.jpg文件格式要求分辨率为300dpi，色彩模式为CMYK格式。

③文件保存路径（网络共享文件夹中）：广告设计与制作专业技能考核\××××考场\工位号\。

所附素材：见二维码。

（2）考核时量。

120分钟。

试题编号：H1-18

以"让暴力和绝望远离我们"为主题，针对青少年犯罪问题设计一幅公益类平面广告作品。

（1）任务描述。

任务内容：

①根据主题创意需要，自行选用所提供的图片素材。

②运用专业软件对主题文字和图形进行艺术处理。

③广告要素运用得当，画面整体效果层次分明。

④附创意设计说明，字数在50~150字。

作品保存：

①将完成作品和设计说明置于A3（420mm×297mm）页面，构图版式横竖不限。

②提交设计作品源文件格式和预览文件格式（*.jpg）各一份。设计作品源文件中出现的文字需转成曲线或栅格化，*.jpg文件格式要求分辨率为300dpi，色彩模式为CMYK格式。

③文件保存路径（网络共享文件夹中）：广告设计与制作专业技能考核\××××考场\工位号\。

所附素材：见二维码。

（2）考核时量。

120分钟。

试题编号：H1-19

以"小心火灾"为主题，设计一幅公益类平面广告作品。

（1）任务描述。

任务内容：

①根据主题创意需要，自行选用所提供的图片素材。

②运用专业软件对主题文字和图形进行艺术处理。

③广告要素运用得当，画面整体效果层次分明。

④附创意设计说明，字数在50~150字。

作品保存：

①将完成作品和设计说明置于A3（420mm×297mm）页面，构图版式横竖不限。

②提交设计作品源文件格式和预览文件格式（*.jpg）各一份。设计作品源文件中出现的文字需转成曲线或栅格化，*.jpg文件格式要求分辨率为300dpi，色彩模式为CMYK格式。

③文件保存路径（网络共享文件夹中）：广告设计与制作专业技能考核\××××考场\工位号\。

所附素材：见二维码。

（2）考核时量。

120分钟

试题编号：H1-20

以"行动起来，别再让地球煎熬"为主题，针对"全球气候变暖"设计一幅公益类平面广告作品。

（1）任务描述。

任务内容：

①根据主题创意需要，自行选用所提供的图片素材。

②运用专业软件对主题文字和图形进行艺术处理。

③广告要素运用得当，画面整体效果层次分明。

④附创意设计说明，字数在50~150字。

作品保存：

①将完成作品和设计说明置于A3（420mm×297mm）页面，构图版式横竖不限。

②提交设计作品源文件格式和预览文件格式（*.jpg）各一份。设计作品源文件中出现的文字需转成曲线或栅格化，*.jpg文件格式要求分辨率为300dpi，色彩模式为CMYK格式。

③文件保存路径（网络共享文件夹中）：广告设计与制作专业技能考核\××××考场\工位号\。

所附素材：见二维码。

（2）考核时量。

120分钟。

试题编号：H1-21

以"我们在一起"为主题，针对"抗震救灾"设计一幅益类平面广告作品。

（1）任务描述。

任务内容：

①根据主题创意需要，自行选用所提供的图片素材。

②运用专业软件对主题文字和图形进行艺术处理。

③广告要素运用得当，画面整体效果层次分明。

④附创意设计说明，字数在50～150字。

作品保存：

①将完成作品和设计说明置于A3（420mm×297mm）页面，构图版式横竖不限。

②提交设计作品源文件格式和预览文件格式（*.jpg）各一份。设计作品源文件中出现的文字需转成曲线或栅格化，*.jpg文件格式要求分辨率为300dpi，色彩模式为CMYK格式。

③文件保存路径（网络共享文件夹中）：广告设计与制作专业技能考核\××××考场\工位号\。

所附素材：见二维码。

（2）考核时量。

120分钟。

试题编号：H1-22

以"别再囚禁，救救孩子"为主题，针对中小学生课业负担过重问题设计一幅公益类平面广告作品。

（1）任务描述。

任务内容：

①根据主题创意需要，自行选用所提供的图片素材。

②运用专业软件对主题文字和图形进行艺术处理。

③广告要素运用得当，画面整体效果层次分明。

④附创意设计说明，字数在50～150字。

作品保存：

①将完成作品和设计说明置于A3（420mm×297mm）页面，构图版式横竖不限。

②提交设计作品源文件格式和预览文件格式（*.jpg）各一份。设计作品源文件中出现的文字需转成曲线或栅格化，*.jpg文件格式要求分辨率为300dpi，色彩模式为CMYK格式。

③文件保存路径（网络共享文件夹中）：广告设计与制作专业技能考核\××××考场\工位号\。

所附素材：见二维码。

（2）考核时量。

120分钟。

试题编号：H1-23

以"关爱残疾人"为主题，设计一幅公益类平面广告作品。

（1）任务描述。

任务内容：

①根据主题创意需要，自行选用所提供的图片素材。

②运用专业软件对主题文字和图形进行艺术处理。

③广告要素运用得当，画面整体效果层次分明。

④附创意设计说明，字数在50～150字。

作品保存：

①将完成作品和设计说明置于A3（420mm×297mm）页面，构图版式横竖不限。

②提交设计作品源文件格式和预览文件格式（*.jpg）各一份。设计作品源文件中出现的文字需转成曲线或栅格化，*.jpg文件格式要求分辨率为300dpi，色彩模式为CMYK格式。

③文件保存路径（网络共享文件夹中）：广告设计与制作专业技能考核\××××考场\工位号\。

所附素材：见二维码。

（2）考核时量。

120分钟。

试题编号：H1-24

以"别让老人的爱不堪重负"为主题，针对"年轻人啃老问题"设计一幅公益类平面广告作品。

（1）任务描述。

任务内容：

①根据主题创意需要，自行选用所提供的图片素材。

②运用专业软件对主题文字和图形进行艺术处理。

③广告要素运用得当，画面整体效果层次分明。

④附创意设计说明，字数在50～150字。

作品保存：

①将完成作品和设计说明置于A3（420mm×297mm）页面，构图版式横竖不限。

②提交设计作品源文件格式和预览文件格式（*.jpg）各一份。设计作品源文件中出现的文字需转成曲线或栅格化，*.jpg文件格式要求分辨率为300dpi，色彩模式为CMYK格式。

③文件保存路径（网络共享文件夹中）：广告设计与制作专业技能考核\××××考场\工位号\。

所附素材：见二维码。

（2）考核时量。

120分钟。

试题编号：H1-25

以"请关注空巢老人"为主题，设计一幅公益类平面广告作品。

（1）任务描述。

任务内容：

①根据主题创意需要，自行选用所提供的图片素材。

②运用专业软件对主题文字和图形进行艺术处理。

③广告要素运用得当，画面整体效果层次分明。

④附创意设计说明，字数在50~150字。

作品保存：

①将完成作品和设计说明置于A3（420mm×297mm）页面，构图版式横竖不限。

②提交设计作品源文件格式和预览文件格式（*.jpg）各一份。设计作品源文件中出现的文字需转成曲线或栅格化，*.jpg文件格式要求分辨率为300dpi，色彩模式为CMYK格式。

③文件保存路径（网络共享文件夹中）：广告设计与制作专业技能考核\××××考场\工位号\。

所附素材：见二维码。

（2）考核时量。

120分钟。

试题编号：H1-26

以"保护动物，刻不容缓"为主题，设计一幅公益类平面广告作品。

（1）任务描述。

任务内容：

①根据主题创意需要，自行选用所提供的图片素材。

②运用专业软件对主题文字和图形进行艺术处理。

③广告要素运用得当，画面整体效果层次分明。

④附创意设计说明，字数在50~150字。

作品保存：

①将完成作品和设计说明置于A3（420mm×297mm）页面，构图版式横竖不限。

②提交设计作品源文件格式和预览文件格式（*.jpg）各一份。设计作品源文件中出现的文字需转成曲线或栅格化，*.jpg文件格式要求分辨率为300dpi，色彩模式为CMYK格式。

③文件保存路径（网络共享文件夹中）：广告设计与制作专业技能考核\××××考场\工位号\。

所附素材：见二维码。

（2）考核时量。

120分钟。

试题编号：H1-27

以"你的加入，2020奥运更精彩"为主题，针对"招募青年志愿者"设计一幅公益类平面广告作品。

（1）任务描述。

任务内容：

①根据主题创意需要，自行选用所提供的图片素材。

②运用专业软件对主题文字和图形进行艺术处理。

③广告要素运用得当，画面整体效果层次分明。

④附创意设计说明，字数在50~150字。

作品保存：

①将完成作品和设计说明置于A3（420mm×297mm）页面，构图版式横竖不限。

②提交设计作品源文件格式和预览文件格式（*.jpg）各一份。设计作品源文件中出现的文字需转成曲线或栅格化，*.jpg文件格式要求分辨率为300dpi，色彩模式为CMYK格式。

③文件保存路径（网络共享文件夹中）：广告设计与制作专业技能考核\××××考场\工位号\。

所附素材：见二维码。

（2）考核时量。

120分钟。

试题编号：H1-28

以"预防艾滋病，事关你我"为主题，设计一幅公益类平面广告作品。

（1）任务描述。

任务内容：

①根据主题创意需要，自行选用所提供的图片素材。

②运用专业软件对主题文字和图形进行艺术处理。

③广告要素运用得当，画面整体效果层次分明。

④附创意设计说明，字数在50~150字。

作品保存：

①将完成作品和设计说明置于A3（420mm×297mm）页面，构图版式横竖不限。

②提交设计作品源文件格式和预览文件格式（*.jpg）各一份。设计作品源文件中出现的文字需转成曲线或栅格化，*.jpg文件格式要求分辨率为300dpi，色彩模式为CMYK格式。

③文件保存路径（网络共享文件夹中）：广告设计与制作专业技能考核\××××考场\工位号\。

所附素材：见二维码。

（2）考核时量。

120分钟。

试题编号：H1-29

以"一言九鼎，承诺值千金"为主题，针对"诚信问题"设计一幅公益类平面广告作品。

（1）任务描述。

任务内容：

①根据主题创意需要，自行选用所提供的图片素材。

②运用专业软件对主题文字和图形进行艺术处理。

③广告要素运用得当，画面整体效果层次分明。

④附创意设计说明，字数在50~150字。

作品保存：

①将完成作品和设计说明置于A3（420mm×297mm）页面，构图版式横竖不限。

②提交设计作品源文件格式和预览文件格式（*.jpg）各一份。设计作品源文件中出现的文字需转成曲线或栅格化，*.jpg文件格式要求分辨率为300dpi，色彩模式为CMYK格式。

③文件保存路径（网络共享文件夹中）：广告设计与制作专业技能考核\××××考场\工位号\。

所附素材：见二维码。

（2）考核时量。

120分钟。

试题编号：H1-30

以"感恩教师节"为主题，设计一幅公益类平面广告作品。

（1）任务描述。

任务内容：

①根据主题创意需要，自行选用所提供的图片素材。

②运用专业软件对主题文字和图形进行艺术处理。

③广告要素运用得当，画面整体效果层次分明。

④附创意设计说明，字数在50～150字。

作品保存：

①将完成作品和设计说明置于A3（420mm×297mm）页面，构图版式横竖不限。

②提交设计作品源文件格式和预览文件格式（*.jpg）各一份。设计作品源文件中出现的文字需转成曲线或栅格化，*.jpg文件格式要求分辨率为300dpi，色彩模式为CMYK格式。

③文件保存路径（网络共享文件夹中）：广告设计与制作专业技能考核\××××考场\工位号\。

所附素材：见二维码。

（2）考核时量。

120分钟。

试题编号：H1-31

以"美式田园，惬意乡村"为主题，为"南国明珠房产公司·乡村田园楼盘"设计一幅路牌平面广告作品。

（1）任务描述。

任务内容：

①根据主题创意需要，自行选用所提供的图片素材。

②运用专业软件对主题文字和图形进行艺术处理。

③广告要素运用得当，画面整体效果层次分明。

④附创意设计说明，字数在50～150字。

作品保存：

①将完成作品和设计说明置于A3（420mm×297mm）页面，构图版式横竖不限。

②提交设计作品源文件格式和预览文件格式（*.jpg）各一份。设计作品源文件中出现的文字需转成曲线或栅格化，*.jpg文件格式要求分辨率为300dpi，色彩模式为CMYK格式。

③文件保存路径（网络共享文件夹中）：广告设计与制作专业技能考核\×××考场\工位号\。

所附素材：见二维码。

（2）考核时量。

120分钟。

试题编号：H1-32

以"疯狂五月天，联想小Z夏令赢"为主题，为"联想Z480笔记本电脑"设计一幅户外平面广告作品。

（1）任务描述。

任务内容：

①根据主题创意需要，自行选用所提供的图片素材。

②运用专业软件对主题文字和图形进行艺术处理。

③广告要素运用得当，画面整体效果层次分明。

④附创意设计说明，字数在50～150字。

作品保存：

①将完成作品和设计说明置于A3（420mm×297mm）页面，构图版式横竖不限。

②提交设计作品源文件格式和预览文件格式（*.jpg）各一份。设计作品源文件中出现的文字需转成曲线或栅格化，*.jpg文件格式要求分辨率为300dpi，色彩模式为CMYK格式。

③文件保存路径（网络共享文件夹中）：广告设计与制作专业技能考核\×××考场\工位号\。

所附素材：见二维码。

（2）考核时量。

120分钟。

试题编号：H1-33

以"京骑沪动"为主题，为"吉安特自行车·暑期骑行活动"设计一幅平面广告作品。

（1）任务描述。

任务内容：

①根据主题创意需要，自行选用所提供的图片素材。

②运用专业软件对主题文字和图形进行艺术处理。

③广告要素运用得当，画面整体效果层次分明。

④附创意设计说明，字数在50～150字。

作品保存：

①将完成作品和设计说明置于A3（420mm×297mm）页面，构图版式横竖不限。

②提交设计作品源文件格式和预览文件格式（*.jpg）各一份。设计作品源文件中出现的文字需转成曲线或栅格化，*.jpg文件格式要求分辨率为300dpi，色彩模式为CMYK格式。

③文件保存路径（网络共享文件夹中）：广告设计与制作专业技能考核\×××考场\工位号\。

所附素材：见二维码。

（2）考核时量。

120分钟。

试题编号：H1-34

以"玩·童"为主题，为"富罗迷（FOLLOW ME）儿童音乐培训班"设计一幅平面广告作品。

（1）任务描述。

任务内容：

①根据主题创意需要，自行选用所提供的图片素材。

②运用专业软件对主题文字和图形进行艺术处理。

③广告要素运用得当，画面整体效果层次分明。

④附创意设计说明，字数在50～150字。

作品保存：

①将完成作品和设计说明置于A3（420mm×297mm）页面，构图版式横竖不限。

②提交设计作品源文件格式和预览文件格式（*.jpg）各一份。设计作品源文件中出现的文字需转成曲线或栅格化，*.jpg文件格式要求分辨率为300dpi，色彩模式为CMYK格式。

③文件保存路径（网络共享文件夹中）：广告设计与制作专业技能考核\×××考场\工位号\。

所附素材：见二维码。

（2）考核时量。

120分钟。

试题编号：H1-35

以"捞福、捞财、捞运气，"为主题，为"馨怡阁豆捞城"设计一幅平面广告作品。

（1）任务描述。

任务内容：

①根据主题创意需要，自行选用所提供的图片素材。

②运用专业软件对主题文字和图形进行艺术处理。

③广告要素运用得当，画面整体效果层次分明。

④附创意设计说明，字数在50～150字。

作品保存：

①将完成作品和设计说明置于A3（420mm×297mm）页面，构图版式横竖不限。

②提交设计作品源文件格式和预览文件格式（*.jpg）各一份。设计作品源文件中出现的文字需转成曲线或栅格化，*.jpg文件格式要求分辨率为300dpi，色彩模式为CMYK格式。

③文件保存路径（网络共享文件夹中）：广告设计与制作专业技能考核\×××考

场\工位号\。

所附素材：见二维码。

（2）考核时量。

120分钟。

试题编号：H1-36

以"商道·有道"为主题，为"厦门金圆投资集团有限公司"设计一幅平面广告作品。

（1）任务描述。

任务内容：

①根据主题创意需要，自行选用所提供的图片素材。

②运用专业软件对主题文字和图形进行艺术处理。

③广告要素运用得当，画面整体效果层次分明。

④附创意设计说明，字数在50~150字。

作品保存：

①将完成作品和设计说明置于A3（420mm×297mm）页面，构图版式横竖不限。

②提交设计作品源文件格式和预览文件格式（*.jpg）各一份。设计作品源文件中出现的文字需转成曲线或栅格化，*.jpg文件格式要求分辨率为300dpi，色彩模式为CMYK格式。

③文件保存路径（网络共享文件夹中）：广告设计与制作专业技能考核\××××考场\工位号\。

所附素材：见二维码。

（2）考核时量。

120分钟。

试题编号：H1-37

以"跑遍全球，拯救世界"为主题，为电影《赛车总动员2》设计一幅影片宣传的平面广告作品。

（1）任务描述。

任务内容：

①根据主题创意需要，自行选用所提供的图片素材。

②运用专业软件对主题文字和图形进行艺术处理。

③广告要素运用得当，画面整体效果层次分明。

④附创意设计说明，字数在50~150字。

作品保存：

①将完成作品和设计说明置于A3（420mm×297mm）页面，构图版式横竖不限。

②提交设计作品源文件格式和预览文件格式（*.jpg）各一份。设计作品源文件中出现的文字需转成曲线或栅格化，*.jpg文件格式要求分辨率为300dpi，色彩模式为CMYK格式。

③文件保存路径（网络共享文件夹中）：广告设计与制作专业技能考核\××××考场\工位号\。

所附素材：见二维码。

（2）考核时量。

120分钟。

试题编号：H1-38

以"1/2真我展现"为主题，为"2019张学友世纪演唱会"设计一幅平面广告作品。

（1）任务描述。

任务内容：

①根据主题创意需要，自行选用所提供的图片素材。

②运用专业软件对主题文字和图形进行艺术处理。

③广告要素运用得当，画面整体效果层次分明。

④附创意设计说明，字数在50～150字。

作品保存：

①将完成作品和设计说明置于A3（420mm×297mm）页面，构图版式横竖不限。

②提交设计作品源文件格式和预览文件格式（*.jpg）各一份。设计作品源文件中出现的文字需转成曲线或栅格化，*.jpg文件格式要求分辨率为300dpi，色彩模式为CMYK格式。

③文件保存路径（网络共享文件夹中）：广告设计与制作专业技能考核\××××考场\工位号\。

所附素材：见二维码。

（2）考核时量。

120分钟。

试题编号：H1-39

以"感受·中国力量"为主题，为"耐克公司"设计一幅品牌形象平面广告作品。

（1）任务描述。

任务内容：

①根据主题创意需要，自行选用所提供的图片素材。

②运用专业软件对主题文字和图形进行艺术处理。

③广告要素运用得当，画面整体效果层次分明。

④附创意设计说明，字数在50～150字。

作品保存：

①将完成作品和设计说明置于A3（420mm×297mm）页面，构图版式横竖不限。

②提交设计作品源文件格式和预览文件格式（*.jpg）各一份。设计作品源文件中出现的文字需转成曲线或栅格化，*.jpg文件格式要求分辨率为300dpi，色彩模式为CMYK格式。

③文件保存路径（网络共享文件夹中）：广告设计与制作专业技能考核\××××考场\工位号\。

所附素材：见二维码。

（2）考核时量。

120分钟。

试题编号：H1–40

以"三国烽烟，谁与争锋"为主题，为游戏"三国杀挑战赛"设计一幅赛事活动宣传平面广告作品。

（1）任务描述。

任务内容：

①根据主题创意需要，自行选用所提供的图片素材。

②运用专业软件对主题文字和图形进行艺术处理。

③广告要素运用得当，画面整体效果层次分明。

④附创意设计说明，字数在50～150字。

作品保存：

①将完成作品和设计说明置于A3（420mm×297mm）页面，构图版式横竖不限。

②提交设计作品源文件格式和预览文件格式（*.jpg）各一份。设计作品源文件中出现的文字需转成曲线或栅格化，*.jpg文件格式要求分辨率为300dpi，色彩模式为CMYK格式。

③文件保存路径（网络共享文件夹中）：广告设计与制作专业技能考核\××××考场\工位号\。

所附素材：见二维码。

（2）考核时量。

120分钟。

试题编号：H1–41

以"天下无霜"为主题，对"格力无霜·三门冰箱"设计一幅平面广告作品。

（1）任务描述。

任务内容：

①根据主题创意需要，自行选用所提供的图片素材。

②运用专业软件对主题文字和图形进行艺术处理。

③广告要素运用得当，画面整体效果层次分明。

④附创意设计说明，字数在50～150字。

作品保存：

①将完成作品和设计说明置于A3（420mm×297mm）页面，构图版式横竖不限。

②提交设计作品源文件格式和预览文件格式（*.jpg）各一份。设计作品源文件中出现的文字需转成曲线或栅格化，*.jpg文件格式要求分辨率为300dpi，色彩模式为CMYK格式。

③文件保存路径（网络共享文件夹中）：广告设计与制作专业技能考核\××××考场\工位号\。

所附素材：见二维码。

（2）考核时量。

120分钟。

试题编号：H1-42

以"给你无声的呵护"为主题，为"海尔空调·月亮女神"设计一幅产品宣传的平面广告作品。

（1）任务描述。

任务内容：

①根据主题创意需要，自行选用所提供的图片素材。

②运用专业软件对主题文字和图形进行艺术处理。

③广告要素运用得当，画面整体效果层次分明。

④附创意设计说明，字数在50～150字。

作品保存：

①将完成作品和设计说明置于A3（420mm×297mm）页面，构图版式横竖不限。

②提交设计作品源文件格式和预览文件格式（*.jpg）各一份。设计作品源文件中出现的文字需转成曲线或栅格化，*.jpg文件格式要求分辨率为300dpi，色彩模式为CMYK格式。

③文件保存路径（网络共享文件夹中）：广告设计与制作专业技能考核\××××考场\工位号\。

所附素材：见二维码。

（2）考核时量。

120分钟。

试题编号：H1-43

以"给你自然的清爽"为主题，为"美的电风扇"设计一幅产品宣传平面广告作品。

（1）任务描述。

任务内容：

①根据主题创意需要，自行选用所提供的图片素材。

②运用专业软件对主题文字和图形进行艺术处理。

③广告要素运用得当，画面整体效果层次分明。

④附创意设计说明，字数在50～150字。

作品保存：

①将完成作品和设计说明置于A3（420mm×297mm）页面，构图版式横竖不限。

②提交设计作品源文件格式和预览文件格式（*.jpg）各一份。设计作品源文件中出现的文字需转成曲线或栅格化，*.jpg文件格式要求分辨率为300dpi，色彩模式为CMYK格式。

③文件保存路径（网络共享文件夹中）：广告设计与制作专业技能考核\××××考场\工位号\。

所附素材：见二维码。

（2）考核时量。

120分钟。

试题编号：H1-44

以"尊享安全，就在沃尔沃"为主题，为"沃尔沃·XC60汽车"设计一幅产品宣传平面广告作品。

（1）任务描述。

任务内容：

①根据主题创意需要，自行选用所提供的图片素材。

②运用专业软件对主题文字和图形进行艺术处理。

③广告要素运用得当，画面整体效果层次分明。

④附创意设计说明，字数在50~150字。

作品保存：

①将完成作品和设计说明置于A3（420mm×297mm）页面，构图版式横竖不限。

②提交设计作品源文件格式和预览文件格式（*.jpg）各一份。设计作品源文件中出现的文字需转成曲线或栅格化，*.jpg文件格式要求分辨率为300dpi，色彩模式为CMYK格式。

③文件保存路径（网络共享文件夹中）：广告设计与制作专业技能考核\××××考场\工位号\。

所附素材：见二维码。

（2）考核时量。

120分钟。

试题编号：H1-45

以"城市旋风"为主题，为"法拉利·Italia新款汽车"设计一幅产品宣传平面广告作品。

（1）任务描述。

任务内容：

①根据主题创意需要，自行选用所提供的图片素材。

②运用专业软件对主题文字和图形进行艺术处理。

③广告要素运用得当，画面整体效果层次分明。

④附创意设计说明，字数在50~150字。

作品保存：

①将完成作品和设计说明置于A3（420mm×297mm）页面，构图版式横竖不限。

②提交设计作品源文件格式和预览文件格式（*.jpg）各一份。设计作品源文件中出现的文字需转成曲线或栅格化，*.jpg文件格式要求分辨率为300dpi，色彩模式为CMYK格式。

③文件保存路径（网络共享文件夹中）：广告设计与制作专业技能考核\××××考场\工位号\。

所附素材：见二维码。

（2）考核时量。

120分钟。

试题编号：H1-46

以"抗过敏专家"为主题，为"冷酸灵·茉莉花茶清新抗过敏牙膏"设计一幅以产品宣传平面广告作品。

（1）任务描述。

任务内容：

①根据主题创意需要，自行选用所提供的图片素材。

②运用专业软件对主题文字和图形进行艺术处理。

③广告要素运用得当，画面整体效果层次分明。

④附创意设计说明，字数在50～150字。

作品保存：

①将完成作品和设计说明置于A3（420mm×297mm）页面，构图版式横竖不限。

②提交设计作品源文件格式和预览文件格式（*.jpg）各一份。设计作品源文件中出现的文字需转成曲线或栅格化，*.jpg文件格式要求分辨率为300dpi，色彩模式为CMYK格式。

③文件保存路径（网络共享文件夹中）：广告设计与制作专业技能考核\××××考场\工位号\。

所附素材：见二维码。

（2）考核时量。

120分钟。

试题编号：H1-47

以"超白，加香"为主题，为"雕牌洗衣粉"设计一幅产品宣传的平面广告作品。

（1）任务描述。

任务内容：

①根据主题创意需要，自行选用所提供的图片素材。

②运用专业软件对主题文字和图形进行艺术处理。

③广告要素运用得当，画面整体效果层次分明。

④附创意设计说明，字数在50～150字。

作品保存：

①将完成作品和设计说明置于A3（420mm×297mm）页面，构图版式横竖不限。

②提交设计作品源文件格式和预览文件格式（*.jpg）各一份。设计作品源文件中出现的文字需转成曲线或栅格化，*.jpg文件格式要求分辨率为300dpi，色彩模式为CMYK格式。

③文件保存路径（网络共享文件夹中）：广告设计与制作专业技能考核\××××考场\工位号\。

所附素材：见二维码。

（2）考核时量。

120分钟。

试题编号：H1-48

以"去渍又亮丽，耐用不伤手"为主题，为"立白洗衣皂"设计一幅产品宣传平面广告作品。

（1）任务描述。

任务内容：

①根据主题创意需要，自行选用所提供的图片素材。

②运用专业软件对主题文字和图形进行艺术处理。

③广告要素运用得当，画面整体效果层次分明。

④附创意设计说明，字数在50～150字。

作品保存：

①将完成作品和设计说明置于A3（420mm×297mm）页面，构图版式横竖不限。

②提交设计作品源文件格式和预览文件格式（*.jpg）各一份。设计作品源文件中出现的文字需转成曲线或栅格化，*.jpg文件格式要求分辨率为300dpi，色彩模式为CMYK格式。

③文件保存路径（网络共享文件夹中）：广告设计与制作专业技能考核\××××考场\工位号\。

所附素材：见二维码。

（2）考核时量。

120分钟。

试题编号：H1-49

以"梦之所及，魅之所至"为主题，为"景菲服装"设计一幅产品宣传平面广告作品。

（1）任务描述。

任务内容：

①根据主题创意需要，自行选用所提供的图片素材。

②运用专业软件对主题文字和图形进行艺术处理。

③广告要素运用得当，画面整体效果层次分明。

④附创意设计说明，字数在50～150字。

作品保存：

①将完成作品和设计说明置于A3（420mm×297mm）页面，构图版式横竖不限。

②提交设计作品源文件格式和预览文件格式（*.jpg）各一份。设计作品源文件中出现的文字需转成曲线或栅格化，*.jpg文件格式要求分辨率为300dpi，色彩模式为CMYK格式。

③文件保存路径（网络共享文件夹中）：广告设计与制作专业技能考核\××××考场\工位号\。

所附素材：见二维码。

（2）考核时量。

120分钟。

试题编号：H1-50

以"洁净环保，袋袋有奖"为主题，为"一百净"设计一幅产品宣传平面广告作品。

（1）任务描述。

任务内容：

①根据主题创意需要，自行选用所提供的图片素材。

②运用专业软件对主题文字和图形进行艺术处理。

③广告要素运用得当，画面整体效果层次分明。

④附创意设计说明，字数在50～150字。

作品保存：

①将完成作品和设计说明置于A3（420mm×297mm）页面，构图版式横竖不限。

②提交设计作品源文件格式和预览文件格式（*.jpg）各一份。设计作品源文件中出现的文字需转成曲线或栅格化，*.jpg文件格式要求分辨率为300dpi，色彩模式为CMYK格式。

③文件保存路径（网络共享文件夹中）：广告设计与制作专业技能考核\××××考场\工位号\。

所附素材：见二维码。

（2）考核时量。

120分钟。

（二）模块二 影视广告剪辑与制作

1.考核评价标准（表2-11）

表2-11 影视广告剪辑与制作考核评分细则

评价内容		配分	评分标准	
职业素养（10分）	专业素质	4分	按考试要求进行创作，不抄袭他人作品，创作内容积极向上	4分
	文明素质	6分	1.举止文明，遵守考场纪律	2分
			2.按照考试要求，正确填写个人信息并提交试卷	2分
			3.卷面干净、整洁	2分
工作任务（90分）	创意构思	30分	1.创意新颖，素材的编辑切合主题，信息传递明确	27～30分
			2.创意平淡，素材的编辑能体现主题，信息传递模糊	18～26分
			3.创意随意，素材编辑与主题不符，信息传递混乱	0～17分
	视频特效与剪辑	30分	1.视频特效视觉冲击力强，镜头剪辑处理流畅，景别运用合理，运动镜头衔接顺畅	27～30分
			2.视频特效视觉冲击力弱，镜头剪辑处理较自然，景别运用有缺失，运动镜头衔接较好	18～26分
			3.视频特效视觉冲击力差，镜头剪辑处理生硬，景别运用错乱，运动镜头衔接生硬	0～17分
	声画效果	20分	1.声音与画面同步，声音能强化主题表达，合成效果好	17～20分
			2.声音与画面同步，声音能匹配主题的表达，合成效果一般	12～16分
			3.声音与画面没有同步，声音没有匹配主题的表达，合成效果差	0～11分
	影片输出	10分	1.输出视频的尺寸和文件格式均符合考试要求	10分
			2.输出视频的尺寸和文件格式其中有一项不符合考试要求	5分
			3.输出视频的尺寸和文件格式均不符合考试要求	0分
合计			100分	
备注		出现以下任意一种情况将做不合格处理： 1.考试舞弊、作品抄袭 2.没有按要求完成考生信息登记或保存文件 3.绘制恶俗、低俗影视广告设计作品		

高等职业院校学生专业技能考核标准与题库

2. 考场实施条件（表2-12）

表2-12　影视广告剪辑与制作考场基本实施条件

项目	基本实施条件	备注
场地	每个考场配置40个操作台面和座位，每个考场照明通风良好	考场必备
设备	每个考场配一台服务器、40台电脑，并开通考场局域网 电脑配置要求： 1.Intel 酷睿 i7 4.2GHz 以上处理器 2.8GB 以上内存 3.1TB 以上硬盘 4. 显示屏达到 1920×1080 像素，显存达到 2GB 以上，位宽 128 位以上 5. 标准键盘与滚轴三键光学鼠标	考场必备
软件 （正版）	1. 超级录屏 9.0 及以上 2.Adobe After Effects CS6（中文版）及以上（含特效插件 3 种以上） 3.Adobe Photoshop CS5（中文版）及以上 4.Adobe Premiere CS6（中文版）及以上 5.3ds Max 2014（中文版）及以上 6.QuickTime 7.4.5 及以上 7.Word 2007 及以上 8. 安装方正字库一套 9. 格式工厂 3.7.5 及以上	考场必备
应试软件 运行环境	Windows® 7 操作系统（正版）	考场必备
监考人员	由教育厅组织抽调非考点院校相关专业老师担任监考人员，每 1 ~ 15 个考生配一名监考人员	考场必备

3. 考核题库

试题编号：H2-1

根据所提供的素材，以"不能忘却的爱"为主题，为"关爱老人"公益宣传完成一段时长为15秒的影视广告。

（1）任务描述。

任务内容：

①创意新颖，内容完整，主题突出。

②素材库的素材可根据设计需要加以利用，对所提供的视频文件要进行画面剪辑处理，特效运用恰当。剪辑的单个镜头时长不少于2秒，且镜头数量不少于3个。

③背景音乐从影视广告剪辑与制作试题（公用素材）库中选择一个与主题相符的音乐文件进行剪辑，要求声音与画面同步，能强化主题表达。

④视频尺寸大小：720px×576px。

作品保存：

①提交After Effects的.aep源文件或Premiere的.prproj源文件和.avi格式的输出文件。

②文件保存路径（网络共享文件夹中）：广告设计与制作专业技能考核\×××考场\工位号\。

所附素材：见二维码。

（2）考核时量。

120分钟。

试题编号：H2-2

根据所提供的素材，以"看电影 请关闭手机"为主题，完成一段时长为15秒的影视广告作品。

（1）任务描述。

任务内容：

①创意新颖，内容完整，主题突出。

②素材库的素材可根据设计需要加以利用，对所提供的视频文件要进行画面剪辑处理，特效运用恰当。剪辑的单个镜头时长不少于2秒，且镜头数量不少于3个。

③背景音乐从影视广告剪辑与制作试题（公用素材）库中选择一个与主题相符的音乐文件进行剪辑，要求声音与画面同步，能强化主题表达。

④视频尺寸大小：720px×576px。

作品保存：

①提交After Effects的.aep源文件或Premiere的.prproj源文件和.avi格式的输出文件。

②文件保存路径（网络共享文件夹中）：广告设计与制作专业技能考核\×××考场\工位号\。

所附素材：见二维码。

（2）考核时量。

120分钟。

试题编号：H2-3

根据所提供的素材，以"保护非物质文化遗产——羌绣"为主题，完成一段时长为15秒的影视广告。

（1）任务描述。

任务内容：

①创意新颖，内容完整，主题突出。

②素材库的素材可根据设计需要加以利用，对所提供的视频文件要进行画面剪辑处理，特效运用恰当。剪辑的单个镜头时长不少于2秒，且镜头数量不少于3个。

③背景音乐从影视广告剪辑与制作试题（公用素材）库中选择一个与主题相符的音乐文件进行剪辑，要求声音与画面同步，能强化主题表达。

④视频尺寸大小：720px×576px。

作品保存：

①提交After Effects的.aep源文件或Premiere的.prproj源文件和.avi格式的输出文件。

②文件保存路径（网络共享文件夹中）：广告设计与制作专业技能考核\××××考场\工位号\。

所附素材：见二维码。

（2）考核时量。

120分钟。

试题编号：H2-4

根据所提供的素材，以"保护粮食"为主题，以"珍惜粮食，温饱更多人"为广告词，完成一段时长为15秒的影视广告。

（1）任务描述。

任务内容：

①创意新颖，内容完整，主题突出。

②素材库的素材可根据设计需要加以利用，对所提供的视频文件要进行画面剪辑处理，特效运用恰当。剪辑的单个镜头时长不少于2秒，且镜头数量不少于3个。

③背景音乐从影视广告剪辑与制作试题（公用素材）库中选择一个与主题相符的音乐文件进行剪辑，要求声音与画面同步，能强化主题表达。

④视频尺寸大小：720px×576px。

作品保存：

①提交After Effects的.aep源文件或Premiere的.prproj源文件和.avi格式的输出文件。

②文件保存路径（网络共享文件夹中）：广告设计与制作专业技能考核\××××考场\工位号\。

所附素材：见二维码。

（2）考核时量。

120分钟。

试题编号：H2-5

根据提供的素材，以"地球，美丽家园"为主题，完成一段时长为15秒的影视广告。

（1）任务描述。

任务内容：

①创意新颖，内容完整，主题突出。

②素材库的素材可根据设计需要加以利用，对所提供的视频文件要进行画面剪辑处理，特效运用恰当。剪辑的单个镜头时长不少于2秒，且镜头数量不少于3个。

③背景音乐从影视广告剪辑与制作试题（公用素材）库中选择一个与主题相符的音乐文件进行剪辑，要求声音与画面同步,能强化主题表达。

④视频尺寸大小：720px×576px。

作品保存：

①提交After Effects的.aep源文件或Premiere的.prproj源文件和.avi格式的输出文件。

②文件保存路径（网络共享文件夹中）：广告设计与制作专业技能考核\××××考场\工位号\。

所附素材：见二维码。

（2）考核时量。

120分钟。

试题编号：H2-6

根据所提供的素材，以"母亲节"为主题，以"妈妈，我爱你"为广告词，完成一段时长为15秒的影视广告。

（1）任务描述。

任务内容：

①创意新颖，内容完整，主题突出。

②素材库的素材可根据设计需要加以利用，对所提供的视频文件要进行画面剪辑处理，特效运用恰当。剪辑的单个镜头时长不少于2秒，且镜头数量不少于3个。

③背景音乐从影视广告剪辑与制作试题（公用素材）库中选择一个与主题相符的音乐文件进行剪辑，要求声音与画面同步，能强化主题表达。

④视频尺寸大小：720px×576px。

作品保存：

①提交After Effects的.aep源文件或Premiere的.prproj源文件和.avi格式的输出文件。

②文件保存路径（网络共享文件夹中）：广告设计与制作专业技能考核\×××考场\工位号\。

所附素材：见二维码。

（2）考核时量。

120分钟。

试题编号：H2-7

根据提供的素材，以"扬正气、促和谐"为主题，完成一段时长为15秒的影视广告。

（1）任务描述。

任务内容：

①创意新颖，内容完整，主题突出。

②素材库的素材可根据设计需要加以利用，对所提供的视频文件要进行画面剪辑处理，特效运用恰当。剪辑的单个镜头时长不少于2秒，且镜头数量不少于3个。

③背景音乐从影视广告剪辑与制作试题（公用素材）库中选择一个与主题相符的音乐文件进行剪辑，要求声音与画面同步，能强化主题表达。

④视频尺寸大小：720px×576px。

作品保存：

①提交After Effects的.aep源文件或Premiere的.prproj源文件和.avi格式的输出文件。

②文件保存路径（网络共享文件夹中）：广告设计与制作专业技能考核\×××考场\工位号\。

所附素材：见二维码。

（2）考核时量。

120分钟。

试题编号：H2-8

根据所提供素材，以"世界触手可及"为主题，为"中国电信"完成一段时长为15秒的影视广告。

（1）任务描述。

任务内容：

①创意新颖，内容完整，主题突出。

②素材中提供的品牌标志图片为必用素材，其他的素材可根据设计需要选择应用。

③视频特效运用恰当，对所提供的视频文件要进行画面剪辑处理，剪辑的单个镜头时长不少于2秒，且镜头数量不少于3个。

④背景音乐从影视广告剪辑与制作试题（公用素材）库中选择一个与主题相符的音乐文件进行剪辑，要求声音与画面同步，能强化主题表达。

⑤视频尺寸大小：720px×576px。

作品保存：

①提交After Effects的.aep源文件或Premiere的.prproj源文件和.avi格式的输出文件。

②文件保存路径（网络共享文件夹中）：广告设计与制作专业技能考核\××××考场\工位号\。

所附素材：见二维码。

（2）考核时量。

120分钟。

试题编号：H2-9

根据所提供素材，以"华擎科技·游戏主板的第一品牌！"为主题，为"华擎科技有限公司"完成一段时长为15秒的影视广告。

（1）任务描述。

任务内容：

①创意新颖，内容完整，主题突出。

②素材中提供的品牌标志图片为必用素材，其他的素材可根据设计需要选择应用。

③视频特效运用恰当，对所提供的视频文件要进行画面剪辑处理，剪辑的单个镜头时长不少于2秒，且镜头数量不少于3个。

④背景音乐从影视广告剪辑与制作试题（公用素材）库中选择一个与主题相符的音乐文件进行剪辑，要求声音与画面同步，能强化主题表达。

⑤视频尺寸大小：720px×576px。

作品保存：

①提交After Effects的.aep源文件或Premiere的.prproj源文件和.avi格式的输出文件。

②文件保存路径（网络共享文件夹中）：广告设计与制作专业技能考核\××××考场\工位号\。

所附素材：见二维码。

（2）考核时量。

120分钟。

试题编号：H2-10

根据所提供素材，以"无上妙品，浑然天成"为主题，为"酒鬼酒股份有限公司"完成一段时长为15秒的影视广告。

（1）任务描述。

任务内容：

①创意新颖，内容完整，主题突出。

②素材中提供的品牌标志图片为必用素材，其他的素材可根据设计需要选择应用。

③视频特效运用恰当，对所提供的视频文件要进行画面剪辑处理，剪辑的单个镜头时长不少于2秒，且镜头数量不少于3个。

④背景音乐从影视广告剪辑与制作试题（公用素材）库中选择一个与主题相符的音乐文件进行剪辑，要求声音与画面同步，能强化主题表达。

⑤视频尺寸大小：720px×576px。

作品保存：

①提交After Effects的.aep源文件或Premiere的.prproj源文件和.avi格式的输出文件。

②文件保存路径（网络共享文件夹中）：广告设计与制作专业技能考核\××××考场\工位号\。

所附素材：见二维码。

（2）考核时量。

120分钟。

试题编号：H2-11

根据所提供素材，以"创新·永无止境"为主题，为"格力空调股份有限公司"完成一段时长为15秒的影视广告。

（1）任务描述。

任务内容：

①创意新颖，内容完整，主题突出。

②素材中提供的品牌标志图片为必用素材，其他的素材可根据设计需要选择应用。

③视频特效运用恰当，对所提供的视频文件要进行画面剪辑处理，剪辑的单个镜头时长不少于2秒，且镜头数量不少于3个。

④背景音乐从影视广告剪辑与制作试题（公用素材）库中选择一个与主题相符的音乐文件进行剪辑，要求声音与画面同步，能强化主题表达。

⑤视频尺寸大小：720px×576px。

作品保存：

①提交After Effects的.aep源文件或Premiere的.prproj源文件和.avi格式的输出文件。

②文件保存路径（网络共享文件夹中）：广告设计与制作专业技能考核\××××考场\工位号\。

所附素材：见二维码。

（2）考核时量。

120分钟。

试题编号：H2-12

根据所提供素材，以"全程服务，关爱永远"为主题，为"方正科技有限公司"完成一段时长为15秒的影视广告。

（1）任务描述。

任务内容：

①创意新颖，内容完整，主题突出。

②素材中提供的品牌标志图片为必用素材，其他的素材可根据设计需要选择应用。

③视频特效运用恰当，对所提供的视频文件要进行画面剪辑处理，剪辑的单个镜头时长不少于2秒，且镜头数量不少于3个。

④背景音乐从影视广告剪辑与制作试题（公用素材）库中选择一个与主题相符的音乐文件进行剪辑，要求声音与画面同步，能强化主题表达。

⑤视频尺寸大小：720px×576px。

作品保存：

①提交After Effects的.aep源文件或Premiere的.prproj源文件和.avi格式的输出文件。

②文件保存路径（网络共享文件夹中）：广告设计与制作专业技能考核\××××考场\工位号\。

所附素材：见二维码。

（2）考核时量。

120分钟。

试题编号：H2-13

根据所提供素材，以"想唱就唱，唱响中国"为主题，为"湖南卫视·快乐女声"栏目完成一段时长为15秒的影视广告。

（1）任务描述。

任务内容：

①创意新颖，内容完整，主题突出。

②素材中提供的品牌标志图片为必用素材，其他的素材可根据设计需要选择应用。

③视频特效运用恰当，对所提供的视频文件要进行画面剪辑处理，剪辑的单个镜头时长不少于2秒，且镜头数量不少于3个。

④背景音乐从影视广告剪辑与制作试题（公用素材）库中选择一个与主题相符的音乐文件进行剪辑，要求声音与画面同步，能强化主题表达。

⑤视频尺寸大小：720px×576px。

作品保存：

①提交After Effects的.aep源文件或Premiere的.prproj源文件和.avi格式的输出文件。

②文件保存路径（网络共享文件夹中）：广告设计与制作专业技能考核\××××考场\工位号\。

所附素材：见二维码。

（2）考核时量。

120分钟。

试题编号：H2-14

根据所提供素材，以"你好，色彩"为主题，为"佳能·伊克萨斯相机"系列产品完成一段时长为15秒的产品影视广告。

（1）任务描述。

任务内容：

①创意新颖，内容完整，主题突出。

②素材中提供的品牌标志图片为必用素材，其他的素材可根据设计需要选择应用。

③视频特效运用恰当，对所提供的视频文件要进行画面剪辑处理，剪辑的单个镜头时长不少于2秒，且镜头数量不少于3个。

④背景音乐从影视广告剪辑与制作试题（公用素材）库中选择一个与主题相符的音乐文件进行剪辑，要求声音与画面同步，能强化主题表达。

⑤视频尺寸大小：720px×576px。

作品保存：

①提交After Effects的.aep源文件或Premiere的.prproj源文件和.avi格式的输出文件。

②文件保存路径（网络共享文件夹中）：广告设计与制作专业技能考核\××××考场\工位号\。

所附素材：见二维码。

（2）考核时量。

120分钟。

试题编号：H2-15

根据所提供素材，以"精致生活，曲美空间！"为主题，为"曲美家具"完成一段时长为15秒的产品影视广告。

（1）任务描述。

任务内容：

①创意新颖，内容完整，主题突出。

②素材中提供的品牌标志图片为必用素材，其他的素材可根据设计需要选择应用。

③视频特效运用恰当，对所提供的视频文件要进行画面剪辑处理，剪辑的单个镜头时长不少于2秒，且镜头数量不少于3个。

④背景音乐从影视广告剪辑与制作试题（公用素材）库中选择一个与主题相符的音乐文件进行剪辑，要求声音与画面同步，能强化主题表达。

⑤视频尺寸大小：720px×576px。

作品保存：

①提交After Effects的.aep源文件或Premiere的.prproj源文件和.avi格式的输出文件。

②文件保存路径（网络共享文件夹中）：广告设计与制作专业技能考核\××××考场\工位号\。

所附素材：见二维码。

（2）考核时量。

120分钟。

试题编号：H2-16

根据提供的素材，以"创意感动生活"为主题，为"TCL王牌电视机"完成一段时长为15秒的产品影视广告。

（1）任务描述。

任务内容：

①创意新颖，内容完整，主题突出。

②素材中提供的品牌标志图片为必用素材，其他的素材可根据设计需要选择应用。

③视频特效运用恰当，对所提供的视频文件要进行画面剪辑处理，剪辑的单个镜头时长不少于2秒，且镜头数量不少于3个。

④背景音乐从影视广告剪辑与制作试题（公用素材）库中选择一个与主题相符的音乐文件进行剪辑，要求声音与画面同步，能强化主题表达。

⑤视频尺寸大小：720px×576px。

作品保存：

①提交After Effects的.aep源文件或Premiere的.prproj源文件和.avi格式的输出文件。

②文件保存路径（网络共享文件夹中）：广告设计与制作专业技能考核\××××考场\工位号\。

所附素材：见二维码。

（2）考核时量。

120分钟。

试题编号：H2-17

根据提供的素材，以"立马当先"为主题，为"上海立马电动车"完成一段时长为15秒的产品影视广告。

（1）任务描述。

任务内容：

①创意新颖，内容完整，主题突出。

②素材中提供的品牌标志图片为必用素材，其他的素材可根据设计需要选择应用。

③视频特效运用恰当，对所提供的视频文件要进行画面剪辑处理，剪辑的单个镜头时长不少于2秒，且镜头数量不少于3个。

④背景音乐从影视广告剪辑与制作试题（公用素材）库中选择一个与主题相符的音乐文件进行剪辑，要求声音与画面同步，能强化主题表达。

⑤视频尺寸大小：720px×576px。

作品保存：

①提交After Effects的.aep源文件或Premiere的.prproj源文件和.avi格式的输出文件。

②文件保存路径（网络共享文件夹中）：广告设计与制作专业技能考核\××××考场\工位号\。

所附素材：见二维码。

（2）考核时量。

120分钟。

试题编号：H2-18

根据提供的素材，以"美的空调，美的享受"为主题，为"美的空调"完成一段时长为15秒的产品影视广告。

（1）任务描述。

任务内容：

①创意新颖，内容完整，主题突出。

②素材中提供的品牌标志图片为必用素材，其他的素材可根据设计需要选择应用。

③视频特效运用恰当，对所提供的视频文件要进行画面剪辑处理，剪辑的单个镜头时长不少于2秒，且镜头数量不少于3个。

④背景音乐从影视广告剪辑与制作试题（公用素材）库中选择一个与主题相符的音乐文件进行剪辑，要求声音与画面同步，能强化主题表达。

⑤视频尺寸大小：720px×576px。

作品保存：

①提交After Effects的.aep源文件或Premiere的.prproj源文件和.avi格式的输出文件。

②文件保存路径（网络共享文件夹中）：广告设计与制作专业技能考核\××××考场\工位号\。

所附素材：见二维码。

（2）考核时量。

120分钟。

试题编号：H2-19

根据提供的素材，以"成就，我智造"为题，为"诺基亚E7"完成一段时长为15秒的产品影视广告。

（1）任务描述。

任务内容：

①创意新颖，内容完整，主题突出。

②素材中提供的品牌标志图片为必用素材，其他的素材可根据设计需要选择应用。

③视频特效运用恰当，对所提供的视频文件要进行画面剪辑处理，剪辑的单个镜头时长不少于2秒，且镜头数量不少于3个。

④背景音乐从影视广告剪辑与制作试题（公用素材）库中选择一个与主题相符的音乐文件进行剪辑，要求声音与画面同步，能强化主题表达。

⑤视频尺寸大小：720px×576px。

作品保存：

①提交After Effects的.aep源文件或Premiere的.prproj源文件和.avi格式的输出文件。

②文件保存路径（网络共享文件夹中）：广告设计与制作专业技能考核\××××考场\工位号\。

所附素材：见二维码。

（2）考核时量。

120分钟。

试题编号：H2-20

根据提供的素材，以"数码单反相机的王者"为题，为"佳能EOS-5D"完成一段时长为15秒的产品影视广告。

（1）任务描述。

任务内容：

①创意新颖，内容完整，主题突出。

②素材中提供的品牌标志图片为必用素材，其他的素材可根据设计需要选择应用。

③视频特效运用恰当，对所提供的视频文件要进行画面剪辑处理，剪辑的单个镜头时长不少于2秒，且镜头数量不少于3个。

④背景音乐从影视广告剪辑与制作试题（公用素材）库中选择一个与主题相符的音乐文件进行剪辑，要求声音与画面同步，能强化主题表达。

⑤视频尺寸大小：720px×576px。

作品保存：

①提交After Effects的.aep源文件或Premiere的.prproj源文件和.avi格式的输出文件。

②文件保存路径（网络共享文件夹中）：广告设计与制作专业技能考核\××××考场\工位号\。

所附素材：见二维码。

（2）考核时量。

120分钟。

试题编号：H2-21

根据提供的素材，以"探索、想象"为题，为"OPPO Find"系列产品完成一段时长为15秒的产品影视广告。

（1）任务描述。

任务内容：

①创意新颖，内容完整，主题突出。

②素材中提供的品牌标志图片为必用素材，其他的素材可根据设计需要选择应用。

③视频特效运用恰当，对所提供的视频文件要进行画面剪辑处理，剪辑的单个镜头时长不少于2秒，且镜头数量不少于3个。

④背景音乐从影视广告剪辑与制作试题（公用素材）库中选择一个与主题相符的音乐文件进行剪辑，要求声音与画面同步，能强化主题表达。

⑤视频尺寸大小：720px×576px。

作品保存：

①提交After Effects的.aep源文件或Premiere的.prproj源文件和.avi格式的输出文件。

②文件保存路径（网络共享文件夹中）：广告设计与制作专业技能考核\××××考场\工位号\。

所附素材：见二维码。

（2）考核时量。

120分钟。

试题编号：H2-22

根据提供的素材，以"豪华轿车，新的标杆"为题，为"大众辉腾"完成一段时长为15秒的产品影视广告。

（1）任务描述。

任务内容：

①创意新颖，内容完整，主题突出。

②素材中提供的品牌标志图片为必用素材，其他的素材可根据设计需要选择应用。

③视频特效运用恰当，对所提供的视频文件要进行画面剪辑处理，剪辑的单个镜头时长不少于2秒，且镜头数量不少于3个。

④背景音乐从影视广告剪辑与制作试题（公用素材）库中选择一个与主题相符的音乐文件进行剪辑，要求声音与画面同步，能强化主题表达。

⑤视频尺寸大小：720px×576px。

作品保存：

①提交After Effects的.aep源文件或Premiere的.prproj源文件和.avi格式的输出文件。

②文件保存路径（网络共享文件夹中）：广告设计与制作专业技能考核\××××考场\工位号\。

所附素材：见二维码。

（2）考核时量。

120分钟。

试题编号：H2-23

根据提供的素材，以"iPhone新功能展示"为题，为"iPhone 4S手机"完成一段时长为15秒的产品影视广告。

（1）任务描述。

任务内容：

①创意新颖，内容完整，主题突出。

②素材中提供的品牌标志图片为必用素材，其他的素材可根据设计需要选择应用。

③视频特效运用恰当，对所提供的视频文件要进行画面剪辑处理，剪辑的单个镜头时长不少于2秒，且镜头数量不少于3个。

④背景音乐从影视广告剪辑与制作试题（公用素材）库中选择一个与主题相符的音乐文件进行剪辑，要求声音与画面同步，能强化主题表达。

⑤视频尺寸大小：720px×576px。

作品保存：

①提交After Effects的.aep源文件或Premiere的.prproj源文件和.avi格式的输出文件。

②文件保存路径（网络共享文件夹中）：广告设计与制作专业技能考核\××××考场\工位号\。

所附素材：见二维码。

（2）考核时量。

120分钟。

试题编号：H2-24

根据提供的素材，以"不断创造新高度"为题，为"索尼A系列数码单反相机"完成一段时长为15秒的产品影视广告。

（1）任务描述。

任务内容：

①创意新颖，内容完整，主题突出。

②素材中提供的品牌标志图片为必用素材，其他的素材可根据设计需要选择应用。

③视频特效运用恰当，对所提供的视频文件要进行画面剪辑处理，剪辑的单个镜头时长不少于2秒，且镜头数量不少于3个。

④背景音乐从影视广告剪辑与制作试题（公用素材）库中选择一个与主题相符的音乐文件进行剪辑，要求声音与画面同步，能强化主题表达。

⑤视频尺寸大小：720px×576px。

作品保存：

①提交After Effects的.aep源文件或Premiere的.prproj源文件和.avi格式的输出文件。

②文件保存路径（网络共享文件夹中）：广告设计与制作专业技能考核\××××考场\工位号\。

所附素材：见二维码。

（2）考核时量。

120分钟。

试题编号：H2-25

根据提供的素材，以"潮流也有伟大之处"为题，为"路易·威登（Louis Vuitton）"系列皮包完成一段时长为15秒的产品影视广告。

（1）任务描述。

任务内容：

①创意新颖，内容完整，主题突出。

②素材中提供的品牌标志图片为必用素材，其他的素材可根据设计需要选择应用。

③视频特效运用恰当，对所提供的视频文件要进行画面剪辑处理，剪辑的单个镜头时长不少于2秒，且镜头数量不少于3个。

④背景音乐从影视广告剪辑与制作试题（公用素材）库中选择一个与主题相符的音乐文件进行剪辑，要求声音与画面同步，能强化主题表达。

⑤视频尺寸大小：720px×576px。

作品保存：

①提交After Effects的.aep源文件或Premiere的.prproj源文件和.avi格式的输出文件。

②文件保存路径（网络共享文件夹中）：广告设计与制作专业技能考核\××××考场\工位号\。

所附素材：见二维码。

（2）考核时量。

120分钟。

试题编号：H2-26

根据提供的素材，以"最轻最快的球靴"为题，为"耐克·刺客足球战靴"完成一段时长为15秒的产品影视广告。

（1）任务描述。

任务内容：

①创意新颖，内容完整，主题突出。

②素材中提供的品牌标志图片为必用素材，其他的素材可根据设计需要选择应用。

③视频特效运用恰当，对所提供的视频文件要进行画面剪辑处理，剪辑的单个镜头时长不少于2秒，且镜头数量不少于3个。

④背景音乐从影视广告剪辑与制作试题（公用素材）库中选择一个与主题相符的音乐文件进行剪辑，要求声音与画面同步，能强化主题表达。

⑤视频尺寸大小：720px × 576px。

作品保存：

①提交After Effects的.aep源文件或Premiere的.prproj源文件和.avi格式的输出文件。

②文件保存路径（网络共享文件夹中）：广告设计与制作专业技能考核\××××考场\工位号\。

所附素材：见二维码。

（2）考核时量。

120分钟。

试题编号：H2-27

根据提供的素材，以"让美丽加分"为题，为"白兰氏馥莓饮品"完成一段时长为15秒的产品影视广告。

（1）任务描述。

任务内容：

①创意新颖，内容完整，主题突出。

②素材中提供的品牌标志图片为必用素材，其他的素材可根据设计需要选择应用。

③视频特效运用恰当，对所提供的视频文件要进行画面剪辑处理，剪辑的单个镜头时长不少于2秒，且镜头数量不少于3个。

④背景音乐从影视广告剪辑与制作试题（公用素材）库中选择一个与主题相符的音乐文件进行剪辑，要求声音与画面同步,能强化主题表达。

⑤视频尺寸大小：720px × 576px。

作品保存：

①提交After Effects的.aep源文件或Premiere的.prproj源文件和.avi格式的输出文件。

②文件保存路径（网络共享文件夹中）：广告设计与制作专业技能考核\××××考场\工位号\。

所附素材：见二维码。

（2）考核时量。

120分钟。

试题编号：H2-28

根据提供的素材，以"无限能量，给你双翼"为题，为"红牛（Red Bull）能量饮料"完成一段时长为15秒的产品影视广告。

（1）任务描述。

任务内容：

①创意新颖，内容完整，主题突出。

②素材中提供的品牌标志图片为必用素材，其他的素材可根据设计需要选择应用。

③视频特效运用恰当，对所提供的视频文件要进行画面剪辑处理，剪辑的单个镜头时长不少于2秒，且镜头数量不少于3个。

④背景音乐从影视广告剪辑与制作试题（公用素材）库中选择一个与主题相符的音乐文件进行剪辑，要求声音与画面同步,能强化主题表达。

⑤视频尺寸大小：720px×576px。

作品保存：

①提交After Effects的.aep源文件或Premiere的.prproj源文件和.avi格式的输出文件。

②文件保存路径（网络共享文件夹中）：广告设计与制作专业技能考核\××××考场\工位号\。

所附素材：见二维码。

（2）考核时量。

120分钟。

试题编号：H2-29

根据提供的素材，以"梦想中的渴望"为题，为"宝马M5跑车"完成一段时长为15秒的产品影视广告。

（1）任务描述。

任务内容：

①创意新颖，内容完整，主题突出。

②素材中提供的品牌标志图片为必用素材，其他的素材可根据设计需要选择应用。

③视频特效运用恰当，对所提供的视频文件要进行画面剪辑处理，剪辑的单个镜头时长不少于2秒，且镜头数量不少于3个。

④背景音乐从影视广告剪辑与制作试题（公用素材）库中选择一个与主题相符的音乐文件进行剪辑，要求声音与画面同步,能强化主题表达。

⑤视频尺寸大小：720px×576px。

作品保存：

①提交After Effects的.aep源文件或Premiere的.prproj源文件和.avi格式的输出文件。

②文件保存路径（网络共享文件夹中）：广告设计与制作专业技能考核\××××考场\工位号\。

所附素材：见二维码。

（2）考核时量。

120分钟。

试题编号：H2-30

根据提供的素材，以"梦想中的性感"为题，为"香奈儿COCO女士香水"完成一段时长为15秒的产品影视广告。

（1）任务描述。

任务内容：

①创意新颖，内容完整，主题突出。

②素材中提供的品牌标志图片为必用素材，其他的素材可根据设计需要选择应用。

③视频特效运用恰当，对所提供的视频文件要进行画面剪辑处理，剪辑的单个镜头时长不少于2秒，且镜头数量不少于3个。

④背景音乐从影视广告剪辑与制作试题（公用素材）库中选择一个与主题相符的音乐文件进行剪辑，要求声音与画面同步，能强化主题表达。

⑤视频尺寸大小为：720px×576px。

作品保存：

①提交After Effects的.aep源文件或Premiere的.prproj源文件和.avi格式的输出文件。

②文件保存路径（网络共享文件夹中）：广告设计与制作专业技能考核\××××考场\工位号\。

所附素材：见二维码。

（2）考核时量。

120分钟。

试题编号：H2-31

利用提供的素材，以"世界动物日(World Animal Day)"为主题，完成一段时长为15秒的影视广告。

（1）任务描述。

任务内容：

①创意新颖，内容完整，主题突出。

②素材中提供的素材可根据设计需要选择应用。

③视频特效运用恰当，对所提供的视频文件要进行画面剪辑处理，剪辑的单个镜头时长不少于2秒，且镜头数量不少于3个。

④背景音乐从影视广告剪辑与制作试题（公用素材）库中选择一个与主题相符的音乐文件进行剪辑，要求声音与画面同步，能强化主题表达。

⑤视频尺寸大小：720px×576px。

作品保存：

①提交After Effects的.aep源文件或Premiere的.prproj源文件和.avi格式的输出文件。

②文件保存路径（网络共享文件夹中）：广告设计与制作专业技能考核\××××考场\工位号\。

所附素材：见二维码。

（2）考核时量。

120分钟。

试题编号：H2-32

根据提供的素材，为"我有我童年"栏目完成一段15秒的影视广告。

（1）任务描述。

任务内容：

①创意新颖，内容完整，主题突出。

②素材中提供的品牌标志图片为必用素材，其他的素材可根据设计需要选择应用。

③视频特效运用恰当，对所提供的视频文件要进行画面剪辑处理，剪辑的单个镜头时长不少于2秒，且镜头数量不少于3个。

④背景音乐从影视广告剪辑与制作试题（公用素材）库中选择一个与主题相符的音乐文件进行剪辑，要求声音与画面同步，能强化主题表达。

⑤视频尺寸大小：720px×576px。

作品保存：

①提交After Effects的.aep源文件或Premiere的.prproj源文件和.avi格式的输出文件。

②文件保存路径（网络共享文件夹中）：广告设计与制作专业技能考核\××××考场\工位号\。

所附素材：见二维码。

（2）考核时量。

120分钟。

试题编号：H2-33

根据提供的素材，为长沙女性频道"城市与女人"栏目完成一段15秒的影视广告。

（1）任务描述。

任务内容：

①创意新颖，内容完整，主题突出。

②素材中提供的品牌标志图片为必用素材，其他的素材可根据设计需要选择应用。

③视频特效运用恰当，对所提供的视频文件要进行画面剪辑处理，剪辑的单个镜头时长不少于2秒，且镜头数量不少于3个。

④背景音乐从影视广告剪辑与制作试题（公用素材）库中选择一个与主题相符的音乐文件进行剪辑，要求声音与画面同步，能强化主题表达。

⑤视频尺寸大小：720px×576px。

作品保存：

①提交After Effects的.aep源文件或Premiere的.prproj源文件和.avi格式的输出文件。

②文件保存路径（网络共享文件夹中）：广告设计与制作专业技能考核\××××考场\工位号\。

所附素材：见二维码。

（2）考核时量。

120分钟。

试题编号：H2-34

根据提供的素材，为"武林风"栏目完成一段15秒的影视广告。

（1）任务描述。

任务内容：

①创意新颖，内容完整，主题突出。

②素材中提供的品牌标志图片为必用素材，其他的素材可根据设计需要选择应用。

③视频特效运用恰当，对所提供的视频文件要进行画面剪辑处理，剪辑的单个镜头时长不少于2秒，且镜头数量不少于3个。

④背景音乐从影视广告剪辑与制作试题（公用素材）库中选择一个与主题相符的音乐文件进行剪辑，要求声音与画面同步，能强化主题表达。

⑤视频尺寸大小：720px×576px。

作品保存：

①提交After Effects的.aep源文件或Premiere的.prproj源文件和.avi格式的输出文件。

②文件保存路径（网络共享文件夹中）：广告设计与制作专业技能考核\××××考场\工位号\。

所附素材：见二维码。

（2）考核时量。

120分钟。

试题编号：H2-35

根据提供的素材，为"天天向上"栏目完成一段时长为15秒的影视广告。

（1）任务描述。

任务内容：

①创意新颖，内容完整，主题突出。

②素材中提供的品牌标志图片为必用素材，其他的素材可根据设计需要选择应用。

③视频特效运用恰当，对所提供的视频文件要进行画面剪辑处理，剪辑的单个镜头时长不少于2秒，且镜头数量不少于3个。

④背景音乐从影视广告剪辑与制作试题（公用素材）库中选择一个与主题相符的音乐文件进行剪辑，要求声音与画面同步，能强化主题表达。

⑤视频尺寸大小：720px×576px。

作品保存：

①提交After Effects的.aep源文件或Premiere的.prproj源文件和.avi格式的输出文件。

②文件保存路径（网络共享文件夹中）：广告设计与制作专业技能考核\××××考场\工位号\。

所附素材：见二维码。

（2）考核时量。

120分钟。

试题编号：H2-36

根据提供的素材，为"非诚勿扰"栏目完成一段时长为15秒的影视广告。

（1）任务描述。

任务内容：

①创意新颖，内容完整，主题突出。

②素材中提供的品牌标志图片为必用素材，其他的素材可根据设计需要选择应用。

③视频特效运用恰当，对所提供的视频文件要进行画面剪辑处理，剪辑的单个镜头时长不少于2秒，且镜头数量不少于3个。

④背景音乐从影视广告剪辑与制作试题（公用素材）库中选择一个与主题相符的音乐文件进行剪辑，要求声音与画面同步，能强化主题表达。

⑤视频尺寸大小：720px×576px。

作品保存：

①提交After Effects的.aep源文件或Premiere的.prproj源文件和.avi格式的输出文件。

②文件保存路径（网络共享文件夹中）：广告设计与制作专业技能考核\××××考场\工位号\。

所附素材：见二维码。

（2）考核时量。

120分钟。

试题编号：H2-37

根据提供的素材，为湖南卫视"全力以赴"栏目完成一段时长为15秒的影视广告。

（1）任务描述。

任务内容：

①创意新颖，内容完整，主题突出。

②素材中提供的品牌标志图片为必用素材，其他的素材可根据设计需要选择应用。

③视频特效运用恰当，对所提供的视频文件要进行画面剪辑处理，剪辑的单个镜头时长不少于2秒，且镜头数量不少于3个。

④背景音乐从影视广告剪辑与制作试题（公用素材）库中选择一个与主题相符的音乐文件进行剪辑，要求声音与画面同步，能强化主题表达。

⑤视频尺寸大小：720px×576px。

作品保存：

①提交After Effects的.aep源文件或Premiere的.prproj源文件和.avi格式的输出文件。

②文件保存路径（网络共享文件夹中）：广告设计与制作专业技能考核\××××考场\工位号\。

所附素材：见二维码。

（2）考核时量。

120分钟。

试题编号：H2-38

根据提供的素材和节目简介，为"婚姻保卫战"栏目完成一段时长为15秒的电视宣传广告。

（1）任务描述。

任务内容：

①创意新颖，内容完整，主题突出。

②素材中提供的品牌标志图片为必用素材，其他的素材可根据设计需要选择应用。

③视频特效运用恰当，对所提供的视频文件要进行画面剪辑处理，剪辑的单个镜头时长不少于2秒，且镜头数量不少于3个。

④背景音乐从影视广告剪辑与制作试题（公用素材）库中选择一个与主题相符的音乐文件进行剪辑，要求声音与画面同步，能强化主题表达。

⑤视频尺寸大小：720px×576px。

作品保存：

①提交After Effects的.aep源文件或Premiere的.prproj源文件和.avi格式的输出文件。

②文件保存路径（网络共享文件夹中）：广告设计与制作专业技能考核\××××考场\工位号\。

所附素材：见二维码。

（2）考核时量。

120分钟。

试题编号：H2-39

根据提供的素材和节目简介，为"爽食行天下"栏目完成一段时长为15秒的电视宣传广告。

（1）任务描述。

任务内容：

①创意新颖，内容完整，主题突出。

②素材中提供的品牌标志图片为必用素材，其他的素材可根据设计需要选择应用。

③视频特效运用恰当，对所提供的视频文件要进行画面剪辑处理，剪辑的单个镜头时长不少于2秒，且镜头数量不少于3个。

④背景音乐从影视广告剪辑与制作试题（公用素材）库中选择一个与主题相符的音乐文件进行剪辑，要求声音与画面同步，能强化主题表达。

⑤视频尺寸大小：720px×576px。

作品保存：

①提交After Effects的.aep源文件或Premiere的.prproj源文件和.avi格式的输出文件。

②文件保存路径（网络共享文件夹中）：广告设计与制作专业技能考核\××××考场\工位号\。

所附素材：见二维码。

（2）考核时量。

120分钟。

试题编号：H2-40

根据提供的素材和节目简介，为"真爱无敌"栏目完成一段时长为15秒的电视宣传广告。

（1）任务描述。

任务内容：

①创意新颖，内容完整，主题突出。

②素材中提供的品牌标志图片为必用素材，其他的素材可根据设计需要选择应用。

③视频特效运用恰当，对所提供的视频文件要进行画面剪辑处理，剪辑的单个镜头时长不少于2秒，且镜头数量不少于3个。

④背景音乐从影视广告剪辑与制作试题（公用素材）库中选择一个与主题相符的音乐文件进行剪辑，要求声音与画面同步，能强化主题表达。

⑤视频尺寸大小：720px×576px。

作品保存：

①提交After Effects的.aep源文件或Premiere的.prproj源文件和.avi格式的输出文件。

②文件保存路径（网络共享文件夹中）：广告设计与制作专业技能考核\××××考场\工位号\。

所附素材：见二维码。

（2）考核时量。

120分钟。

试题编号：H2-41

根据提供的素材和节目简介，为"梦立方"栏目完成一段时长为15秒的电视宣传广告。

（1）任务描述。

任务内容：

①创意新颖，内容完整，主题突出。

②素材中提供的品牌标志图片为必用素材，其他的素材可根据设计需要选择应用。

③视频特效运用恰当，对所提供的视频文件要进行画面剪辑处理，剪辑的单个镜头时长不少于2秒，且镜头数量不少于3个。

④背景音乐从影视广告剪辑与制作试题（公用素材）库中选择一个与主题相符的音乐文件进行剪辑，要求声音与画面同步，能强化主题表达。

⑤视频尺寸大小：720px×576px。

作品保存：

①提交After Effects的.aep源文件或Premiere的.prproj源文件和.avi格式的输出文件。

②文件保存路径（网络共享文件夹中）：广告设计与制作专业技能考核\××××考场\工位号\。

所附素材：见二维码。

（2）考核时量。

120分钟。

试题编号：H2-42

根据提供的素材，以"我是我主宰，VIVO智能手机！"为题，完成一段时长为15秒的产品影视广告。

（1）任务描述。

任务内容：

①创意新颖，内容完整，主题突出。

②素材中提供的品牌标志图片为必用素材，其他的素材可根据设计需要选择应用。

③视频特效运用恰当，对所提供的视频文件要进行画面剪辑处理，剪辑的单个镜头时长不少于2秒，且镜头数量不少于3个。

④背景音乐从影视广告剪辑与制作试题（公用素材）库中选择一个与主题相符的音乐文件进行剪辑，要求声音与画面同步，能强化主题表达。

⑤视频尺寸大小：720px×576px。

作品保存：

①提交After Effects的.aep源文件或Premiere的.prproj源文件和.avi格式的输出文件。

②文件保存路径（网络共享文件夹中）：广告设计与制作专业技能考核\××××考场\工位号\。

所附素材：见二维码。

（2）考核时量。

120分钟。

试题编号：H2-43

根据提供的素材，以"快乐传播"为主题，为湖南卫视"天声一队"栏目完成一段时长为15秒的电视宣传广告。

（1）任务描述。

任务内容：

①创意新颖，内容完整，主题突出。

②素材中提供的品牌标志图片为必用素材，其他的素材可根据设计需要选择应用。

③视频特效运用恰当，对所提供的视频文件要进行画面剪辑处理，剪辑的单个镜头时长不少于2秒，且镜头数量不少于3个。

④背景音乐从影视广告剪辑与制作试题（公用素材）库中选择一个与主题相符的音乐文件进行剪辑，要求声音与画面同步，能强化主题表达。

⑤视频尺寸大小：720px×576px。

作品保存：

①提交After Effects的.aep源文件或Premiere的.prproj源文件和.avi格式的输出文件。

②文件保存路径（网络共享文件夹中）：广告设计与制作专业技能考核\××××考场\工位号\。

所附素材：见二维码。

（2）考核时量。

120分钟。

试题编号：H2-44

根据所提供的素材，以 "Discovery之最" 为主题，为"探索频道（Discovery Channel）"完成一段时长为15秒的电视宣传广告。

（1）任务描述。

任务内容：

①创意新颖，内容完整，主题突出。

②素材中提供的品牌标志图片为必用素材，其他的素材可根据设计需要选择应用。

③视频特效运用恰当，对所提供的视频文件要进行画面剪辑处理，剪辑的单个镜头时长不少于2秒，且镜头数量不少于3个。

④背景音乐从影视广告剪辑与制作试题（公用素材）库中选择一个与主题相符的音乐文件进行剪辑，要求声音与画面同步，能强化主题表达。

⑤视频尺寸大小：720px×576px。

作品保存：

①提交After Effects的.aep源文件或Premiere的.prproj源文件和.avi格式的输出文件。

②文件保存路径（网络共享文件夹中）：广告设计与制作专业技能考核\××××考场\工位号\。

所附素材：见二维码。

（2）考核时量

120分钟。

试题编号：H2-45

根据所提供的素材，以"用心记录"为主题，为"CCTV-9纪录频道"完成一段时长为15秒的电视宣传广告。

（1）任务描述。

任务内容：

①创意新颖，内容完整，主题突出。

②素材中提供的品牌标志图片为必用素材，其他的素材可根据设计需要选择应用。

③视频特效运用恰当，对所提供的视频文件要进行画面剪辑处理，剪辑的单个镜头时长不少于2秒，且镜头数量不少于3个。

④背景音乐从影视广告剪辑与制作试题（公用素材）库中选择一个与主题相符的音乐文件进行剪辑，要求声音与画面同步，能强化主题表达。

⑤视频尺寸大小：720px×576px。

作品保存：

①提交After Effects的.aep源文件或Premiere的.prproj源文件和.avi格式的输出文件。

②文件保存路径（网络共享文件夹中）：广告设计与制作专业技能考核\××××考场\工位号\。

所附素材：见二维码。

（2）考核时量。

120分钟。

试题编号：H2-46

根据所提供的素材，以"这里是北京"为主题，为"BTV公共频道"栏目完成一段时长为15秒的电视宣传广告。

（1）任务描述。

任务内容：

①创意新颖，内容完整，主题突出。

②素材中提供的品牌标志图片为必用素材，其他的素材可根据设计需要选择应用。

③视频特效运用恰当，对所提供的视频文件要进行画面剪辑处理，剪辑的单个镜头时长不少于2秒，且镜头数量不少于3个。

④背景音乐从影视广告剪辑与制作试题（公用素材）库中选择一个与主题相符的音乐文件进行剪辑，要求声音与画面同步，能强化主题表达。

⑤视频尺寸大小：720px×576px。

作品保存：

①提交After Effects的.aep源文件或Premiere的.prproj源文件和.avi格式的输出文件。

②文件保存路径（网络共享文件夹中）：广告设计与制作专业技能考核\××××考场\工位号\。

所附素材：见二维码。

（2）考核时量。

120分钟。

试题编号：H2-47

根据所提供的素材，以"快乐钓鱼"为主题，为"快乐垂钓"栏目完成一段时长为15秒的电视宣传广告。

（1）任务描述。

任务内容：

①创意新颖，内容完整，主题突出。

②素材中提供的品牌标志图片为必用素材，其他的素材可根据设计需要选择应用。

③视频特效运用恰当，对所提供的视频文件要进行画面剪辑处理，剪辑的单个镜头时长不少于2秒，且镜头数量不少于3个。

④背景音乐从影视广告剪辑与制作试题（公用素材）库中选择一个与主题相符的音乐文件进行剪辑，要求声音与画面同步，能强化主题表达。

⑤视频尺寸大小：720px×576px。

作品保存：

①提交After Effects的.aep源文件或Premiere的.prproj源文件和.avi格式的输出文件。

②文件保存路径（网络共享文件夹中）：广告设计与制作专业技能考核\××××考场\工位号\。

所附素材：见二维码。

（2）考核时量。

120分钟。

试题编号：H2-48

根据所提供的素材，以"最贴近百姓生活的频道"为主题，完成一段时长为15的秒电视宣传广告。

（1）任务描述。

任务内容：

①创意新颖，内容完整，主题突出。

②素材中提供的品牌标志图片为必用素材，其他的素材可根据设计需要选择应用。

③视频特效运用恰当，对所提供的视频文件要进行画面剪辑处理，剪辑的单个镜头时长不少于2秒，且镜头数量不少于3个。

④背景音乐从影视广告剪辑与制作试题（公用素材）库中选择一个与主题相符的音乐文件进行剪辑，要求声音与画面同步，能强化主题表达。

⑤视频尺寸大小：720px×576px。

作品保存：

①提交After Effects的.aep源文件或Premiere的.prproj源文件和.avi格式的输出文件。

②文件保存路径（网络共享文件夹中）：广告设计与制作专业技能考核\××××考场\工位号\。

所附素材：见二维码。

（2）考核时量。

120分钟。

试题编号：H2-49

根据提供的素材，以"珍爱生命，永不放弃"为主题，为"LOVE·LIFE"完成一段时长为15秒的影视广告。

（1）任务描述。

任务内容：

①创意新颖，内容完整，主题突出。

②素材库的素材可根据设计需要加以利用，对所提供的视频文件要进行画面剪辑处理，特效运用恰当。剪辑的单个镜头时长不少于2秒，且镜头数量不少于3个。

③背景音乐从影视广告剪辑与制作试题（公用素材）库中选择一个与主题相符的音乐文件进行剪辑，要求声音与画面同步，能强化主题表达。

④视频尺寸大小：720px×576px。

作品保存：

①提交After Effects的.aep源文件或Premiere的.prproj源文件和.avi格式的输出文件。

②文件保存路径（网络共享文件夹中）：广告设计与制作专业技能考核\××××考场\工位号\。

所附素材：见二维码。

（2）考核时量。

120分钟。

试题编号：H2-50

根据所提供的素材，以"世界海洋日"为主题，以"珍惜海洋，关爱海洋"为广告词，完成一段时长为15秒的公益类影视广告。

（1）任务描述。

任务内容：

①创意新颖，内容完整，主题突出。

②素材库的素材可根据设计需要加以利用，对所提供的视频文件要进行画面剪辑处理，特效运用恰当。剪辑的单个镜头时长不少于2秒，且镜头数量不少于3个。

③背景音乐从影视广告剪辑与制作试题（公用素材）库中选择一个与主题相符的音乐文件进行剪辑，要求声音与画面同步，能强化主题表达。

④视频尺寸大小：720px×576px。

作品保存：

①提交After Effects的.aep源文件或Premiere的.prproj源文件和.avi格式的输出文件。

②文件保存路径（网络共享文件夹中）：广告设计与制作专业技能考核\×××考场\工位号\。

所附素材：见二维码。

（2）考核时量。

120分钟。

（三） 模块三 网络广告设计与制作

1.考核评价标准（表2-13）

表2-13 网络广告设计与制作考核评分细则

评价内容		配分	评分标准	
职业素养（10分）	专业素质	4分	按考试要求进行创作，不抄袭他人作品，创作内容积极向上	4分
	文明素质	6分	1.举止文明，遵守考场纪律	2分
			2.按照考试要求，正确填写个人信息并提交试卷	2分
			3.卷面干净、整洁	2分
工作任务（90分）	创意构思	25分	1.创意新颖，主题信息传达准确，联想自然生动	22～25分
			2.创意平淡，主题信息传达模糊，联想生硬	15～21分
			3.创意平淡，主题信息传达有缺失，缺乏想象	0～14分
	要素表现	35分	1.素材运用恰当，设计要素的编排主次分明，突出主题，网络动画制作流畅	30～35分
			2.素材运用恰当，设计要素编排合理，网络动画制作生硬	21～29分
			3.素材运用不恰当，设计要素编排混乱，网络动画制作出现错误（如：断帧、跳帧等）	0～20分
	视听效果	20分	1.视觉效果流畅，符合网络用户浏览习惯，音效表现合理，能够强化主题，有特色	17～20分
			2.视觉效果一般，符合网络用户浏览习惯，无音效	12～16分
			3.视觉效果不流畅，无音效	0～11分
	文件输出	10分	1.输出文件的尺寸、格式和时长均符合考试要求	10分
			2.输出文件的尺寸、格式和时长其中有一项不符合考试要求	5分
			3.输出文件的尺寸、格式和时长均不符合考试要求	0分
合计			100分	
备注		出现以下任意一种情况都做不合格处理： 1.考试舞弊、作品抄袭 2.没有按要求填写考生信息 3.未按考试要求保存文件 4.标题有错别字 5.绘制恶俗、低俗网络广告设计作品		

2. 考场实施条件（表2-14）

表2-14　网络广告设计与制作考核考场基本实施条件

项目	基本实施条件	备注
场地	每个考场配置40个操作台面和座位，每个考场照明通风良好	考场必备
设备	每个考场配一台服务器、40台电脑，并开通考场局域网 电脑配置要求： 1.Intel 酷睿 i7 4.2GHz 以上处理器 2.8GB 以上内存 3.1TB 以上硬盘 4. 显示屏达到 1920×1080 像素，显存达到 2GB 以上，位宽 128 位以上 5.Microsoft Windows Driver Model 兼容声卡	考场必备
软件（正版）	1.Adobe Photoshop CS5（中文版）及以上 2.Adobe flash CS6（中文版）及以上 3.3ds Max 2014（中文版）及以上 4.QuickTime 7.4.5 及以上 5.Word 2007 及以上 6. 安装方正字库一套	考场必备
应试软件运行环境	Windows® 7 操作系统（正版）	考场必备
监考人员	由教育厅组织抽调非考点院校相关专业老师担任监考人员，每 1～15 个考生配一名监考人员	考场必备

3. 考核题库

试题编号：H3-1

根据所提供素材，以"专心、专研"为主题，为"羽博移动电源"制作一幅网络广告。

（1）任务描述。

任务内容：

①标志素材为必用素材，其他素材根据需要自行选用。

②创意新颖，主题信息传达准确。

③运用网络广告制作技法进行作品表现，符合用户浏览习惯。

④根据需要选择使用音效素材。

⑤作品时长为5～10秒，尺寸为600px×400px，分辨率为72dpi。

作品保存：

①要求提交作品源文件*.fla格式和输出文件*.swf格式。

②文件保存路径（网络共享文件夹中）：广告设计与制作专业技能考核\××××考场\工位号\。

所附素材：见二维码。

（2）考核时量。

120分钟。

试题编号：H3-2

根据提供的素材，以"引领商务时尚"为主题，为"圣得西"裤装制作一幅网络广告。

（1）任务描述。

任务内容：

①标志素材为必用素材，其他素材根据需要自行选用。

②创意新颖，主题信息传达准确。

③运用网络广告制作技法进行作品表现，符合用户浏览习惯。

④根据需要选择使用音效素材。

⑤作品时长为5~10秒，尺寸为980px×500px，分辨率为72dpi。

作品保存：

①要求提交作品源文件*.fla格式和输出文件*.swf格式。

②文件保存路径（网络共享文件夹中）：广告设计与制作专业技能考核\××××考场\工位号\。

所附素材：见二维码。

（2）考核时量。

120分钟。

试题编号：H3-3

根据提供的素材，以"百年经典，百年青啤"为主题，为"青岛啤酒股份有限公司"制作一幅网络广告。

（1）任务描述。

任务内容：

①标志素材为必用素材，其他素材根据需要自行选用。

②创意新颖，表达出"时尚、青春"的主题信息。

③运用网络广告制作技法进行作品表现，符合用户浏览习惯。

④根据需要选择使用音效素材。

⑤作品时长为5~10秒，尺寸为980px×550px，分辨率为72dpi。

作品保存：

①要求提交作品源文件*.fla格式和输出文件*.swf格式。

②文件保存路径（网络共享文件夹中）：广告设计与制作专业技能考核\××××考场\工位号\。

所附素材：见二维码。

（2）考核时量。

120分钟。

试题编号：H3-4

根据提供的素材，以"头皮护理新趋势"为主题，为"海飞丝·丝源复活组合洗发水"制作一幅网络广告。

（1）任务描述。

任务内容：

①标志素材为必用素材，其他素材根据需要自行选用。

②创意新颖，主题信息传达准确。

③运用网络广告制作技法进行作品表现，符合用户浏览习惯。

④根据需要选择使用音效素材。

⑤作品时长为5～10秒，尺寸为980px×400 px，分辨率为72dpi。

作品保存：

①要求提交作品源文件*.fla格式和输出文件*.swf格式。

②文件保存路径（网络共享文件夹中）：广告设计与制作专业技能考核\××××考场\工位号\。

所附素材：见二维码。

（2）考核时量。

120分钟。

试题编号：H3-5

根据提供的素材，以"水果生'汽'了！"为主题，为"汇源果汁果乐饮料"制作一幅网络广告。

（1）任务描述。

任务内容：

①标志素材为必用素材，其他素材根据需要自行选用。

②创意新颖，主题信息传达准确。

③运用网络广告制作技法进行作品表现，符合用户浏览习惯。

④根据需要选择使用音效素材。

⑤作品时长为5～10秒，尺寸为980px×400px，分辨率为72dpi。

作品保存：

①要求提交作品源文件*.fla格式和输出文件*.swf格式。

②文件保存路径（网络共享文件夹中）：广告设计与制作专业技能考核\××××考场\工位号\。

所附素材：见二维码。

（2）考核时量。

120分钟。

试题编号：H3-6

根据提供的素材，以"金镶玉色，洞庭银针"为主题，为"君山银针茶叶"制作一幅网络广告。

（1）任务描述。

任务内容：

①标志素材为必用素材，其他素材根据需要自行选用。

②创意新颖，主题信息传达准确。

③运用网络广告制作技法进行作品表现，符合用户浏览习惯。

④根据需要选择使用音效素材。

⑤作品时长为5~10秒，尺寸为980px×400px，分辨率为72dpi。

作品保存：

①要求提交作品源文件*.fla格式和输出文件*.swf格式。

②文件保存路径（网络共享文件夹中）：广告设计与制作专业技能考核\××××考场\工位号\。

所附素材：见二维码。

（2）考核时量。

120分钟。

试题编号：H3-7

根据提供的素材，以"特步新款，抢鲜体验"为主题，为"特步运动鞋"制作一幅网络广告。

（1）任务描述。

任务内容：

①标志素材为必用素材，其他素材根据需要自行选用。

②创意新颖，主题信息传达准确。

③运用网络广告制作技法进行作品表现，符合用户浏览习惯。

④根据需要选择使用音效素材。

⑤作品时长为5~10秒，尺寸为980px×400px，分辨率为72dpi。

作品保存：

①要求提交作品源文件*.fla格式和输出文件*.swf格式。

②文件保存路径（网络共享文件夹中）：广告设计与制作专业技能考核\××××考场\工位号\。

所附素材：见二维码。

（2）考核时量。

120分钟。

试题编号：H3-8

根据提供的素材，以"你我的怡宝"为主题，为"怡宝纯净水"制作一幅网络广告。

（1）任务描述。

任务内容：

①标志素材为必用素材，其他素材根据需要自行选用。

②创意新颖，主题信息传达准确。

③运用网络广告制作技法进行作品表现，符合用户浏览习惯。

④根据需要选择使用音效素材。

⑤作品时长为5~10秒，尺寸为980px×400px，分辨率为72dpi。

作品保存：

①要求提交作品源文件*.fla格式和输出文件*.swf格式。

②文件保存路径（网络共享文件夹中）：广告设计与制作专业技能考核\××××考场\工位号\。

所附素材：见二维码。

（2）考核时量。

120分钟。

试题编号：H3-9

根据提供的素材，以"女人魅力"为主题，为"迪奥·魅惑香水"制作一幅网络广告。

（1）任务描述。

任务内容：

①标志素材为必用素材，其他素材根据需要自行选用。

②创意新颖，主题信息传达准确。

③运用网络广告制作技法进行作品表现，符合用户浏览习惯。

④根据需要选择使用音效素材。

⑤作品时长为5~10秒，尺寸为980px×400px，分辨率为72dpi。

作品保存：

①要求提交作品源文件*.fla格式和输出文件*.swf格式。

②文件保存路径（网络共享文件夹中）：广告设计与制作专业技能考核\××××考场\工位号\。

所附素材：见二维码。

（2）考核时量。

120分钟。

试题编号：H3-10

根据提供的素材，以"无需细品，其味自现"为主题，为"星巴克咖啡"制作一幅网络广告。

（1）任务描述。

任务内容：

①标志素材为必用素材，其他素材根据需要自行选用。

②创意新颖，主题信息传达准确。

③运用网络广告制作技法进行作品表现，符合用户浏览习惯。

④根据需要选择使用音效素材。

⑤作品时长为5~10秒，尺寸为980px×400px，分辨率为72dpi。

作品保存：

①要求提交作品源文件*.fla格式和输出文件*.swf格式。

②文件保存路径（网络共享文件夹中）：广告设计与制作专业技能考核\××××考场\工位号\。

所附素材：见二维码。

（2）考核时量。

120分钟。

试题编号：H3-11

根据提供的素材，以"驾趣·一触即发"为主题，为"大众汽车·高尔夫"制作一幅网络广告。

（1）任务描述。

任务内容：

①标志素材为必用素材，其他素材根据需要自行选用。

②创意新颖，主题信息传达准确。

③运用网络广告制作技法进行作品表现，符合用户浏览习惯。

④根据需要选择使用音效素材。

⑤作品时长为5~10秒，尺寸为980px×400px，分辨率为72dpi。

作品保存：

①要求提交作品源文件*.fla格式和输出文件*.swf格式。

②文件保存路径（网络共享文件夹中）：广告设计与制作专业技能考核\××××考场\工位号\。

所附素材：见二维码。

（2）考核时量。

120分钟。

试题编号：H3-12

根据提供的素材，以"享受时光，享受生活"为主题，为"米旗蛋糕"制作一幅网络广告。

（1）任务描述。

任务内容：

①标志素材为必用素材，其他素材根据需要自行选用。

②创意新颖，主题信息传达准确。

③运用网络广告制作技法进行作品表现，符合用户浏览习惯。

④根据需要选择使用音效素材。

⑤作品时长为5~10秒，尺寸为980px×400px，分辨率为72dpi。

作品保存：

①要求提交作品源文件*.fla格式和输出文件*.swf格式。

②文件保存路径（网络共享文件夹中）：广告设计与制作专业技能考核\××××考

场\工位号\。

所附素材：见二维码。

（2）考核时量。

120分钟。

试题编号：H3-13

根据提供的素材，以"关爱弱势群体，请伸出援手"为主题，为"世界关爱日"公益宣传制作一幅网络广告。

（1）任务描述。

任务内容：

①主题文字为必用设计元素，其他素材根据需要自行选用。

②创意新颖，主题信息传达准确。

③运用网络广告制作技法进行作品表现，符合用户浏览习惯。

④根据需要选择使用音效素材。

⑤作品时长为5~10秒，尺寸为980px×400 px，分辨率为72dpi。

作品保存：

①要求提交作品源文件*.fla格式和输出文件*.swf格式。

②文件保存路径（网络共享文件夹中）：广告设计与制作专业技能考核\××××考场\工位号\。

所附素材：见二维码。

（2）考核时量。

120分钟。

试题编号：H3-14

根据提供的素材，以"抵制毒品，参与禁毒"为主题，为"国际禁毒日"公益宣传制作一幅网络广告。

（1）任务描述。

任务内容：

①主题文字为必用设计元素，其他素材根据需要自行选用。

②创意新颖，主题信息传达准确。

③运用网络广告制作技法进行作品表现，符合用户浏览习惯。

④根据需要选择使用音效素材。

⑤作品时长为5~10秒，尺寸为980px×400px，分辨率为72dpi。

作品保存：

①要求提交作品源文件*.fla格式和输出文件*.swf格式。

②文件保存路径（网络共享文件夹中）：广告设计与制作专业技能考核\××××考场\工位号\。

所附素材：见二维码。

（2）考核时量。

120分钟。

试题编号：H3-15

根据提供的素材，以"爱惜生命之源，关'住'滴滴点点"为主题，为"节约水资源"公益宣传制作一幅网络广告。

（1）任务描述。

任务内容：

①主题文字为必用设计元素，其他素材根据需要自行选用。

②创意新颖，主题信息传达准确。

③运用网络广告制作技法进行作品表现，符合用户浏览习惯。

④根据需要选择使用音效素材。

⑤作品时长为5~10秒，尺寸为980px×400px，分辨率为72dpi。

作品保存：

①要求提交作品源文件*.fla格式和输出文件*.swf格式。

②文件保存路径（网络共享文件夹中）：广告设计与制作专业技能考核\××××考场\工位号\。

所附素材：见二维码。

（2）考核时量。

120分钟。

试题编号：H3-16

根据提供的素材，以"追求卓越，共创辉煌"为主题，为"上海立马电动车"制作一幅网络广告。

（1）任务描述。

任务内容：

①标志素材为必用素材，其他素材根据需要自行选用。

②创意新颖，主题信息传达准确。

③运用网络广告制作技法进行作品表现，符合用户浏览习惯。

④根据需要选择使用音效素材。

⑤作品时长为5~10秒，尺寸为980px×400px，分辨率为72dpi。

作品保存：

①要求提交作品源文件*.fla格式和输出文件*.swf格式。

②文件保存路径（网络共享文件夹中）：广告设计与制作专业技能考核\××××考场\工位号\。

所附素材：见二维码。

（2）考核时量。

120分钟。

试题编号：H3-17

根据提供的素材，以"美的空调，美的享受"为题，为"美的空调"制作一幅网络广告。

（1）任务描述。

任务内容：

①标志素材为必用素材，其他素材根据需要自行选用。

②创意新颖，主题信息传达准确。

③运用网络广告制作技法进行作品表现，符合用户浏览习惯。

④根据需要选择使用音效素材。

⑤作品时长为5~10秒，尺寸为980px×400px，分辨率为72dpi。

作品保存：

①要求提交作品源文件*.fla格式和输出文件*.swf格式。

②文件保存路径（网络共享文件夹中）：广告设计与制作专业技能考核\××××考场\工位号\。

所附素材：见二维码。

（2）考核时量。

120分钟。

试题编号：H3-18

根据提供的素材，以"经典、品质、承诺"为题，为"雷诺手表"制作一幅网络广告。

（1）任务描述。

任务内容：

①标志素材为必用素材，其他素材根据需要自行选用。

②创意新颖，主题信息传达准确。

③运用网络广告制作技法进行作品表现，符合用户浏览习惯。

④根据需要选择使用音效素材。

⑤作品时长为5~10秒，尺寸为980px×400px，分辨率为72dpi。

作品保存：

①要求提交作品源文件*.fla格式和输出文件*.swf格式。

②文件保存路径（网络共享文件夹中）：广告设计与制作专业技能考核\××××考场\工位号\。

所附素材：见二维码。

（2）考核时量。

120分钟。

试题编号：H3-19

根据提供的素材，以"创意感动生活"为题，为"TCL王牌电视机"制作一幅网络广告。

（1）任务描述。

任务内容：

①标志素材为必用素材，其他素材根据需要自行选用。

②创意新颖，主题信息传达准确。

③运用网络广告制作技法进行作品表现，符合用户浏览习惯。

④根据需要选择使用音效素材。

⑤作品时长为5~10秒，尺寸为980px×400px，分辨率为72dpi。

作品保存：

①要求提交作品源文件*.fla格式和输出文件*.swf格式。

②文件保存路径（网络共享文件夹中）：广告设计与制作专业技能考核\××××考场\工位号\。

所附素材：见二维码。

（2）考核时量。

120分钟。

试题编号：H3-20

根据提供的素材，以"低功耗、长续航、超便携"为主题，为"联想笔记本IdeaPad U310-ITH（暮光灰）"制作一幅网络广告。

（1）任务描述。

任务内容：

①标志素材为必用素材，其他素材根据需要自行选用。

②创意新颖，主题信息传达准确。

③运用网络广告制作技法进行作品表现，符合用户浏览习惯。

④根据需要选择使用音效素材。

⑤作品时长为5~10秒，尺寸为680px×400px，分辨率为72dpi。

作品保存：

①要求提交作品源文件*.fla格式和输出文件*.swf格式。

②文件保存路径（网络共享文件夹中）：广告设计与制作专业技能考核\××××考场\工位号\。

所附素材：见二维码。

（2）考核时量。

120分钟。

试题编号：H3-21

利用所提供的素材，以"降压，止痛"为主题，为同仁堂心脑血管类药品"愈风宁心片"制作一幅网络广告。

（1）任务描述。

任务内容：

①标志素材为必用素材，其他素材根据需要自行选用。

②创意新颖，主题信息传达准确。

③运用网络广告制作技法进行作品表现，符合用户浏览习惯。

④根据需要选择使用音效素材。

⑤作品时长为5～10秒，尺寸为680px×400px，分辨率为72dpi。

作品保存：

①要求提交作品源文件*.fla格式和输出文件*.swf格式。

②文件保存路径（网络共享文件夹中）：广告设计与制作专业技能考核\××××考场\工位号\。

所附素材：见二维码。

（2）考核时量。

120分钟。

试题编号：H3-22

利用所提供的素材，以"灵敏·智能即发"为主题，为大众汽车品牌"高尔夫"产品制作一幅网络广告。

（1）任务描述。

任务内容：

①标志素材为必用素材，其他素材根据需要自行选用。

②创意新颖，主题信息传达准确。

③运用网络广告制作技法进行作品表现，符合用户浏览习惯。

④根据需要选择使用音效素材。

⑤作品时长为5～10秒，尺寸为680px×400px，分辨率为72dpi。

作品保存：

①要求提交作品源文件*.fla格式和输出文件*.swf格式。

②文件保存路径（网络共享文件夹中）：广告设计与制作专业技能考核\××××考场\工位号\。

所附素材：见二维码。

（2）考核时量。

120分钟。

试题编号：H3-23

利用所提供的素材，以"驾乘乐趣，创新极限"为主题，为宝马"mini"系列汽车制作一幅网络广告。

（1）任务描述。

任务内容：

①标志素材为必用素材，其他素材根据需要自行选用。

②创意新颖，主题信息传达准确。

③运用网络广告制作技法进行作品表现，符合用户浏览习惯。

④根据需要选择使用音效素材。

⑤作品时长为5～10秒，尺寸为980px×400px，分辨率为72dpi。

作品保存：

①要求提交作品源文件*.fla格式和输出文件*.swf格式。

②文件保存路径（网络共享文件夹中）：广告设计与制作专业技能考核\××××考场\工位号\。

所附素材：见二维码。

（2）考核时量。

120分钟。

试题编号：H3-24

利用所提供的素材，以"·魅惑·媚力"为主题，为"迪奥·魅惑香水"制作一幅网络广告。

（1）任务描述。

任务内容：

①标志素材为必用素材，其他素材根据需要自行选用。

②创意新颖，主题信息传达准确。

③运用网络广告制作技法进行作品表现，符合用户浏览习惯。

④根据需要选择使用音效素材。

⑤作品时长为5～10秒，尺寸为980px×400px，分辨率为72dpi。

作品保存：

①要求提交作品源文件*.fla格式和输出文件*.swf格式。

②文件保存路径（网络共享文件夹中）：广告设计与制作专业技能考核\××××考场\工位号\。

所附素材：见二维码。

（2）考核时量。

120分钟。

试题编号：H3-25

利用所提供的素材，以"吉列剃须刀"为主题，制作完成一幅网络广告。

（1）任务描述。

任务内容：

①标志素材为必用素材，其他素材根据需要自行选用。

②创意新颖，主题信息传达准确。

③运用网络广告制作技法进行作品表现，符合用户浏览习惯。

④根据需要选择使用音效素材。

⑤作品时长为5～10秒，尺寸为980px×400px，分辨率为72dpi。

作品保存：

①要求提交作品源文件*.fla格式和输出文件*.swf格式。

②文件保存路径（网络共享文件夹中）：广告设计与制作专业技能考核\××××考场\工位号\。

所附素材：见二维码。

（2）考核时量。

120分钟。

试题编号：H3-26

利用所提供的素材，以"李宁跑步鞋"为主题，为"李宁男士休闲鞋"制作一幅网络广告。

（1）任务描述。

任务内容：

①标志素材为必用素材，其他素材根据需要自行选用。

②创意新颖，主题信息传达准确。

③运用网络广告制作技法进行作品表现，符合用户浏览习惯。

④根据需要选择使用音效素材。

⑤作品时长为5~10秒，尺寸为980px×400px，分辨率为72dpi。

作品保存：

①要求提交作品源文件*.fla格式和输出文件*.swf格式。

②文件保存路径（网络共享文件夹中）：广告设计与制作专业技能考核\××××考场\工位号\。

所附素材：见二维码。

（2）考核时量。

120分钟。

试题编号：H3-27

利用所提供的素材，以"带给秀发弹性与活力"为主题，为"潘婷全新升级系列洗发水"制作一幅网络广告。

（1）任务描述。

任务内容：

①标志素材为必用素材，其他素材根据需要自行选用。

②创意新颖，主题信息传达准确。

③运用网络广告制作技法进行作品表现，符合用户浏览习惯。

④根据需要选择使用音效素材。

⑤作品时长为5~10秒，尺寸为980px×400px，分辨率为72dpi。

作品保存：

①要求提交作品源文件*.fla格式和输出文件*.swf格式。

②文件保存路径（网络共享文件夹中）：广告设计与制作专业技能考核\××××考场\工位号\。

所附素材：见二维码。

（2）考核时量。

120分钟。

试题编号：H3-28

利用所提供的素材，以"遇见完美·唯一相伴"为主题，为"周大福珠宝"制作一幅网络广告。

（1）任务描述。

任务内容：

①标志素材为必用素材，其他素材根据需要自行选用。

②创意新颖，主题信息传达准确。

③运用网络广告制作技法进行作品表现，符合用户浏览习惯。

④根据需要选择使用音效素材。

⑤作品时长为5~10秒，尺寸为980px×400px，分辨率为72dpi。

作品保存：

①要求提交作品源文件*.fla格式和输出文件*.swf格式。

②文件保存路径（网络共享文件夹中）：广告设计与制作专业技能考核\××××考场\工位号\。

所附素材：见二维码。

（2）考核时量。

120分钟。

试题编号：H3-29

利用所提供的素材，以"大屏幕彰显大智慧"为主题，为"Apple/苹果 MC007产品"制作一幅网络广告。

（1）任务描述。

任务内容：

①标志素材为必用素材，其他素材根据需要自行选用。

②创意新颖，主题信息传达准确。

③运用网络广告制作技法进行作品表现，符合用户浏览习惯。

④根据需要选择使用音效素材。

⑤作品时长为5~10秒，尺寸为980px×400px，分辨率为72dpi。

作品保存：

①要求提交作品源文件*.fla格式和输出文件*.swf格式。

②文件保存路径（网络共享文件夹中）：广告设计与制作专业技能考核\××××考场\工位号\。

所附素材：见二维码。

（2）考核时量。

120分钟。

试题编号：H3-30

利用所提供的素材，以"完美的剃须感受"为主题，为"飞利浦电动剃须刀"制作一幅网络广告。

（1）任务描述。

任务内容：

①标志素材为必用素材，其他素材根据需要自行选用。

②创意新颖，主题信息传达准确。

③运用网络广告制作技法进行作品表现，符合用户浏览习惯。

④根据需要选择使用音效素材。

⑤作品时长为5～10秒，尺寸为980px×400px，分辨率为72dpi。

作品保存：

①要求提交作品源文件*.fla格式和输出文件*.swf格式。

②文件保存路径（网络共享文件夹中）：广告设计与制作专业技能考核\××××考场\工位号\。

所附素材：见二维码。

（2）考核时量。

120分钟。

试题编号：H3-31

利用所提供的素材，以"酒香优雅，口感醇香"为主题，为"长城葡萄酒"制作一幅网络广告。

（1）任务描述。

任务内容：

①标志素材为必用素材，其他素材根据需要自行选用。

②创意新颖，主题信息传达准确。

③运用网络广告制作技法进行作品表现，符合用户浏览习惯。

④根据需要选择使用音效素材。

⑤作品时长为5～10秒，尺寸为980px×400px，分辨率为72dpi。

作品保存：

①要求提交作品源文件*.fla格式和输出文件*.swf格式。

②文件保存路径（网络共享文件夹中）：广告设计与制作专业技能考核\××××考场\工位号\。

所附素材：见二维码。

（2）考核时量。

120分钟。

试题编号：H3-32

利用所提供的素材，以"黑莓9788手机"为主题，制作一幅网页界面通栏（fuii

column）位置的横幅广告。

（1）任务描述。

任务内容：

①标志素材为必用素材，其他素材根据需要自行选用。

②创意新颖，主题信息传达准确。

③运用网络广告制作技法进行作品表现，符合用户浏览习惯。

④根据需要选择使用音效素材。

⑤作品时长为5~10秒，尺寸为980px×400px，分辨率为72dpi。

作品保存：

①要求提交作品源文件*.fla格式和输出文件*.swf格式。

②文件保存路径（网络共享文件夹中）：广告设计与制作专业技能考核\××××考场\工位号\。

所附素材：见二维码。

（2）考核时量。

120分钟。

试题编号：H3-33

利用所提供的素材，以"原生态，健康品"为主题，为"岱坪岩铁观音茶叶"制作一幅网络广告。

（1）任务描述。

任务内容：

①标志素材为必用素材，其他素材根据需要自行选用。

②创意新颖，主题信息传达准确。

③运用网络广告制作技法进行作品表现，符合用户浏览习惯。

④根据需要选择使用音效素材。

⑤作品时长为5~10秒，尺寸为980px×400px，分辨率为72dpi。

作品保存：

①要求提交作品源文件*.fla格式和输出文件*.swf格式。

②文件保存路径（网络共享文件夹中）：广告设计与制作专业技能考核\××××考场\工位号\。

所附素材：见二维码。

（2）考核时量。

120分钟。

试题编号：H3-34

利用所提供的素材，以"爱运动，爱时尚"为主题，为"耐克运动鞋"制作一幅网络广告。

（1）任务描述。

任务内容：

①标志素材为必用素材，其他素材根据需要自行选用。

②创意新颖，主题信息传达准确。

③运用网络广告制作技法进行作品表现，符合用户浏览习惯。

④根据需要选择使用音效素材。

⑤作品时长为5～10秒，尺寸为980px×400px，分辨率为72dpi。

作品保存：

①要求提交作品源文件*.fla格式和输出文件*.swf格式。

②文件保存路径（网络共享文件夹中）：广告设计与制作专业技能考核\×××考场\工位号\。

所附素材：见二维码。

（2）考核时量。

120分钟。

试题编号：H3-35

利用所提供的素材，以"索尼笔记本"电脑为主题，制作一幅网页界面通栏（Full Column）位置的横幅广告。

（1）任务描述。

任务内容：

①标志素材为必用素材，其他素材根据需要自行选用。

②创意新颖，主题信息传达准确。

③运用网络广告制作技法进行作品表现，符合用户浏览习惯。

④根据需要选择使用音效素材。

⑤作品时长为5～10秒，尺寸为980px×400px，分辨率为72dpi。

作品保存：

①要求提交作品源文件*.fla格式和输出文件*.swf格式。

②文件保存路径（网络共享文件夹中）：广告设计与制作专业技能考核\×××考场\工位号\。

所附素材：见二维码。

（2）考核时量。

120分钟。

试题编号：H3-36

利用所提供的素材，以"办公添彩 形小效高"为主题，为"惠普彩色激光打印机"制作一幅网络广告。

（1）任务描述。

任务内容：

①标志素材为必用素材，其他素材根据需要自行选用。

②创意新颖，主题信息传达准确。

③运用网络广告制作技法进行作品表现，符合用户浏览习惯。

④根据需要选择使用音效素材。

⑤作品时长为5～10秒，尺寸为980px×400px，分辨率为72dpi。

作品保存：

①要求提交作品源文件*.fla格式和输出文件*.swf格式。

②文件保存路径（网络共享文件夹中）：广告设计与制作专业技能考核\××××考场\工位号\。

所附素材：见二维码。

（2）考核时量。

120分钟。

试题编号：H3-37

利用所提供的素材，以"无偿献血"为主题，制作一幅公益宣传网络广告。

（1）任务描述。

任务内容：

①标志素材为必用素材，其他素材根据需要自行选用。

②创意新颖，主题信息传达准确。

③运用网络广告制作技法进行作品表现，符合用户浏览习惯。

④根据需要选择使用音效素材。

⑤作品时长为5～10秒，尺寸为980px×550px，分辨率为72dpi。

作品保存：

①要求提交作品源文件*.fla格式和输出文件*.swf格式。

②文件保存路径（网络共享文件夹中）：广告设计与制作专业技能考核\××××考场\工位号\。

所附素材：见二维码。

（2）考核时量。

120分钟。

试题编号：H3-38

利用所提供的素材，以"共建绿色地球"为主题，为"中国植树节"制作一幅公益宣传网络广告。

（1）任务描述。

任务内容：

①主题文字为必用设计元素，其他素材根据需要自行选用。

②创意新颖，主题信息传达准确。

③运用网络广告制作技法进行作品表现，符合用户浏览习惯。

④根据需要选择使用音效素材。

⑤作品时长为5~10秒，尺寸为640px×480px，分辨率为72dpi。

作品保存：

①要求提交作品源文件*.fla格式和输出文件*.swf格式。

②文件保存路径（网络共享文件夹中）：广告设计与制作专业技能考核\××××考场\工位号\。

所附素材：见二维码。

（2）考核时量。

120分钟。

试题编号：H3-39

利用所提供的素材，以"保护动物，刻不容缓"为主题，为"世界动物日"（World Animal Day）制作一幅公益宣传网络广告。

（1）任务描述。

任务内容：

①主题文字为必用设计元素，其他素材根据需要自行选用。

②创意新颖，主题信息传达准确。

③运用网络广告制作技法进行作品表现，符合用户浏览习惯。

④根据需要选择使用音效素材。

⑤作品时长为5~10秒，尺寸为640px×480px，分辨率为72dpi。

作品保存：

①要求提交作品源文件*.fla格式和输出文件*.swf格式。

②文件保存路径（网络共享文件夹中）：广告设计与制作专业技能考核\××××考场\工位号\。

所附素材：见二维码。

（2）考核时量。

120分钟。

试题编号：H3-40

利用所提供的素材，以"3.12植树节"为主题，制作一幅公益宣传网络广告。

（1）任务描述。

任务内容：

①主题文字为必用设计元素，其他素材根据需要自行选用。

②创意新颖，主题信息传达准确。

③运用网络广告制作技法进行作品表现，符合用户浏览习惯。

④根据需要选择使用音效素材。

⑤作品时长为5~10秒，尺寸为640px×480px，分辨率为72dpi。

作品保存：

①要求提交作品源文件*.fla格式和输出文件*.swf格式。

②文件保存路径（网络共享文件夹中）：广告设计与制作专业技能考核\××××考场\工位号\。

所附素材：见二维码。

（2）考核时量。

120分钟。

试题编号：H3-41

利用所提供的素材，以"爱心点燃希望，助学成就梦想"为主题，为"爱心助学"制作一幅公益宣传网络广告。

（1）任务描述。

任务内容：

①主题文字为必用设计元素，其他素材根据需要自行选用。

②创意新颖，主题信息传达准确。

③运用网络广告制作技法进行作品表现，符合用户浏览习惯。

④根据需要选择使用音效素材。

⑤作品时长为5～10秒，尺寸为980px×400px，分辨率为72dpi。

作品保存：

①要求提交作品源文件*.fla格式和输出文件*.swf格式。

②文件保存路径（网络共享文件夹中）：广告设计与制作专业技能考核\××××考场\工位号\。

所附素材：见二维码。

（2）考核时量。

120分钟。

试题编号：H3-42

利用所提供的素材，以"别让地球只剩下人类"为主题，为"保护地球"制作一幅公益宣传网络广告。

（1）任务描述。

任务内容：

①主题文字为必用设计元素，其他素材根据需要自行选用。

②创意新颖，主题信息传达准确。

③运用网络广告制作技法进行作品表现，符合用户浏览习惯。

④根据需要选择使用音效素材。

⑤作品时长为5～10秒，尺寸为980px×400px，分辨率为72dpi。

作品保存：

①要求提交作品源文件*.fla格式和输出文件*.swf格式。

②文件保存路径（网络共享文件夹中）：广告设计与制作专业技能考核\××××考场\工位号\。

所附素材：见二维码。

（2）考核时量。

120分钟。

试题编号：H3-43

利用所提供的素材，以"一颗星球，一个未来"为主题，为"世界环境日"制作一幅公益宣传网络广告。

（1）任务描述。

任务内容：

①主题文字为必用设计元素，其他素材根据需要自行选用。

②创意新颖，主题信息传达准确。

③运用网络广告制作技法进行作品表现，符合用户浏览习惯。

④根据需要选择使用音效素材。

⑤作品时长为5～10秒，尺寸为780px×500px，分辨率为72dpi。

作品保存：

①要求提交作品源文件*.fla格式和输出文件*.swf格式。

②文件保存路径（网络共享文件夹中）：广告设计与制作专业技能考核\××××考场\工位号\。

所附素材：见二维码。

（2）考核时量。

120分钟。

试题编号：H3-44

利用所提供的素材，以"人类与生态共存"为主题，为"保护环境"制作一幅公益宣传网络广告。

（1）任务描述。

任务内容：

①主题文字为必用设计元素，其他素材根据需要自行选用。

②创意新颖，主题信息传达准确。

③运用网络广告制作技法进行作品表现，符合用户浏览习惯。

④根据需要选择使用音效素材。

⑤作品时长为5～10秒，尺寸为980px×400px，分辨率为72dpi。

作品保存：

①要求提交作品源文件*.fla格式和输出文件*.swf格式。

②文件保存路径（网络共享文件夹中）：广告设计与制作专业技能考核\××××考场\工位号\。

所附素材：见二维码。

（2）考核时量。

120分钟。

试题编号：H3-45

利用所提供的素材，以"为了您和家人的健康，请勿吸烟！"为主题，为"世界无烟日"制作一幅公益宣传网络广告。

（1）任务描述。

任务内容：

①主题文字为必用设计元素，其他素材根据需要自行选用。

②创意新颖，主题信息传达准确。

③运用网络广告制作技法进行作品表现，符合用户浏览习惯。

④根据需要选择使用音效素材。

⑤作品时长为5～10秒，尺寸为980px×400px，分辨率为72dpi。

作品保存：

①要求提交作品源文件*.fla格式和输出文件*.swf格式。

②文件保存路径（网络共享文件夹中）：广告设计与制作专业技能考核\××××考场\工位号\。

所附素材：见二维码。

（2）考核时量。

120分钟。

试题编号：H3-46

利用所提供的素材，以"不抛弃不放弃，加油中国！"为主题，为"抗震救灾"制作一幅公益宣传网络广告。

（1）任务描述。

任务内容：

①主题文字为必用设计元素，其他素材根据需要自行选用。

②创意新颖，主题信息传达准确。

③运用网络广告制作技法进行作品表现，符合用户浏览习惯。

④根据需要选择使用音效素材。

⑤作品时长为5～10秒，尺寸为980px×400px，分辨率为72dpi。

作品保存：

①要求提交作品源文件*.fla格式和输出文件*.swf格式。

②文件保存路径（网络共享文件夹中）：广告设计与制作专业技能考核\××××考场\工位号\。

所附素材：见二维码。

（2）考核时量。

120分钟。

试题编号：H3-47

利用所提供的素材，以"奉献一份爱心，托起一片希望"为主题，制作一幅公益宣传网络广告。

（1）任务描述。

任务内容：

①主题文字为必用设计元素，其他素材根据需要自行选用。

②创意新颖，主题信息传达准确。

③运用网络广告制作技法进行作品表现，符合用户浏览习惯。

④根据需要选择使用音效素材。

⑤作品时长为5~10秒，尺寸为880px×620px，分辨率为72dpi。

作品保存：

①要求提交作品源文件*.fla格式和输出文件*.swf格式。

②文件保存路径（网络共享文件夹中）：广告设计与制作专业技能考核\××××考场\工位号\。

所附素材：见二维码。

（2）考核时量。

120分钟。

试题编号：H3-48

利用所提供的素材，以"大地之爱，母亲水窖"为主题，制作一幅公益宣传网络广告。

（1）任务描述。

任务内容：

①主题文字为必用设计元素，其他素材根据需要自行选用。

②创意新颖，主题信息传达准确。

③运用网络广告制作技法进行作品表现，符合用户浏览习惯。

④根据需要选择使用音效素材。

⑤作品时长为5~10秒，尺寸为800px×600px，分辨率为72dpi。

作品保存：

①要求提交作品源文件*.fla格式和输出文件*.swf格式。

②文件保存路径（网络共享文件夹中）：广告设计与制作专业技能考核\××××考场\工位号\。

所附素材：见二维码。

（2）考核时量。

120分钟。

试题编号：H3-49

利用所提供的素材，以"关爱生命，预防艾滋病"为主题，制作一幅公益宣传网络广告。

（1）任务描述。

任务内容：

①主题文字为必用设计元素，其他素材根据需要自行选用。

②创意新颖，主题信息传达准确。

③运用网络广告制作技法进行作品表现，符合用户浏览习惯。

④根据需要选择使用音效素材。

⑤作品时长为5～10秒，尺寸为980px×400px，分辨率为72dpi。

作品保存：

①要求提交作品源文件*.fla格式和输出文件*.swf格式。

②文件保存路径（网络共享文件夹中）：广告设计与制作专业技能考核\××××考场\工位号\。

所附素材：见二维码。

（2）考核时量。

120分钟。

试题编号：H3-50

利用所提供的素材，以"禁止砍伐森林"为主题，制作一幅公益宣传网络广告。

（1）任务描述。

任务内容：

①主题文字为必用设计元素，其他素材根据需要自行选用。

②创意新颖，主题信息传达准确。

③运用网络广告制作技法进行作品表现，符合用户浏览习惯。

④根据需要选择使用音效素材。

⑤作品时长为5～10秒，尺寸为800px×600px，分辨率为72dpi。

作品保存：

①要求提交作品源文件*.fla格式和输出文件*.swf格式。

②文件保存路径（网络共享文件夹中）：广告设计与制作专业技能考核\××××考场\工位号\。

所附素材：见二维码。

（2）考核时量。

120分钟。

三、跨岗位综合技能模块

（一）模块一 品牌形象设计与制作

1.考核评价标准（表2-15）

表2-15　品牌形象设计与制作考核评分细则

评价内容		配分	评分标准	
职业素养（10分）	专业素质	4分	按考试要求完成答题创作，不抄袭他人作品，创作内容积极向上	2分
			2.正确使用电脑设备，设计文件完整，格式正确	2分
	文明素质	6分	1.举止文明，遵守考场纪律	2分
			2.按照考试要求，正确填写个人信息并提交试卷	2分
			3.卷面干净、整洁	2分
工作任务（90分）	标志设计	35分	1.构思独特，标志图形设计新颖，符合行业特性，形式美与内涵美突出，切合主题要求	28 ~ 35分
			2.标志图形设计平淡，基本符合行业特性，具有一定的形式美与内涵美，符合主题要求	18 ~ 27分
			3.构思牵强，标志图形设计随意，没有行业特性，不具备形式美与内涵美	0 ~ 17分
	应用设计	25分	1.应用设计符合行业特色，与基础设计搭配协调，符合设计要求，造型美观，色彩运用得当，形象造型有特色	21 ~ 25分
			2.应用设计符合行业需要，与基础设计搭配协调，符合设计要求，色彩运用生硬，形象造型合理	10 ~ 20分
			3.应用设计脱离行业特性，设计信息内容有缺失，色彩运用混乱，形象造型随意	0 ~ 9分
	编排表现	20分	1.图文信息编排整体规范、信息传达主次分明，有鲜明的色彩调性，突显品牌形象主题	16 ~ 20分
			2.图文信息编排合理有序、信息传达有主次，有色彩调性，基本符合品牌形象主题	10 ~ 15分
			3.图文信息编排混乱、信息传达无主次，色彩运用混乱，无法体现品牌形象主题	0 ~ 9分
	创意表述	10分	1.表述清晰，创意解析明确，切合主题，无错别字	8 ~ 10分
			2.表述平淡，创意解析明确，基本切合主题，有错别字	6 ~ 7分
			3.表述不清，创意解析牵强，有错别字	0 ~ 5分
合计			100分	
备注			出现以下任意一种情况将做不合格处理： 1.考试舞弊、作品抄袭 2.没有按要求完成考生信息登记 3.未按试题要求保存文件 4.绘制恶俗、低俗品牌形象设计作品	

2.考场实施条件（表2-16）

表2-16　品牌形象设计与制作考场基本实施条件

项目	基本实施条件	备注
考场	每个考场配置40个操作台面和座位，照明通风良好	考场必备
设备	每个考场配一台服务器、40台电脑，并开通考场局域网 电脑配置要求： 1. Intel 酷睿 i7 4.2GHz 以上处理器 2. 8GB 以上内存 3. 1TB 以上硬盘 4. 显示屏达到 1920×1080 像素，显存达到 2GB 以上，位宽 128 位以上 5. 标准键盘与滚轴三键光学鼠标	考场必备
软件 （正版）	考场每台电脑配备的辅助设计软件如下： 1. Adobe Photoshop CS5（中文版）及以上 2. CorelDraw X4（中文版）及以上 3. Adobe Illustrator CS4（中文版）及以上 4. Word2007 及以上 5. 安装方正字库一套	考场必备
应试软件 运行环境	Windows® 7 操作系统（正版）	考场必备
监考人员	由教育厅组织抽调非考点院校相关专业老师担任监考人员，每 1 ~ 15 个考生配一名监考人员	考场必备

3. 考核题库

试题编号：Z1-1

根据所提供素材，为"金象房地产开发有限公司"设计标志、标准字与手提袋。

（1）任务描述。

任务内容：

①根据所提供素材进行标志创意设计，标志设计应切合主题，符合行业属性，创意造型应兼具形式美与内涵美。

②标准字、手提袋的文字内容以试题素材中的文字信息为准，要求编排组合严谨规范，版式结构间距合理。

③手提袋的设计尺寸为170mm×290mm×40mm（构图版式横竖不限），以立体效果图展示。

④标志与手提袋的设计颜色不超过三色，色调应统一、明快、醒目。

⑤附创意设计说明，字数在50~150字。

作品保存：

①将完成的设计作品和设计说明置于A3横版页面内（420mm×297mm）。

②提交作品源文件格式和预览文件格式（*.jpg）各一份。作品源文件文字需转成曲线或栅格化，*.jpg文件格式要求分辨率为300dpi，色彩模式为CMYK格式。

③文件保存路径（网络共享文件夹中）：广告设计与制作专业技能考核\×××考场\工位号\。

所附素材：见二维码。

（2）考核时量。

120分钟。

试题编号：Z1-2

根据所提供素材，为"九洲大药房"设计标志、标准字与临时工作证。

（1）任务描述。

任务内容：

①根据所提供素材进行标志创意设计，标志设计应切合主题，符合行业属性，创意造型应兼具形式美与内涵美。

②标准字、临时工作证的文字内容以试题素材中的文字信息为准，要求编排组合严谨规范，版式结构间距合理。

③临时工作证的设计尺寸为50mm×90mm（构图版式横竖不限），以立体效果图展示。

④标志与临时工作证的设计颜色不超过三色，色调应统一、明快、醒目。

⑤附创意设计说明，字数在50～150字。

作品保存：

①将完成的设计作品和设计说明置于A3横版页面内（420mm×297mm）。

②提交作品源文件格式和预览文件格式（*.jpg）各一份。作品源文件文字需转成曲线或栅格化，*.jpg文件格式要求分辨率为300dpi，色彩模式为CMYK格式。

③文件保存路径（网络共享文件夹中）：广告设计与制作专业技能考核\××××考场\工位号\。

所附素材：见二维码。

（2）考核时量。

120分钟。

试题编号：Z1-3

根据所提供素材，为"吾要吾爱婚庆策划公司"设计标志、标准字与薪资袋。

（1）任务描述。

任务内容：

①根据所提供素材进行标志创意设计，标志设计应切合主题，符合行业属性，创意造型应兼具形式美与内涵美。

②标准字、薪资袋的文字内容以试题素材中的文字信息为准，要求编排组合严谨规范，版式结构间距合理。

③薪资袋的设计尺寸为110mm×60mm（构图版式横竖不限），以立体效果图展示。

④标志与薪资袋的设计颜色不超过三色，色调应统一、明快、醒目。

⑤附创意设计说明，字数在50～150字。

作品保存：

①将完成的设计作品和设计说明置于A3横版页面内（420mm×297mm）。

②提交作品源文件格式和预览文件格式（*.jpg）各一份。作品源文件文字需转成曲线或

栅格化，*.jpg文件格式要求分辨率为300dpi，色彩模式为CMYK格式。

③文件保存路径（网络共享文件夹中）：广告设计与制作专业技能考核\×××考场\工位号\。

所附素材：见二维码。

（2）考核时量。

120分钟。

试题编号：Z1-4

根据所提供素材，为"长沙尼特陶艺工作室"设计标志、宣传卡与名片盒。

（1）任务描述。

任务内容：

①根据所提供素材进行标志创意设计，标志设计应切合主题，符合行业属性，创意造型应兼具形式美与内涵美。

②标准字、宣传卡与纸杯的文字内容以试题素材中的文字信息为准，要求编排组合严谨规范，版式结构间距合理。

③宣传卡的设计尺寸为110mm×60mm（构图版式横竖不限），名片盒的设计尺寸为92mm×55mm（构图版式横竖不限），以立体效果图展示。

④标志、宣传卡与名片盒的设计颜色不超过三色，色调应统一、明快、醒目。

⑤附创意设计说明，字数在50～150字。

作品保存：

①将完成的设计作品和设计说明置于A3横版页面内（420mm×297mm）。

②提交作品源文件格式和预览文件格式（*.jpg）各一份。作品源文件文字需转成曲线或栅格化，*.jpg文件格式要求分辨率为300dpi，色彩模式为CMYK格式。

③文件保存路径（网络共享文件夹中）：广告设计与制作专业技能考核\×××考场\工位号\。

所附素材：见二维码。

（2）考核时量。

120分钟。

试题编号：Z1-5

根据所提供素材，为"湖南绿果实业有限公司"设计标志、标准字与包装盒。

（1）任务描述。

任务内容：

①根据所提供素材进行标志图形创意设计，标志设计应切合主题，符合行业属性，创意造型应兼具形式美与内涵美。

②标准字、包装盒的文字内容以试题素材中的文字信息为准，要求编排组合严谨规范，版式结构间距合理。

③包装盒的设计尺寸为160mm×260mm×100mm（构图版式横竖不限），以立体效果图

展示。

④标志与包装盒的设计颜色不超过四色，色调应统一、明快、醒目。

⑤附创意设计说明，字数在50～150字。

作品保存：

①将完成的设计作品和设计说明置于A3横版页面内（420mm×297mm）。

②提交作品源文件格式和预览文件格式（*.jpg）各一份。作品源文件文字需转成曲线或栅格化，*.jpg文件格式要求分辨率为300dpi，色彩模式为CMYK格式。

③文件保存路径（网络共享文件夹中）：广告设计与制作专业技能考核\××××考场\工位号\。

所附素材：见二维码。

（2）考核时量。

120分钟。

试题编号：Z1-6

根据所提供素材，为"湖南惠康妇产医院"设计标志、标准字与车辆出入证。

（1）任务描述。

任务内容：

①根据所提供素材进行标志图形创意设计，标志设计应切合主题，符合行业属性，创意造型应兼具形式美与内涵美。

②标准字、车辆出入证的文字内容以试题素材中的文字信息为准，要求编排组合严谨规范，版式结构间距合理。

③车辆出入证的设计尺寸为110mm×260mm（构图版式横竖不限），以立体效果图展示。

④标志与车辆出入证设计颜色不超过三色，色调应统一、明快、醒目。

⑤附创意设计说明，字数在50～150字。

作品保存：

①将完成的设计作品和设计说明置于A3横版页面内（420mm×297mm）。

②提交作品源文件格式和预览文件格式（*.jpg）各一份。作品源文件文字需转成曲线或栅格化，*.jpg文件格式要求分辨率为300dpi，色彩模式为CMYK格式。

③文件保存路径（网络共享文件夹中）：广告设计与制作专业技能考核\××××考场\工位号\。

所附素材：见二维码。

（2）考核时量。

120分钟。

试题编号：Z1-7

根据所提供素材，为"长沙华星大酒店"设计标志、标准字与桌牌。

（1）任务描述。

任务内容：

①根据所提供素材进行标志图形创意设计，标志设计应切合主题，符合行业属性，创意造型应兼具形式美与内涵美。

②标准字、桌牌的文字内容以试题素材中的文字信息为准，要求编排组合严谨规范，版式结构间距合理。

③桌牌的设计尺寸为110mm×220mm（横式编排），以立体效果图展示。

④标志与桌牌的设计颜色不超过三色，色调应统一、明快、醒目。

⑤附创意设计说明，字数在50～150字。

作品保存：

①将完成的设计作品和设计说明置于A3横版页面内（420mm×297mm）。

②提交作品源文件格式和预览文件格式（*.jpg）各一份。作品源文件文字需转成曲线或栅格化，*.jpg文件格式要求分辨率为300dpi，色彩模式为CMYK格式。

③文件保存路径（网络共享文件夹中）：广告设计与制作专业技能考核\××××考场\工位号\。

所附素材：见二维码。

（2）考核时量。

120分钟。

试题编号：Z1-8

根据所提供素材，为"湖南盛海水电科技有限公司"设计标志、标准字与工作证。

（1）任务描述。

任务内容：

①根据所提供素材进行标志图形创意设计，标志设计应切合主题，符合行业属性，创意造型应兼具形式美与内涵美。

②标准字、工作证的文字内容以试题素材中的文字信息为准，要求编排组合严谨规范，版式结构间距合理。

③工作证的设计尺寸为90mm×50mm（构图版式横竖不限），以立体效果图展示。

④标志与工作证的设计颜色不超过三色，色调应统一、明快、醒目。

⑤附创意设计说明，字数在50～150字。

作品保存：

①将完成的设计作品和设计说明置于A3横版页面内（420mm×297mm）。

②提交作品源文件格式和预览文件格式（*.jpg）各一份。作品源文件文字需转成曲线或栅格化，*.jpg文件格式要求分辨率为300dpi，色彩模式为CMYK格式。

③文件保存路径（网络共享文件夹中）：广告设计与制作专业技能考核\××××考场\工位号\。

所附素材：见二维码。

（2）考核时量。

120分钟。

试题编号：Z1-9

根据所提供素材，为"湖南天际岭房地产公司"设计标志、标准字与记录本封面。

（1）任务描述。

任务内容：

①根据所提供素材进行标志图形创意设计，标志设计应切合主题，符合行业属性，创意造型应兼具形式美与内涵美。

②标准字、记录本封面的文字内容以试题素材中的文字信息为准，要求编排组合严谨规范，版式结构间距合理。

③记录本封面的设计尺寸为100mm×160mm（构图版式横竖不限），以立体效果图展示。

④标志与记录本的封面设计颜色不超过三色，色调应统一、明快、醒目。

⑤附创意设计说明，字数在50~150字。

作品保存：

①将完成的设计作品和设计说明置于A3横版页面内（420mm×297mm）。

②提交作品源文件格式和预览文件格式（*.jpg）各一份。作品源文件文字需转成曲线或栅格化，*.jpg文件格式要求分辨率为300dpi，色彩模式为CMYK格式。

③文件保存路径（网络共享文件夹中）：广告设计与制作专业技能考核\××××考场\工位号\。

所附素材：见二维码。

（2）考核时量。

120分钟。

试题编号：Z1-10

根据所提供素材，为"梅山电子科技有限公司"设计标志、标准字与宣传册封面

（1）任务描述。

任务内容：

①根据所提供素材进行标志图形创意设计，标志设计应切合主题，符合行业属性，创意造型应兼具形式美与内涵美。

②标准字、宣传册封面的文字内容以试题素材中的文字信息为准，要求编排组合严谨规范，版式结构间距合理。

③宣传册封面的设计尺寸为180mm×265mm（构图版式横竖不限），以立体效果图展示。

④标志与宣传册的封面设计颜色不超过三色，色调应统一、明快、醒目。

⑤附创意设计说明，字数在50~150字。

作品保存：

①将完成的设计作品和设计说明置于A3横版页面内（420mm×297mm）。

②提交作品源文件格式和预览文件格式（*.jpg）各一份。作品源文件文字需转成曲线或栅格化，*.jpg文件格式要求分辨率为300dpi，色彩模式为CMYK格式。

③文件保存路径（网络共享文件夹中）：广告设计与制作专业技能考核\××××考

场\工位号\。

所附素材：见二维码。

（2）考核时量。

120分钟。

试题编号：Z1-11

根据所提供素材，为"雅猫情人饰品店"设计标志、标准字体、礼品包装盒。

（1）任务描述。

任务内容：

①根据所提供素材进行标志图形创意设计，标志设计应切合主题，符合行业属性，创意造型应兼具形式美与内涵美。

②标准字、礼品包装盒的文字内容以试题素材中的文字信息为准，要求编排组合严谨规范，版式结构间距合理。

③礼品包装盒的设计尺寸为180mm×265mm（构图版式横竖不限），以立体效果图展示。

④标志与礼品包装盒的设计颜色不超过三色，色调应统一、明快、醒目。

⑤附创意设计说明，字数在50～150字。

作品保存：

①将完成的设计作品和设计说明置于A3横版页面内（420mm×297mm）。

②提交作品源文件格式和预览文件格式（*.jpg）各一份。作品源文件文字需转成曲线或栅格化，*.jpg文件格式要求分辨率为300dpi，色彩模式为CMYK格式。

③文件保存路径（网络共享文件夹中）：广告设计与制作专业技能考核\××××考场\工位号\。

所附素材：见二维码。

（2）考核时量。

120分钟。

试题编号：Z1-12

根据所提供素材，为"华夏职业学院"设计标志、标准字体、校徽。

（1）任务描述。

任务内容：

①根据所提供素材进行标志图形创意设计，标志设计应切合主题，符合行业属性，创意造型应兼具形式美与内涵美。

②标准字、校徽的文字内容以试题素材中的文字信息为准，要求编排组合严谨规范，版式结构间距合理。

③校徽的设计尺寸为20mm×70mm（构图版式横竖不限），以立体效果图展示。

④标志与校徽设计的颜色不超过三色，色调应统一、明快、醒目。

⑤附创意设计说明，字数在50～150字。

作品保存：

①将完成的设计作品和设计说明置于A3横版页面内（420mm×297mm）。

②提交作品源文件格式和预览文件格式（*.jpg）各一份。作品源文件文字需转成曲线或栅格化，*.jpg文件格式要求分辨率为300dpi，色彩模式为CMYK格式。

③文件保存路径（网络共享文件夹中）：广告设计与制作专业技能考核\××××考场\工位号\。

所附素材：见二维码。

（2）考核时量。

120分钟。

试题编号：Z1-13

根据所提供素材，为"金冠糖果"设计标志、标准字体、礼品袋。

（1）任务描述。

任务内容：

①根据所提供素材进行标志图形创意设计，标志设计应切合主题，符合行业属性，创意造型应兼具形式美与内涵美。

②标准字、礼品袋的文字内容以试题素材中的文字信息为准，要求编排组合严谨规范，版式结构间距合理。

③礼品袋的设计尺寸为220mm×140mm（构图版式横竖不限），以立体效果图展示。

④标志与礼品袋设计的颜色不超过三色，色调应统一、明快、醒目。

⑤附创意设计说明，字数在50~150字。

作品保存：

①将完成的设计作品和设计说明置于A3横版页面内（420mm×297mm）。

②提交作品源文件格式和预览文件格式（*.jpg）各一份。作品源文件文字需转成曲线或栅格化，*.jpg文件格式要求分辨率为300dpi，色彩模式为CMYK格式。

③文件保存路径（网络共享文件夹中）：广告设计与制作专业技能考核\××××考场\工位号\。

所附素材：见二维码。

（2）考核时量。

120分钟。

试题编号：Z1-14

根据所提供素材，为"冰泉豆浆"设计标志、标准字体、包装袋。

（1）任务描述。

任务内容：

①根据所提供素材进行标志图形创意设计，标志设计应切合主题，符合行业属性，创意造型应兼具形式美与内涵美。

②标准字、包装袋的文字内容以试题素材中的文字信息为准，要求编排组合严谨规

范，版式结构间距合理。

③包装袋的设计尺寸为280mm×160mm（构图版式横竖不限），以立体效果图展示。

④标志与包装袋设计的颜色不超过三色，色调应统一、明快、醒目。

⑤附创意设计说明，字数在50～150字。

作品保存：

①将完成的设计作品和设计说明置于A3横版页面内（420mm×297mm）。

②提交作品源文件格式和预览文件格式（*.jpg）各一份。作品源文件文字需转成曲线或栅格化，*.jpg文件格式要求分辨率为300dpi，色彩模式为CMYK格式。

③文件保存路径（网络共享文件夹中）：广告设计与制作专业技能考核\××××考场\工位号\。

所附素材：见二维码。

（2）考核时量。

120分钟。

试题编号：Z1-15

根据所提供素材，为"雨湖豆浆"设计标志、标准字体、桌牌。

（1）任务描述。

任务内容：

①根据所提供素材进行标志图形创意设计，标志设计应切合主题，符合行业属性，创意造型应兼具形式美与内涵美。

②标准字、桌牌的文字内容以试题素材中的文字信息为准，要求编排组合严谨规范，版式结构间距合理。

③桌牌的设计尺寸为240mm×120mm（构图版式横竖不限），以立体效果图展示。

④标志与桌牌设计的颜色不超过三色，色调应统一、明快、醒目。

⑤附创意设计说明，字数在50～150字。

作品保存：

①将完成的设计作品和设计说明置于A3横版页面内（420mm×297mm）。

②提交作品源文件格式和预览文件格式（*.jpg）各一份。作品源文件文字需转成曲线或栅格化，*.jpg文件格式要求分辨率为300dpi，色彩模式为CMYK格式。

③文件保存路径（网络共享文件夹中）：广告设计与制作专业技能考核\××××考场\工位号\。

（2）考核时量。

120分钟。

试题编号：Z1-16

根据所提供素材，为"长沙润达电气公司"设计标志、工作牌与手提袋。

（1）任务描述。

任务内容：

①根据所提供素材进行标志图形创意设计，标志设计应切合主题，符合行业属性，创意造型应兼具形式美与内涵美。

②工作牌、手提袋的文字内容以试题素材中的文字信息为准，要求编排组合严谨规范，版式结构间距合理。

③工作牌的设计尺寸为240mm×120mm（构图版式横竖不限），手提袋的设计尺寸为170mm×290mm×40mm（构图版式横竖不限），以立体效果图展示。

④标志与工作牌、手提袋设计的颜色不超过三色，色调应统一、明快、醒目。

⑤附创意设计说明，字数在50～150字。

作品保存：

①将完成的设计作品和设计说明置于A3横版页面内（420mm×297mm）。

②提交作品源文件格式和预览文件格式（*.jpg）各一份。作品源文件文字需转成曲线或栅格化，*.jpg文件格式要求分辨率为300dpi，色彩模式为CMYK格式。

③文件保存路径（网络共享文件夹中）：广告设计与制作专业技能考核\××××考场\工位号\。

所附素材：见二维码。

（2）考核时量。

120分钟。

试题编号：Z1-17

根据所提供素材，为"长沙金辉物业公司"设计标志、车辆出入证、手提袋。

（1）任务描述。

任务内容：

①根据所提供素材进行标志图形创意设计，标志设计应切合主题，符合行业属性，创意造型应兼具形式美与内涵美。

②车辆出入证、手提袋的文字内容以试题素材中的文字信息为准，要求编排组合严谨规范，版式结构间距合理。

③车辆出入证的设计尺寸为120mm×260mm，手提袋的设计尺寸为170mm×280mm×40mm（构图版式横竖不限），以立体效果图展示。

④标志与工作牌、车辆出入证设计的颜色不超过三色，色调应统一、明快、醒目。

⑤附创意设计说明，字数在50～150字。

作品保存：

①将完成的设计作品和设计说明置于A3横版页面内（420mm×297mm）。

②提交作品源文件格式和预览文件格式（*.jpg）各一份。作品源文件文字需转成曲线或栅格化，*.jpg文件格式要求分辨率为300dpi，色彩模式为CMYK格式。

③文件保存路径（网络共享文件夹中）：广告设计与制作专业技能考核\××××考场\工位号\。

（2）考核时量。

120分钟。

试题编号：Z1-18

根据所提供素材，为"湖南友诺包装公司"设计标志、标准字、公司通讯录封面。

（1）任务描述。

任务内容：

①根据所提供素材进行标志图形创意设计，标志设计应切合主题，符合行业属性，创意造型应兼具形式美与内涵美。

②标准字、公司通讯录封面的文字内容以试题素材中的文字信息为准，要求编排组合严谨规范，版式结构间距合理。

③公司通讯录封面的设计尺寸为120mm×260mm（构图版式横竖不限），以立体效果图展示。

④标志与公司通讯录封面设计的颜色不超过三色，色调应统一、明快、醒目。

⑤附创意设计说明，字数在50～150字。

作品保存：

①将完成的设计作品和设计说明置于A3横版页面内（420mm×297mm）。

②提交作品源文件格式和预览文件格式（*.jpg）各一份。作品源文件文字需转成曲线或栅格化，*.jpg文件格式要求分辨率为300dpi，色彩模式为CMYK格式。

③文件保存路径（网络共享文件夹中）：广告设计与制作专业技能考核\××××考场\工位号\。

（2）考核时量。

120分钟。

试题编号：Z1-19

根据所提供素材，为"长沙明慧眼镜店"设计标志、标准字、眼镜盒、眼镜擦布。

（1）任务描述。

任务内容：

①根据所提供素材进行标志图形创意设计，标志设计应切合主题，符合行业属性，创意造型应兼具形式美与内涵美。

②标准字、眼镜盒、眼镜擦布的文字内容以试题素材中的文字信息为准，要求编排组合严谨规范，版式结构间距合理。

③眼镜盒、眼镜擦布的设计尺寸自定，构图版式横竖不限以立体效果图展示。

④标志与眼镜盒设计的颜色不超过三色，色调应统一、明快、醒目。

⑤附创意设计说明，字数在50～150字。

作品保存：

①将完成的设计作品和设计说明置于A3横版页面内（420mm×297mm）。

②提交作品源文件格式和预览文件格式（*.jpg）各一份。作品源文件文字需转成曲线或栅格化，*.jpg文件格式要求分辨率为300dpi，色彩模式为CMYK格式。

③文件保存路径（网络共享文件夹中）：广告设计与制作专业技能考核\××××考场\工位号\。

所附素材：见二维码。

（2）考核时量。

120分钟。

试题编号：Z1-20

根据所提供素材，为"雅境家居公司"设计标志、名片盒、手提袋。

（1）任务描述。

任务内容：

①根据所提供素材进行标志图形创意设计，标志设计应切合主题，符合行业属性，创意造型应兼具形式美与内涵美。

②名片盒、手提袋的文字内容以试题素材中的文字信息为准，要求编排组合严谨规范，版式结构间距合理。

③名片盒的设计尺寸为90mm×50mm（构图版式横竖不限），手提袋的设计尺寸为170mm×290mm×40mm，以立体效果图展示。

④标志、名片盒与手提袋设计的颜色不超过三色，色调应统一、明快、醒目。

⑤附创意设计说明，字数在50～150字。

作品保存：

①将完成的设计作品和设计说明置于A3横版页面内（420mm×297mm）。

②提交作品源文件格式和预览文件格式（*.jpg）各一份。作品源文件文字需转成曲线或栅格化，*.jpg文件格式要求分辨率为300dpi，色彩模式为CMYK格式。

③文件保存路径（网络共享文件夹中）：广告设计与制作专业技能考核\×××考场\工位号\。

（2）考核时量。

120分钟。

试题编号：Z1-21

根据所提供素材，为"锦山装饰公司"设计标志、标准字、宣传吊旗。

（1）任务描述。

任务内容：

①根据所提供素材进行标志图形创意设计，标志设计应切合主题，符合行业属性，创意造型应兼具形式美与内涵美。

②标准字、宣传吊旗的文字内容以试题素材中企业基本信息为准，要求编排组合严谨规范，版式结构间距合理。

③宣传吊旗的设计尺寸为110mm×240mm（构图版式横竖不限），以立体效果图展示。

④标志、宣传吊旗的设计的颜色不超过三色，色调应统一、明快、醒目。

⑤附创意设计说明，字数在50～150字。

作品保存：

①将完成的设计作品和设计说明置于A3横版页面内（420mm×297mm）。

②提交作品源文件格式和预览文件格式（*.jpg）各一份。作品源文件文字需转成曲线或

栅格化，*.jpg文件格式要求分辨率为300dpi，色彩模式为CMYK格式。

③文件保存路径（网络共享文件夹中）：广告设计与制作专业技能考核\××××考场\工位号\。

所附素材：见二维码。

（2）考核时量。

120分钟。

试题编号：Z1-22

根据所提供素材，为"湖南康乐医药有限公司"设计标志、标准字、公文包。

（1）任务描述。

任务内容：

①根据所提供素材进行标志图形创意设计，标志设计应切合主题，符合行业属性，创意造型应兼具形式美与内涵美。

②标准字、公文包的文字内容以试题素材中企业基本信息为准，要求编排组合严谨规范，版式结构间距合理。

③公文包的设计尺寸为220mm×300mm（构图版式横竖不限），以立体效果图展示。

④标志、公文包的设计的颜色不超过三色，色调应统一、明快、醒目。

⑤附创意设计说明，字数在50～150字。

作品保存：

①将完成的设计作品和设计说明置于A3横版页面内（420mm×297mm）。

②提交作品源文件格式和预览文件格式（*.jpg）各一份。作品源文件文字需转成曲线或栅格化，*.jpg文件格式要求分辨率为300dpi，色彩模式为CMYK格式。

③文件保存路径（网络共享文件夹中）：广告设计与制作专业技能考核\××××考场\工位号\。

所附素材：见二维码。

（2）考核时量。

120分钟。

试题编号：Z1-23

根据所提供素材，为"长沙鹏辉药业有限公司"设计标志、标准字、贵宾卡。

（1）任务描述。

任务内容：

①根据所提供素材进行标志图形创意设计，标志设计应切合主题，符合行业属性，创意造型应兼具形式美与内涵美。

②标准字、贵宾卡的文字内容以试题素材中企业基本信息为准，要求编排组合严谨规范，版式结构间距合理。

③贵宾卡的设计尺寸为90mm×50mm（构图版式横竖不限），以立体效果图展示。

④标志、贵宾卡的设计的颜色不超过三色，色调应统一、明快、醒目。

⑤附创意设计说明，字数在50～150字。

作品保存：

①将完成的设计作品和设计说明置于A3横版页面内（420mm×297mm）。

②提交作品源文件格式和预览文件格式（*.jpg）各一份。作品源文件文字需转成曲线或栅格化，*.jpg文件格式要求分辨率为300dpi，色彩模式为CMYK格式。

③文件保存路径（网络共享文件夹中）：广告设计与制作专业技能考核\××××考场\工位号\。

所附素材：见二维码。

（2）考核时量。

120分钟。

试题编号：Z1-24

根据所提供素材，为"长沙创通科技有限公司"设计标志、薪资袋。

（1）任务描述。

任务内容：

①根据所提供素材进行标志图形创意设计，标志设计应切合主题，符合行业属性，创意造型应兼具形式美与内涵美。

②薪资袋的文字内容以试题素材中企业基本信息为准，要求编排组合严谨规范，版式结构间距合理。

③薪资袋的设计尺寸为110mm×220mm（构图版式横竖不限），以立体效果图展示。

④标志、薪资袋的设计的颜色不超过三色，色调应统一、明快、醒目。

⑤附创意设计说明，字数在50～150字。

作品保存：

①将完成的设计作品和设计说明置于A3横版页面内（420mm×297mm）。

②提交作品源文件格式和预览文件格式（*.jpg）各一份。作品源文件文字需转成曲线或栅格化，*.jpg文件格式要求分辨率为300dpi，色彩模式为CMYK格式。

③文件保存路径（网络共享文件夹中）：广告设计与制作专业技能考核\××××考场\工位号\。

所附素材：见二维码。

（2）考核时量。

120分钟。

试题编号：Z1-25

根据所提供素材，为"湖南金源有限责任公司"设计标志、茶杯、杯垫。

（1）任务描述。

任务内容：

①根据所提供素材进行标志图形创意设计，标志设计应切合主题，符合行业属性，创意造型应兼具形式美与内涵美。

②茶杯、杯垫的文字内容以试题素材中企业基本信息为准，要求编排组合严谨规范、版式结构间距合理。

③茶杯、杯垫的设计尺寸自定，以立体效果图展示。

④标志、茶杯、杯垫的设计的颜色不超过三色，色调应统一、明快、醒目。

⑤附创意设计说明，字数在50~150字。

作品保存：

①将完成的设计作品和设计说明置于A3横版页面内（420mm×297mm）。

②提交作品源文件格式和预览文件格式（*.jpg）各一份。作品源文件文字需转成曲线或栅格化，*.jpg文件格式要求分辨率为300dpi，色彩模式为CMYK格式。

③文件保存路径（网络共享文件夹中）：广告设计与制作专业技能考核\××××考场\工位号\。

所附素材：见二维码。

（2）考核时量。

120分钟。

试题编号：Z1-26

根据所提供素材，为"衡阳玖华广告公司"设计标志、标准字、公文袋。

（1）任务描述。

任务内容：

①根据所提供素材进行标志图形创意设计，标志设计应切合主题，符合行业属性，创意造型应兼具形式美与内涵美。

②标准字、公文袋的文字内容以试题素材中企业基本信息为准，要求编排组合严谨规范、版式结构间距合理。

③公文袋的设计尺寸自定（构图版式横竖不限），以立体效果图展示。

④标志、标准字、公文袋的设计的用色不超过三色，色调应统一、明快、醒目。

⑤附创意设计说明，字数在50~150字。

作品保存：

①将完成的设计作品和设计说明置于A3横版页面内（420mm×297mm）。

②提交作品源文件格式和预览文件格式（*.jpg）各一份。作品源文件文字需转成曲线或栅格化，*.jpg文件格式要求分辨率为300dpi，色彩模式为CMYK格式。

③文件保存路径（网络共享文件夹中）：广告设计与制作专业技能考核\××××考场\工位号\。

所附素材：见二维码。

（2）考核时量。

120分钟。

试题编号：Z1-27

根据所提供素材，为"百湖食品加工有限公司"设计标志、标准字、工作牌。

（1）任务描述。

任务内容：

①根据所提供素材进行标志图形创意设计，标志设计应切合主题，符合行业属性，创意造型应兼具形式美与内涵美。

②标准字、工作牌的文字内容以试题素材中企业基本信息为准，要求编排组合严谨规范，版式结构间距合理。

③工作牌的设计尺寸为110mm×70mm（构图版式横竖不限），以立体效果图展示。

④标志、标准字、工作牌的设计用色不超过三色，色调应统一、明快、醒目。

⑤附创意设计说明，字数在50～150字。

作品保存：

①将完成的设计作品和设计说明置于A3横版页面内（420mm×297mm）。

②提交作品源文件格式和预览文件格式（*.jpg）各一份。作品源文件文字需转成曲线或栅格化，*.jpg文件格式要求分辨率为300dpi，色彩模式为CMYK格式。

③文件保存路径（网络共享文件夹中）：广告设计与制作专业技能考核\××××考场\工位号\。

所附素材：见二维码。

（2）考核时量。

120分钟。

试题编号：Z1-28

根据所提供素材，为"纯域广告有限公司"设计标志、标准字、名片。

（1）任务描述。

任务内容：

①根据所提供素材进行标志图形创意设计，标志设计应切合主题，符合行业属性，创意造型应兼具形式美与内涵美。

②标准字、名片的文字内容以试题素材中企业基本信息为准，要求编排组合严谨规范，版式结构间距合理。

③名片的设计尺寸为90mm×50mm（构图版式横竖不限），以立体效果图展示。

④标志、标准字、名片的设计用色不超过三色，色调应统一、明快、醒目。

⑤附创意设计说明，字数在50～150字。

作品保存：

①将完成的设计作品和设计说明置于A3横版页面内（420mm×297mm）。

②提交作品源文件格式和预览文件格式（*.jpg）各一份。作品源文件文字需转成曲线或栅格化，*.jpg文件格式要求分辨率为300dpi，色彩模式为CMYK格式。

③文件保存路径（网络共享文件夹中）：广告设计与制作专业技能考核\××××考场\工位号\。

所附素材：见二维码。

（2）考核时量。

120分钟。

试题编号：Z1-29

根据所提供素材，为"喜味多酒店"设计标志、标准字、菜单封面。

（1）任务描述。

任务内容：

①根据所提供素材进行标志图形创意设计，标志设计应切合主题，符合行业属性，创意造型应兼具形式美与内涵美。

②标准字、菜单封面的文字内容以试题素材中企业基本信息为准，要求编排组合严谨规范，版式结构间距合理。

③菜单封面的设计尺寸为210mm×285mm（构图版式横竖不限），以立体效果图展示。

④标志、标准字、菜单封面的设计用色不超过三色，色调应统一、明快、醒目。

⑤附创意设计说明，字数在50~150字。

作品保存：

①将完成的设计作品和设计说明置于A3横版页面内（420mm×297mm）。

②提交作品源文件格式和预览文件格式（*.jpg）各一份。作品源文件文字需转成曲线或栅格化，*.jpg文件格式要求分辨率为300dpi，色彩模式为CMYK格式。

③文件保存路径（网络共享文件夹中）：广告设计与制作专业技能考核\××××考场\工位号\。

所附素材：见二维码。

（2）考核时量。

120分钟。

试题编号：Z1-30

根据所提供素材，为"金果食品有限公司"设计标志、标准字与宣传册封面。

（1）任务描述。

任务内容：

①根据所提供素材进行标志图形创意设计，标志设计应切合主题，符合行业属性，创意造型应兼具形式美与内涵美。

②标准字、宣传册封面设计的文字内容以试题素材中企业基本信息为准，要求编排组合严谨规范，版式结构间距合理。

③宣传册封面的设计尺寸为210mm×285mm（构图版式横竖不限），以立体效果图展示。

④标志、标准字、宣传册封面的设计用色不超过三色，色调应统一、明快、醒目。

⑤附创意设计说明，字数在50~150字。

作品保存：

①将完成的设计作品和设计说明置于A3横版页面内（420mm×297mm）。

②提交作品源文件格式和预览文件格式（*.jpg）各一份。作品源文件文字需转成曲线或栅格化，*.jpg文件格式要求分辨率为300dpi，色彩模式为CMYK格式。

③文件保存路径（网络共享文件夹中）：广告设计与制作专业技能考核\××××考场\工位号\。

所附素材：见二维码。

（2）考核时量。

120分钟。

试题编号：Z1-31

根据所提供素材，为"橙天娱乐有限公司"设计标志、标准字与礼品袋。

（1）任务描述。

任务内容：

①根据所提供素材进行标志图形创意设计，标志设计应切合主题，符合行业属性，创意造型应兼具形式美与内涵美。

②标准字、礼品袋的文字内容以试题素材中文字信息为准，要求编排组合严谨规范，版式结构间距合理。

③礼品袋的设计尺寸为170mm×290mm×40mm（构图版式横竖不限），以立体效果图展示。

④标志、标准字、礼品袋的设计用色不超过三色，色调应统一、明快、醒目。

⑤附创意设计说明，字数在50～150字。

作品保存：

①将完成的设计作品和设计说明置于A3横版页面内（420mm×297mm）。

②提交作品源文件格式和预览文件格式（*.jpg）各一份。作品源文件文字需转成曲线或栅格化，*.jpg文件格式要求分辨率为300dpi，色彩模式为CMYK格式。

③文件保存路径（网络共享文件夹中）：广告设计与制作专业技能考核\×××考场\工位号\。

所附素材：见二维码。

（2）考核时量。

120分钟。

试题编号：Z1-32

根据所提供素材，为"华信传媒有限公司"设计标志、标准字与宣传吊旗。

（1）任务描述。

任务内容：

①根据所提供素材进行标志图形创意设计，标志设计应切合主题，符合行业属性，创意造型应兼具形式美与内涵美。

②标准字、宣传吊旗的文字内容以试题素材中文字信息为准，要求编排组合严谨规范，版式结构间距合理。

③宣传吊旗的设计尺寸为170mm×290mm×40mm（构图版式横竖不限），以立体效果图展示。

④标志、标准字、宣传吊旗的设计用色不超过三色，色调应统一、明快、醒目。

⑤附创意设计说明，字数在50～150字。

作品保存：

①将完成的设计作品和设计说明置于A3横版页面内（420mm×297mm）。

②提交作品源文件格式和预览文件格式（*.jpg）各一份。作品源文件文字需转成曲线或栅格化，*.jpg文件格式要求分辨率为300dpi，色彩模式为CMYK格式。

③文件保存路径（网络共享文件夹中）：广告设计与制作专业技能考核\××××考场\工位号\。

所附素材：见二维码。

（2）考核时量。

120分钟。

试题编号：Z1-33

根据所提供素材，为"中阳房产公司"设计标志、标准字与电脑桌面。

（1）任务描述。

任务内容：

①根据所提供素材进行标志图形创意设计，标志设计应切合主题，符合行业属性，创意造型应兼具形式美与内涵美。

②标准字、电脑桌面的文字内容以试题素材中文字信息为准，要求编排组合严谨规范，版式结构间距合理。

③电脑桌面的设计尺寸为16:9比例（构图版式横竖不限），以立体效果图展示。

④标志、标准字、电脑桌面的设计用色不超过三色，色调应统一、明快、醒目。

⑤附创意设计说明，字数在50～150字。

作品保存：

①将完成的设计作品和设计说明置于A3横版页面内（420mm×297mm）。

②提交作品源文件格式和预览文件格式（*.jpg）各一份。作品源文件文字需转成曲线或栅格化，*.jpg文件格式要求分辨率为300dpi，色彩模式为CMYK格式。

③文件保存路径（网络共享文件夹中）：广告设计与制作专业技能考核\××××考场\工位号\。

所附素材：见二维码。

（2）考核时量。

120分钟。

试题编号：Z1-34

根据所提供素材，为"香江教育集团"设计标志、电话记录本封面。

（1）任务描述。

任务内容：

①根据所提供素材进行标志图形创意设计，标志设计应切合主题，符合行业属性，创意造型应兼具形式美与内涵美。

②标准字、电话记录本封面的文字内容以试题素材中文字信息为准，要求编排组合严

谨规范，版式结构间距合理。

③电话记录本封面的设计尺寸为170mm×260mm（构图横式排版），以立体效果图展示。

④标志、电话记录本封面的设计用色不超过三色，色调应统一、明快、醒目。

⑤附创意设计说明，字数在50~150字。

作品保存：

①将完成的设计作品和设计说明置于A3横版页面内（420mm×297mm）。

②提交作品源文件格式和预览文件格式（*.jpg）各一份。作品源文件文字需转成曲线或栅格化，*.jpg文件格式要求分辨率为300dpi，色彩模式为CMYK格式。

③文件保存路径（网络共享文件夹中）：广告设计与制作专业技能考核\××××考场\工位号\。

所附素材：见二维码。

（2）考核时量。

120分钟。

试题编号：Z1-35

根据所提供素材，为"宝龙地产发展公司"设计标志、工作证与水杯。

（1）任务描述。

任务内容：

①根据所提供素材进行标志图形创意设计，标志设计应切合主题，符合行业属性，创意造型应兼具形式美与内涵美。

②标准字、工作证、水杯的文字内容以试题素材中文字信息为准，要求编排组合严谨规范，版式结构间距合理。

③水杯的设计尺寸自定，工作证的设计尺寸为90mm×50mm（构图竖式排版），以立体效果图展示。

④标志、电话记录本封面的设计用色不超过三色，色调应统一、明快、醒目。

⑤附创意设计说明，字数在50~150字。

作品保存：

①将完成的设计作品和设计说明置于A3横版页面内（420mm×297mm）。

②提交作品源文件格式和预览文件格式（*.jpg）各一份。作品源文件文字需转成曲线或栅格化，*.jpg文件格式要求分辨率为300dpi，色彩模式为CMYK格式。

③文件保存路径（网络共享文件夹中）：广告设计与制作专业技能考核\××××考场\工位号\。

所附素材：见二维码。

（2）考核时量。

120分钟。

试题编号：Z1-36

根据所提供素材，为"克拉影视"设计标志、标准字与获奖证书封面。

（1）任务描述。

任务内容：

①根据所提供素材进行标志图形创意设计，标志设计应切合主题，符合行业属性，创意造型应兼具形式美与内涵美。

②标准字、获奖证书的文字内容以试题素材中文字信息为准，要求编排组合严谨规范，版式结构间距合理。

③获奖证书的设计尺寸自定（构图版式横竖不限），以立体效果图展示。

④标志、获奖证书封面的设计用色不超过三色，色调应统一、明快、醒目。

⑤附创意设计说明，字数在50～150字。

作品保存：

①将完成的设计作品和设计说明置于A3横版页面内（420mm×297mm）。

②提交作品源文件格式和预览文件格式（*.jpg）各一份。作品源文件文字需转成曲线或栅格化，*.jpg文件格式要求分辨率为300dpi，色彩模式为CMYK格式。

③文件保存路径（网络共享文件夹中）：广告设计与制作专业技能考核\×××考场\工位号\。

所附素材：见二维码。

（2）考核时量。

120分钟。

试题编号：Z1-37

根据所提供素材，为"广州澳博信息科技有限公司"设计标志、标准字与工作牌。

（1）任务描述。

任务内容：

①根据所提供素材进行标志图形创意设计，标志设计应切合主题，符合行业属性，创意造型应兼具形式美与内涵美。

②标准字、工作牌的文字内容以试题素材中文字信息为准，要求编排组合严谨规范，版式结构间距合理。

③工作牌的设计尺寸为90mm×50mm（构图版式横竖不限），以立体效果图展示。

④标志、工作牌的设计用色不超过三色，色调应统一、明快、醒目。

⑤附创意设计说明，字数在50～150字。

作品保存：

①将完成的设计作品和设计说明置于A3横版页面内（420mm×297mm）。

②提交作品源文件格式和预览文件格式（*.jpg）各一份。作品源文件文字需转成曲线或栅格化，*.jpg文件格式要求分辨率为300dpi，色彩模式为CMYK格式。

③文件保存路径（网络共享文件夹中）：广告设计与制作专业技能考核\×××考场\工位号\。

所附素材：见二维码。

（2）考核时量。

120分钟。

试题编号：Z1-38

根据所提供素材，为"月星家居"设计标志、标准字与徽章。

（1）任务描述。

任务内容：

①根据所提供素材进行标志图形创意设计，标志设计应切合主题，符合行业属性，创意造型应兼具形式美与内涵美。

②标准字、徽章的文字内容以试题素材中文字信息为准，要求编排组合严谨规范，版式结构间距合理。

③徽章的设计尺寸自定（构图版式横竖不限），以立体效果图展示。

④标志、徽章的设计用色不超过三色，色调应统一、明快、醒目。

⑤附创意设计说明，字数在50~150字。

作品保存：

①将完成的设计作品和设计说明置于A3横版页面内（420mm×297mm）。

②提交作品源文件格式和预览文件格式（*.jpg）各一份。作品源文件文字需转成曲线或栅格化，*.jpg文件格式要求分辨率为300dpi，色彩模式为CMYK格式。

③文件保存路径（网络共享文件夹中）：广告设计与制作专业技能考核\××××考场\工位号\。

所附素材：见二维码。

（2）考核时量。

120分钟。

试题编号：Z1-39

根据所提供素材，为"木马工业设计公司"设计标志、标准字与薪资袋。

（1）任务描述。

任务内容：

①根据所提供素材进行标志图形创意设计，标志设计应切合主题，符合行业属性，创意造型应兼具形式美与内涵美。

②标准字、薪资袋的文字内容以试题素材中文字信息为准，要求编排组合严谨规范，版式结构间距合理。

③薪资袋的设计尺寸110mm×220mm（构图版式横竖不限），以立体效果图展示。

④标志、薪资袋的设计用色不超过三色，色调应统一、明快、醒目。

⑤附创意设计说明，字数在50~150字。

作品保存：

①将完成的设计作品和设计说明置于A3横版页面内（420mm×297mm）。

②提交作品源文件格式和预览文件格式（*.jpg）各一份。作品源文件文字需转成曲线或

栅格化，*.jpg文件格式要求分辨率为300dpi，色彩模式为CMYK格式。

③文件保存路径（网络共享文件夹中）：广告设计与制作专业技能考核\××××考场\工位号\。

所附素材：见二维码。

（2）考核时量。

120分钟。

试题编号：Z1-40

根据所提供素材，为"星灿文化传媒"设计标志、标准字与宣传册封面设计。

（1）任务描述。

任务内容：

①根据所提供素材进行标志图形创意设计，标志设计应切合主题，符合行业属性，创意造型应兼具形式美与内涵美。

②标准字、宣传册封面的文字内容以试题素材中文字信息为准，要求编排组合严谨规范，版式结构间距合理。

③宣传册封面的设计尺寸为210mm×285mm（构图版式横竖不限），以立体效果图展示。

④标志、宣传册封面的设计用色不超过三色，色调应统一、明快、醒目。

⑤附创意设计说明，字数在50~150字。

作品保存：

①将完成的设计作品和设计说明置于A3横版页面内（420mm×297mm）。

②提交作品源文件格式和预览文件格式（*.jpg）各一份。作品源文件文字需转成曲线或栅格化，*.jpg文件格式要求分辨率为300dpi，色彩模式为CMYK格式。

③文件保存路径（网络共享文件夹中）：广告设计与制作专业技能考核\××××考场\工位号\。

所附素材：见二维码。

（2）考核时量。

120分钟。

试题编号：Z1-41

根据所提供素材，为"湖南益家俱乐部"设计标志、标准字与手提袋。

（1）任务描述。

任务内容：

①根据所提供素材进行标志图形创意设计，标志设计应切合主题，符合行业属性，创意造型应兼具形式美与内涵美。

②标准字、手提袋的文字内容以试题素材中文字信息为准，要求编排组合严谨规范，版式结构间距合理。

③手提袋的设计尺寸为180mm×300mm×50mm（构图版式横竖不限），以立体效果图

展示。

④标志、宣传册封面的设计用色不超过三色，色调应统一、明快、醒目。

⑤附创意设计说明，字数在50～150字。

作品保存：

①将完成的设计作品和设计说明置于A3横版页面内（420mm×297mm）。

②提交作品源文件格式和预览文件格式（*.jpg）各一份。作品源文件文字需转成曲线或栅格化，*.jpg文件格式要求分辨率为300dpi，色彩模式为CMYK格式。

③文件保存路径（网络共享文件夹中）：广告设计与制作专业技能考核\××××考场\工位号\。

所附素材：见二维码。

（2）考核时量。

120分钟。

试题编号：Z1-42

根据所提供素材，为"长益大药房"设计标志、标准字与手提袋。

（1）任务描述。

任务内容：

①根据所提供素材进行标志图形创意设计，标志设计应切合主题，符合行业属性，创意造型应兼具形式美与内涵美。

②标准字、手提袋的文字内容以试题素材中文字信息为准，要求编排组合严谨规范，版式结构间距合理。

③手提袋的设计尺寸为180mm×300mm×50mm（构图版式横竖不限），以立体效果图展示。

④标志、手提袋的设计用色不超过三色，色调应统一、明快、醒目。

⑤附创意设计说明，字数在50～150字。

作品保存：

①将完成的设计作品和设计说明置于A3横版页面内（420mm×297mm）。

②提交作品源文件格式和预览文件格式（*.jpg）各一份。作品源文件文字需转成曲线或栅格化，*.jpg文件格式要求分辨率为300dpi，色彩模式为CMYK格式。

③文件保存路径（网络共享文件夹中）：广告设计与制作专业技能考核\××××考场\工位号\。

所附素材：见二维码。

（2）考核时量。

120分钟。

试题编号：Z1-43

根据所提供素材，为"ME YOU ME婚庆策划公司"设计标志、标准字与宣传吊旗。

（1）任务描述。

任务内容：

①根据所提供素材进行标志图形创意设计，标志设计应切合主题，符合行业属性，创意造型应兼具形式美与内涵美。

②标准字、宣传吊旗的文字内容以试题素材中文字信息为准，要求编排组合严谨规范，版式结构间距合理。

③宣传吊旗的设计尺寸为180mm×300mm（构图版式横竖不限），以立体效果图展示。

④标志、宣传册封面的设计用色不超过三色，色调应统一、明快、醒目。

⑤附创意设计说明，字数在50～150字。

作品保存：

①将完成的设计作品和设计说明置于A3横版页面内（420mm×297mm）。

②提交作品源文件格式和预览文件格式（*.jpg）各一份。作品源文件文字需转成曲线或栅格化，*.jpg文件格式要求分辨率为300dpi，色彩模式为CMYK格式。

③文件保存路径（网络共享文件夹中）：广告设计与制作专业技能考核\××××考场\工位号\。

所附素材：见二维码。

（2）考核时量。

120分钟。

试题编号：Z1-44，

根据所提供素材，为"长沙飞马创意工作室"设计标志、徽章与电话记录本封面。

（1）任务描述。

任务内容：

①根据所提供素材进行标志图形创意设计，标志设计应切合主题，符合行业属性，创意造型应兼具形式美与内涵美。

②徽章、电话记录本封面的文字内容以试题素材中文字信息为准，要求编排组合严谨规范，版式结构间距合理。

③徽章的设计尺寸自定（造型不限），电话记录本封面的设计尺寸为110mm×165mm（横竖构图不限），以立体效果图展示。

④标志、宣传册封面的设计用色不超过三色，色调应统一、明快、醒目。

⑤附创意设计说明，字数在50～150字。

作品保存：

①将完成的设计作品和设计说明置于A3横版页面内（420mm×297mm）。

②提交作品源文件格式和预览文件格式（*.jpg）各一份。作品源文件文字需转成曲线或栅格化，*.jpg文件格式要求分辨率为300dpi，色彩模式为CMYK格式。

③文件保存路径（网络共享文件夹中）：广告设计与制作专业技能考核\××××考场\工位号\。

所附素材：见二维码。

（2）考核时量。

120分钟。

试题编号：Z1-45

根据所提供素材，为"湖南绿果商贸公司"设计标志、标准字与包装盒。

（1）任务描述。

任务内容：

①根据所提供素材进行标志图形创意设计，标志设计应切合主题，符合行业属性，创意造型应兼具形式美与内涵美。

②标准字、包装盒的文字内容以试题素材中文字信息为准，要求编排组合严谨规范，版式结构间距合理。

③包装盒的设计尺寸为220mm×320mm×150mm，以立体效果图展示。

④标志、包装盒的设计用色不超过三色，色调应统一、明快、醒目。

⑤附创意设计说明，字数在50~150字。

作品保存：

①将完成的设计作品和设计说明置于A3横版页面内（420mm×297mm）。

②提交作品源文件格式和预览文件格式（*.jpg）各一份。作品源文件文字需转成曲线或栅格化，*.jpg文件格式要求分辨率为300dpi，色彩模式为CMYK格式。

③文件保存路径（网络共享文件夹中）：广告设计与制作专业技能考核\××××考场\工位号\。

所附素材：见二维码。

（2）考核时量。

120分钟。

试题编号：Z1-46

根据所提供素材，为"湖南易德妇产医院"设计标志、标准字与宣传卡。

（1）任务描述。

任务内容：

①根据所提供素材进行标志图形创意设计，标志设计应切合主题，符合行业属性，创意造型应兼具形式美与内涵美。

②标准字、宣传卡的文字内容以试题素材中企业基本信息为准，要求编排组合严谨规范，版式结构间距合理。

③、宣传卡的设计尺寸为120mm×90mm（构图版式横竖不限），以立体效果图展示。

④标志、宣传卡的设计颜色不超过三色，色调应统一、明快、醒目。

⑤附创意设计说明，字数在50~150字。

作品保存：

①将完成的设计作品和设计说明置于A3横版页面内（420mm×297mm）。

②提交作品源文件格式和预览文件格式（*.jpg）各一份。作品源文件文字需转成曲线或栅格化，*.jpg文件格式要求分辨率为300dpi，色彩模式为CMYK格式。

③文件保存路径（网络共享文件夹中）：广告设计与制作专业技能考核\××××考场\工位号\。

所附素材：见二维码。

（2）考核时量。

120分钟。

试题编号：Z1-47

根据所提供素材，为"长沙国天花园大酒店"设计标志、标准字与工作牌。

（1）任务描述。

任务内容：

①根据所提供素材进行标志图形创意设计，标志设计应切合主题，符合行业属性，创意造型应兼具形式美与内涵美。

②标准字、工作牌的文字内容以试题素材中文字信息为准，要求编排组合严谨规范，版式结构间距合理。

③工作牌的设计尺寸为120mm×90mm（构图版式横竖不限），以立体效果图展示。

④标志、工作牌的设计颜色不超过三色，色调应统一、明快、醒目。

⑤附创意设计说明，字数在50～150字。

作品保存：

①将完成的设计作品和设计说明置于A3横版页面内（420mm×297mm）。

②提交作品源文件格式和预览文件格式（*.jpg）各一份。作品源文件文字需转成曲线或栅格化，*.jpg文件格式要求分辨率为300dpi，色彩模式为CMYK格式。

③文件保存路径（网络共享文件夹中）：广告设计与制作专业技能考核\××××考场\工位号\。

所附素材：见二维码。

（2）考核时量。

120分钟。

试题编号：Z1-48

根据所提供素材，为"湖南蓝海电子科技公司"设计标志、标准字与名片。

（1）任务描述。

任务内容：

①根据所提供素材进行标志图形创意设计，标志设计应切合主题，符合行业属性，创意造型应兼具形式美与内涵美。

②标准字、名片的文字内容以试题素材中文字信息为准，要求编排组合严谨规范，版式结构间距合理。

③名片的设计尺寸为55mm×90mm（构图版式横竖不限），以立体效果图展示。

④标志、宣传册封面的设计颜色不超过三色，色调应统一、明快、醒目。

⑤附创意设计说明，字数在50～150字。

作品保存：

①将完成的设计作品和设计说明置于A3横版页面内（420mm×297mm）。

②提交作品源文件格式和预览文件格式（*.jpg）各一份。作品源文件文字需转成曲线或

栅格化，*.jpg文件格式要求分辨率为300dpi，色彩模式为CMYK格式。

③文件保存路径（网络共享文件夹中）：广告设计与制作专业技能考核\××××考场\工位号\。

所附素材：见二维码。

（2）考核时量。

120分钟。

试题编号：Z1-49

根据所提供素材，为"湖南世纪家园房地产公司"设计标志、名片与名片盒。

（1）任务描述。

任务内容：

①根据所提供素材进行标志图形创意设计，标志设计应切合主题，符合行业属性，创意造型应兼具形式美与内涵美。

②名片、名片盒的文字内容以试题素材中文字信息为准，要求编排组合严谨规范，版式结构间距合理。

③名片的设计尺寸为50mm×90mm（构图版式横竖不限），名片盒的设计尺寸为55mm×92mm（构图版式横竖不限），以立体效果图展示。

④标志、名片、名片盒的设计颜色不超过三色，色调应统一、明快、醒目。

⑤附创意设计说明，字数在50~150字。

作品保存：

①将完成的设计作品和设计说明置于A3横版页面内（420mm×297mm）。

②提交作品源文件格式和预览文件格式（*.jpg）各一份。作品源文件文字需转成曲线或栅格化，*.jpg文件格式要求分辨率为300dpi，色彩模式为CMYK格式。

③文件保存路径（网络共享文件夹中）：广告设计与制作专业技能考核\××××考场\工位号\。

所附素材：见二维码。

（2）考核时量。

120分钟。

试题编号：Z1-50

根据所提供素材，为"长沙聚创广告公司"设计标志、标准字与宣传册封面。

（1）任务描述。

任务内容：

①根据所提供素材进行标志图形创意设计，标志设计应切合主题，符合行业属性，创意造型应兼具形式美与内涵美。

②标准字、宣传册封面的文字内容以试题素材中文字信息为准，要求编排组合严谨规范，版式结构间距合理。

③宣传册封面的设计尺寸为210mm×285mm（构图版式横竖不限），以立体效果图

展示。

④标志、名片、名片盒的设计颜色不超过三色，色调应统一、明快、醒目。

⑤附创意设计说明，字数在50～150字。

作品保存：

①将完成的设计作品和设计说明置于A3横版页面内（420mm×297mm）。

②提交作品源文件格式和预览文件格式（*.jpg）各一份。作品源文件文字需转成曲线或栅格化，*.jpg文件格式要求分辨率为300dpi，色彩模式为CMYK格式。

③文件保存路径（网络共享文件夹中）：广告设计与制作专业技能考核\××××考场\工位号\。

所附素材：见二维码。

（2）考核时量。

120分钟。

（二）模块二　包装设计与制作

1.考核评价标准（表2-17）

表2-17　包装设计与制作考核评分细则

评价内容		配分	评分标准	
职业素养（10分）	专业素质	4分	按考试要求进行创作，不抄袭他人作品，创作内容积极向上	4分
	文明素质	6分	1.举止文明，遵守考场纪律	2分
			2.按照考试要求，正确填写个人信息并提交试卷	2分
			3.卷面干净、整洁，不绘制恶俗、低俗作品	2分
工作任务（90分）	创意构思	30分	1.创意新颖，构思符合节约与绿色的理念，切合主题设计要求	26～30分
			2.创意平淡，构思符合节约与绿色的理念，基本切合主题设计要求	18～25分
			3.创意拼凑，构思随意，没有考虑节约与绿色的理念，不切合主题设计要求	0～17分
	软件技能应用	20分	1.软件应用技术娴熟，图文元素艺术处理生动，包装结构设计合理、实用，色彩运用符合产品特性	17～20分
			2.软件应用技术较熟练，图文元素艺术处理自然，包装结构设计符合要求，色彩运用基本符合产品特性	12～16分
			3.软件应用技术生疏，图文元素设计简单，包装结构设计错乱，色彩运用随意	0～11分
	画面整体效果	30分	1.包装主题信息突出，图文设计要素完整，编排有特色，设计完整	26～30分
			2.包装整体效果平淡，主题信息不够突出，图文设计要素基本完整，设计有缺失	18～25分
			3.包装整体效果弱，包装主题信息不明，图文设计要素不完整，设计有缺失	0～17分
	创意表述	10分	1.表述清晰，创意解析明确，切合主题，无错别字	8～10分
			2.表述平淡，创意解析明确，基本切合主题，有错别字	6～7分
			3.表述不清，创意解析牵强，有错别字	0～5分
合计			100分	
备注		出现以下任意一种情况将做不合格处理： 1.考试舞弊、作品抄袭 2.没有按要求完成考生信息登记 3.未按试题要求保存文件 4.绘制恶俗、低俗包装设计作品		

2.考场实施条件（表2-18）

表2-18　包装设计与制作考场基本实施条件

项目	基本实施条件	备注
考场	每个考场配置40个操作台面和座位，照明通风良好	考场必备
设备	每个考场配一台服务器、40台电脑，并开通考场局域网 电脑配置基本要求如下： 1.Intel 酷睿 i7 4.2GHz 以上处理器 2.8GB 内存 3.1TB 可用硬盘空间 4. 显示屏达到 1920×1080 像素，显存达到2GB 以上，位宽 128 位以上 5. 标准键盘与滚轴三键光学鼠标	考场必备
软件 （正版）	考场每台电脑配备的辅助设计软件如下： 1. Adobe Photoshop CS5（中文版）及以上 2. CorelDraw X4（中文版）及以上 3. Adobe Illustrator CS5（中文版）及以上 4. Word 2007 及以上 5. 安装方正字库一套	考场必备
应试软件 运行环境	Windows® 7 操作系统（正版）	考场必备
监考人员	由教育厅组织抽调非考点院校相关专业老师担任监考人员，每 1 ～ 15 个考生配一名监考人员	考场必备

3. 考核题库

试题编号：Z2-1

以"伊利婴幼儿奶粉"为主题，设计一款产品商业包装盒。

（1）任务描述。

任务内容：

①根据所给题目主题进行构思设计，完成包装盒展开图、正视图、侧视图、顶视图各一份，尺寸和包装方式依据商品内容自定。

②运用专业软件对包装文字和图形进行艺术处理。

③图文要素运用得当，画面整体效果层次分明，产品说明文字可用线框示意。

④附创意设计说明，字数在50～150字。

作品保存：

①将完成作品和设计说明置于A3（420mm×297mm）页面，构图版式横竖不限。

②提交设计源文件格式和预览文件格式（*.jpg）各一份。源文件格式文字需转成曲线或栅格化，*.jpg文件格式要求分辨率为300dpi，色彩模式为CMYK格式。

③文件保存路径（网络共享文件夹中）：广告设计与制作专业技能考核\×××考场\工位号\。

（2）考核时量。

120分钟。

试题编号：Z2-2

以"VIVO智能手机"为主题，设计一款产品商业包装盒。

（1）任务描述。

任务内容：

①根据所给题目主题进行构思设计，完成包装盒展开图、正视图、侧视图、顶视图各一份，尺寸和包装方式依据商品内容自定。

②运用专业软件对包装文字和图形进行艺术处理。

③图文要素运用得当，画面整体效果层次分明，产品说明文字可用线框示意。

④附创意设计说明，字数在50～150字。

作品保存：

①将完成作品和设计说明置于A3（420mm×297mm）页面，构图版式横竖不限。

②提交设计源文件格式和预览文件格式（＊.jpg）各一份。源文件格式文字需转成曲线或栅格化，＊.jpg文件格式要求分辨率为300dpi，色彩模式为CMYK格式。

③文件保存路径（网络共享文件夹中）：广告设计与制作专业技能考核\××××考场\工位号\。

（2）考核时量。

120分钟。

试题编号：Z2-3

以"一叶子面膜"为主题，设计一款产品商业包装盒。

（1）任务描述。

任务内容：

①根据所给题目主题进行构思设计，完成包装盒展开图、正视图、侧视图、顶视图各一份，尺寸和包装方式依据商品内容自定。

②运用专业软件对包装文字和图形进行艺术处理。

③图文要素运用得当，画面整体效果层次分明，产品说明文字可用线框示意。

④附创意设计说明，字数在50～150字。

作品保存：

①将完成作品和设计说明置于A3（420mm×297mm）页面，构图版式横竖不限。

②提交设计源文件格式和预览文件格式（＊.jpg）各一份。源文件格式文字需转成曲线或栅格化，＊.jpg文件格式要求分辨率为300dpi，色彩模式为CMYK格式。

③文件保存路径（网络共享文件夹中）：广告设计与制作专业技能考核\××××考场\工位号\。

（2）考核时量。

120分钟。

试题编号：Z2-4

以"蒙牛优品婴幼儿配方奶粉"为主题，设计一款产品商业包装盒。

（1）任务描述。

任务内容：

①根据所给题目主题进行构思设计，完成包装盒展开图、正视图、侧视图、顶视图各一份，尺寸和包装方式依据商品内容自定。

②运用专业软件对包装文字和图形进行艺术处理。

③图文要素运用得当，画面整体效果层次分明，产品说明文字可用线框示意。

④附创意设计说明，字数在50～150字。

作品保存：

①将完成作品和设计说明置于A3（420mm×297mm）页面，构图版式横竖不限。

②提交设计源文件格式和预览文件格式（*.jpg）各一份。源文件格式文字需转成曲线或栅格化，*.jpg文件格式要求分辨率为300dpi，色彩模式为CMYK格式。

③文件保存路径（网络共享文件夹中）：广告设计与制作专业技能考核\××××考场\工位号\。

（2）考核时量。

120分钟。

试题编号：Z2-5

以"旺仔牛奶"为主题，设计一款产品商业包装盒。

（1）任务描述。

任务内容：

①根据所给题目主题进行构思设计，完成包装盒展开图、正视图、侧视图、顶视图各一份，尺寸和包装方式依据商品内容自定。

②运用专业软件对包装文字和图形进行艺术处理。

③图文要素运用得当，画面整体效果层次分明，产品说明文字可用线框示意。

④附创意设计说明，字数在50～150字。

作品保存：

①将完成作品和设计说明置于A3（420mm×297mm）页面，构图版式横竖不限。

②提交设计源文件格式和预览文件格式（*.jpg）各一份。源文件格式文字需转成曲线或栅格化，*.jpg文件格式要求分辨率为300dpi，色彩模式为CMYK格式。

③文件保存路径（网络共享文件夹中）：广告设计与制作专业技能考核\××××考场\工位号\。

（2）考核时量。

120分钟。

试题编号：Z2-6

以纸盒装"郁美净儿童霜"为主题，设计一款产品商业包装盒。

（1）任务描述。

任务内容：

①根据所给题目主题进行构思设计，完成包装盒展开图、正视图、侧视图、顶视图各一份，尺寸和包装方式依据商品内容自定。

②运用专业软件对包装文字和图形进行艺术处理。

③图文要素运用得当，画面整体效果层次分明，产品说明文字可用线框示意。

④附创意设计说明，字数在50～150字。

作品保存：

①将完成作品和设计说明置于A3（420mm×297mm）页面，构图版式横竖不限。

②提交设计源文件格式和预览文件格式（*.jpg）各一份。源文件格式文字需转成曲线或栅格化，*.jpg文件格式要求分辨率为300dpi，色彩模式为CMYK格式。

③文件保存路径（网络共享文件夹中）：广告设计与制作专业技能考核\××××考场\工位号\。

（2）考核时量。

120分钟。

试题编号：Z2-7

以"奥利奥夹心巧克力饼干"为主题，设计一款产品商业包装盒。

（1）任务描述。

任务内容：

①根据所给题目主题进行构思设计，完成包装盒展开图、正视图、侧视图、顶视图各一份，尺寸和包装方式依据商品内容自定。

②运用专业软件对包装文字和图形进行艺术处理。

③图文要素运用得当，画面整体效果层次分明，产品说明文字可用线框示意。

④附创意设计说明，字数在50～150字。

作品保存：

①将完成作品和设计说明置于A3（420mm×297mm）页面，构图版式横竖不限。

②提交设计源文件格式和预览文件格式（*.jpg）各一份。源文件格式文字需转成曲线或栅格化，*.jpg文件格式要求分辨率为300dpi，色彩模式为CMYK格式。

③文件保存路径（网络共享文件夹中）：广告设计与制作专业技能考核\××××考场\工位号\。

（2）考核时量。

120分钟。

试题编号：Z2-8

以"乐事薯片"为主题，设计一件产品商业包装袋。

（1）任务描述。

任务内容：

①根据所给题目主题进行构思设计，完成包装袋展开图、正视图各一份，尺寸和包装方式依据商品内容自定。

②运用专业软件对包装文字和图形进行艺术处理。

③图文要素运用得当，画面整体效果层次分明，产品说明文字可用线框示意。

④附创意设计说明，字数在50～150字。

作品保存：

①将完成作品和设计说明置于A3（420mm×297mm）页面，构图版式横竖不限。

②提交设计源文件格式和预览文件格式（*.jpg）各一份。源文件格式文字需转成曲线或栅格化，*.jpg文件格式要求分辨率为300dpi，色彩模式为CMYK格式。

③文件保存路径（网络共享文件夹中）：广告设计与制作专业技能考核\××××考场\工位号\。

（2）考核时量。

120分钟。

试题编号：Z2-9

以"良品铺子酥脆饼"为主题，设计一款产品商业包装盒。

（1）任务描述。

任务内容：

①根据所给题目主题进行构思设计，完成包装盒展开图、正视图、侧视图、顶视图各一份，尺寸和包装方式依据商品内容自定。

②运用专业软件对包装文字和图形进行艺术处理。

③图文要素运用得当，画面整体效果层次分明，产品说明文字可用线框示意。

④附创意设计说明，字数在50～150字。

作品保存：

①将完成作品和设计说明置于A3（420mm×297mm）页面，构图版式横竖不限。

②提交设计源文件格式和预览文件格式（*.jpg）各一份。源文件格式文字需转成曲线或栅格化，*.jpg文件格式要求分辨率为300dpi，色彩模式为CMYK格式。

③文件保存路径（网络共享文件夹中）：广告设计与制作专业技能考核\××××考场\工位号\。

（2）考核时量。

120分钟。

试题编号：Z2-10

以"三只松鼠开心果"为主题，设计一件产品商业包装袋。

（1）任务描述。

任务内容：

①根据所给题目主题进行构思设计，完成包装袋展开图、正视图各一份，尺寸和包装方式依据商品内容自定。

②运用专业软件对包装文字和图形进行艺术处理。

③图文要素运用得当，画面整体效果层次分明，产品说明文字可用线框示意。

④附创意设计说明，字数在50～150字。

作品保存：

①将完成作品和设计说明置于A3（420mm×297mm）页面，构图版式横竖不限。

②提交设计源文件格式和预览文件格式（*.jpg）各一份。源文件格式文字需转成曲线或栅格化，*.jpg文件格式要求分辨率为300dpi，色彩模式为CMYK格式。

③文件保存路径（网络共享文件夹中）：广告设计与制作专业技能考核\××××考场\工位号\。

（2）考核时量。

120分钟。

试题编号：Z2-11

以"百草味猪肉脯"为主题，设计一件产品商业包装袋。

（1）任务描述。

任务内容：

①根据所给题目主题进行构思设计，完成包装袋展开图、正视图各一份，尺寸和包装方式依据商品内容自定。

②运用专业软件对包装文字和图形进行艺术处理。

③图文要素运用得当，画面整体效果层次分明，产品说明文字可用线框示意。

④附创意设计说明，字数在50～150字。

作品保存：

①将完成作品和设计说明置于A3（420mm×297mm）页面，构图版式横竖不限。

②提交设计源文件格式和预览文件格式（*.jpg）各一份。源文件格式文字需转成曲线或栅格化，*.jpg文件格式要求分辨率为300dpi，色彩模式为CMYK格式。

③文件保存路径（网络共享文件夹中）：广告设计与制作专业技能考核\××××考场\工位号\。

（2）考核时量。

120分钟。

试题编号：Z2-12

以"德芙巧克力"为主题，设计一款产品商业包装盒。

（1）任务描述。

任务内容：

①根据所给题目主题进行构思设计，完成包装盒展开图、正视图、侧视图、顶视图各一份，尺寸和包装方式依据商品内容自定。

②运用专业软件对包装文字和图形进行艺术处理。

③图文要素运用得当，画面整体效果层次分明，产品说明文字可用线框示意。

④附创意设计说明，字数在50～150字。

作品保存：

①将完成作品和设计说明置于A3（420mm×297mm）页面，构图版式横竖不限。

②提交设计源文件格式和预览文件格式（*.jpg）各一份。源文件格式文字需转成曲线或栅格化，*.jpg文件格式要求分辨率为300dpi，色彩模式为CMYK格式。

③文件保存路径（网络共享文件夹中）：广告设计与制作专业技能考核\×××考场\工位号\。

（2）考核时量。

120分钟。

试题编号：Z2-13

以"良品铺子黄油曲奇饼干"为主题，设计一款产品商业包装盒。

（1）任务描述。

任务内容：

①根据所给题目主题进行构思设计，完成包装盒展开图、正视图、侧视图、顶视图各一份，尺寸和包装方式依据商品内容自定。

②运用专业软件对包装文字和图形进行艺术处理。

③图文要素运用得当，画面整体效果层次分明，产品说明文字可用线框示意。

④附创意设计说明，字数在50~150字。

作品保存：

①将完成作品和设计说明置于A3（420mm×297mm）页面，构图版式横竖不限。

②提交设计源文件格式和预览文件格式（*.jpg）各一份。源文件格式文字需转成曲线或栅格化，*.jpg文件格式要求分辨率为300dpi，色彩模式为CMYK格式。

③文件保存路径（网络共享文件夹中）：广告设计与制作专业技能考核\×××考场\工位号\。

（2）考核时量。

120分钟。

试题编号：Z2-14

以"云南白药牙膏"为主题，设计一款产品商业包装盒。

（1）任务描述。

任务内容：

①根据所给题目主题进行构思设计，完成包装盒展开图、正视图、侧视图、顶视图各一份，尺寸和包装方式依据商品内容自定。

②运用专业软件对包装文字和图形进行艺术处理。

③图文要素运用得当，画面整体效果层次分明，产品说明文字可用线框示意。

④附创意设计说明，字数在50~150字。

作品保存：

①将完成作品和设计说明置于A3（420mm×297mm）页面，构图版式横竖不限。

②提交设计源文件格式和预览文件格式（*.jpg）各一份。源文件格式文字需转成曲线或

栅格化，*.jpg文件格式要求分辨率为300dpi，色彩模式为CMYK格式。

③文件保存路径（网络共享文件夹中）：广告设计与制作专业技能考核\×××考场\工位号\。

（2）考核时量。

120分钟。

试题编号：Z2-15

以"黑人牙膏"为主题，设计一款产品商业包装盒。

（1）任务描述。

任务内容：

①根据所给题目主题进行构思设计，完成包装盒展开图、正视图、侧视图、顶视图各一份，尺寸和包装方式依据商品内容自定。

②运用专业软件对包装文字和图形进行艺术处理。

③图文要素运用得当，画面整体效果层次分明，产品说明文字可用线框示意。

④附创意设计说明，字数在50~150字。

作品保存：

①将完成作品和设计说明置于A3（420mm×297mm）页面，构图版式横竖不限。

②提交设计源文件格式和预览文件格式（*.jpg）各一份。源文件格式文字需转成曲线或栅格化，*.jpg文件格式要求分辨率为300dpi，色彩模式为CMYK格式。

③文件保存路径（网络共享文件夹中）：广告设计与制作专业技能考核\×××考场\工位号\。

（2）考核时量。

120分钟。

试题编号：Z2-16

以"帮宝适纸尿裤"为主题，设计一件产品商业包装袋。

（1）任务描述。

任务内容：

①根据所给题目主题进行构思设计，完成包装袋展开图、正视图、侧视图各一份，尺寸和包装方式依据商品内容自定。

②运用专业软件对包装文字和图形进行艺术处理。

③图文要素运用得当，画面整体效果层次分明，产品说明文字可用线框示意。

④附创意设计说明，字数在50~150字。

作品保存：

①将完成作品和设计说明置于A3（420mm×297mm）页面，构图版式横竖不限。

②提交设计源文件格式和预览文件格式（*.jpg）各一份。源文件格式文字需转成曲线或栅格化，*.jpg文件格式要求分辨率为300dpi，色彩模式为CMYK格式。

③文件保存路径（网络共享文件夹中）：广告设计与制作专业技能考核\×××考

场\工位号\。

（2）考核时量。

120分钟。

试题编号：Z2-17

以"心相印手帕纸"为主题，设计一件产品商业包装袋。

（1）任务描述。

任务内容：

①根据所给题目主题进行构思设计，完成包装袋展开图、正视图、侧视图、各一份（尺寸和包装方式依据商品内容自定）。

②运用专业软件对包装文字和图形进行艺术处理。

③图文要素运用得当，画面整体效果层次分明，产品说明文字可用线框示意。

④附创意设计说明，字数在50~150字。

作品保存：

①将完成作品和设计说明置于A3（420mm×297mm）页面，构图版式横竖不限。

②提交设计源文件格式和预览文件格式（*.jpg）各一份。源文件格式文字需转成曲线或栅格化，*.jpg文件格式要求分辨率为300dpi，色彩模式为CMYK格式。

③文件保存路径（网络共享文件夹中）：广告设计与制作专业技能考核\××××考场\工位号\。

（2）考核时量。

120分钟。

试题编号：Z2-18

以"心相印抽纸"为主题，设计一款产品商业包装盒。

（1）任务描述。

任务内容：

①根据所给题目主题进行构思设计，完成包装盒展开图、正视图、侧视图、顶视图各一份，尺寸和包装方式依据商品内容自定。

②运用专业软件对包装文字和图形进行艺术处理。

③图文要素运用得当，画面整体效果层次分明，产品说明文字可用线框示意。

④附创意设计说明，字数在50~150字。

作品保存：

①将完成作品和设计说明置于A3（420mm×297mm）页面，构图版式横竖不限。

②提交设计源文件格式和预览文件格式（*.jpg）各一份。源文件格式文字需转成曲线或栅格化，*.jpg文件格式要求分辨率为300dpi，色彩模式为CMYK格式。

③文件保存路径（网络共享文件夹中）：广告设计与制作专业技能考核\××××考场\工位号\。

（2）考核时量。

120分钟。

试题编号：Z2-19

以"康师傅3+2苏打夹心饼干"为主题，设计一款产品商业包装盒。

（1）任务描述。

任务内容：

①根据所给题目主题进行构思设计，完成包装盒展开图、正视图、侧视图、顶视图各一份，尺寸和包装方式依据商品内容自定。

②运用专业软件对包装文字和图形进行艺术处理。

③图文要素运用得当，画面整体效果层次分明，产品说明文字可用线框示意。

④附创意设计说明，字数在50~150字。

作品保存：

①将完成作品和设计说明置于A3（420mm×297mm）页面，构图版式横竖不限。

②提交设计源文件格式和预览文件格式（*.jpg）各一份。源文件格式文字需转成曲线或栅格化，*.jpg文件格式要求分辨率为300dpi，色彩模式为CMYK格式。

③文件保存路径（网络共享文件夹中）：广告设计与制作专业技能考核\××××考场\工位号\。

（2）考核时量。

120分钟。

试题编号：Z2-20

以"牙痒痒原味香干"为主题，设计一件产品商业包装袋。

（1）任务描述。

任务内容：

①根据所给题目主题进行构思设计，完成包装袋展开图、正视图、侧视图各一份，尺寸和包装方式依据商品内容自定。

②运用专业软件对包装文字和图形进行艺术处理。

③图文要素运用得当，画面整体效果层次分明，产品说明文字可用线框示意。

④附创意设计说明，字数在50~150字。

作品保存：

①将完成作品和设计说明置于A3（420mm×297mm）页面，构图版式横竖不限。

②提交设计源文件格式和预览文件格式（*.jpg）各一份。源文件格式文字需转成曲线或栅格化，*.jpg文件格式要求分辨率为300dpi，色彩模式为CMYK格式。

③文件保存路径（网络共享文件夹中）：广告设计与制作专业技能考核\××××考场\工位号\。

（2）考核时量。

120分钟。

试题编号：Z2-21

以"蒙牛谷粒早餐奶"为主题，设计一款产品商业包装盒。

（1）任务描述。

任务内容：

①根据所给题目主题进行构思设计，完成包装盒展开图、正视图、侧视图、顶视图各一份，尺寸和包装方式依据商品内容自定。

②运用专业软件对包装文字和图形进行艺术处理。

③图文要素运用得当，画面整体效果层次分明，产品说明文字可用线框示意。

④附创意设计说明，字数在50~150字。

作品保存：

①将完成作品和设计说明置于A3（420mm×297mm）页面，构图版式横竖不限。

②提交设计源文件格式和预览文件格式（*.jpg）各一份。源文件格式文字需转成曲线或栅格化，*.jpg文件格式要求分辨率为300dpi，色彩模式为CMYK格式。

③文件保存路径（网络共享文件夹中）：广告设计与制作专业技能考核\××××考场\工位号\。

（2）考核时量。

120分钟。

试题编号：Z2-22

以"亨氏婴儿营养米粉"为主题，设计一款产品商业包装盒。

（1）任务描述。

任务内容：

①根据所给题目主题进行构思设计，完成包装盒展开图、正视图、侧视图、顶视图各一份，尺寸和包装方式依据商品内容自定。

②运用专业软件对包装文字和图形进行艺术处理。

③图文要素运用得当，画面整体效果层次分明，产品说明文字可用线框示意。

④附创意设计说明，字数在50~150字。

作品保存：

①将完成作品和设计说明置于A3（420mm×297mm）页面，构图版式横竖不限。

②提交设计源文件格式和预览文件格式（*.jpg）各一份。源文件格式文字需转成曲线或栅格化，*.jpg文件格式要求分辨率为300dpi，色彩模式为CMYK格式。

③文件保存路径（网络共享文件夹中）：广告设计与制作专业技能考核\××××考场\工位号\。

（2）考核时量。

120分钟。

试题编号：Z2-23

以"雀巢咖啡礼盒"为主题，设计一款产品商业包装盒。

（1）任务描述。

任务内容：

①根据所给题目主题进行构思设计，完成包装盒展开图、正视图、侧视图、顶视图各

一份，尺寸和包装方式依据商品内容自定。

②运用专业软件对包装文字和图形进行艺术处理。

③图文要素运用得当，画面整体效果层次分明，产品说明文字可用线框示意。

④附创意设计说明，字数在50～150字。

作品保存：

①将完成作品和设计说明置于A3（420mm×297mm）页面，构图版式横竖不限。

②提交设计源文件格式和预览文件格式（*.jpg）各一份。源文件格式文字需转成曲线或栅格化，*.jpg文件格式要求分辨率为300dpi，色彩模式为CMYK格式。

③文件保存路径（网络共享文件夹中）：广告设计与制作专业技能考核\××××考场\工位号\。

（2）考核时量。

120分钟。

试题编号：Z2-24

以"五月花抽纸巾"为主题，设计一款产品商业包装盒。

（1）任务描述。

任务内容：

①根据所给题目主题进行构思设计，完成包装盒展开图、正视图、侧视图、顶视图各一份，尺寸和包装方式依据商品内容自定。

②运用专业软件对包装文字和图形进行艺术处理。

③图文要素运用得当，画面整体效果层次分明，产品说明文字可用线框示意。

④附创意设计说明，字数在50～150字。

作品保存：

①将完成作品和设计说明置于A3（420mm×297mm）页面，构图版式横竖不限。

②提交设计源文件格式和预览文件格式（*.jpg）各一份。源文件格式文字需转成曲线或栅格化，*.jpg文件格式要求分辨率为300dpi，色彩模式为CMYK格式。

③文件保存路径（网络共享文件夹中）：广告设计与制作专业技能考核\××××考场\工位号\。

（2）考核时量。

120分钟。

试题编号：Z2-25

以"OPPO R11s智能手机"为主题，设计一款产品商业包装盒。

（1）任务描述。

任务内容：

①根据所给题目主题进行构思设计，完成包装盒展开图、正视图、侧视图、顶视图各一份，尺寸和包装方式依据商品内容自定。

②运用专业软件对包装文字和图形进行艺术处理。

③图文要素运用得当，画面整体效果层次分明，产品说明文字可用线框示意。

④附创意设计说明，字数在50~150字。

作品保存：

①将完成作品和设计说明置于A3（420mm×297mm）页面，构图版式横竖不限。

②提交设计源文件格式和预览文件格式（*.jpg）各一份。源文件格式文字需转成曲线或栅格化，*.jpg文件格式要求分辨率为300dpi，色彩模式为CMYK格式。

③文件保存路径（网络共享文件夹中）：广告设计与制作专业技能考核\××××考场\工位号\。

（2）考核时量。

120分钟。

试题编号：Z2-26

以"佳洁士炫白去渍牙膏"为主题，设计一款产品商业包装盒。

（1）任务描述。

任务内容：

①根据所给题目主题进行构思设计，完成包装盒展开图、正视图、侧视图、顶视图各一份，尺寸和包装方式依据商品内容自定。

②运用专业软件对包装文字和图形进行艺术处理。

③图文要素运用得当，画面整体效果层次分明，产品说明文字可用线框示意。

④附创意设计说明，字数在50~150字。

作品保存：

①将完成作品和设计说明置于A3（420mm×297mm）页面，构图版式横竖不限。

②提交设计源文件格式和预览文件格式（*.jpg）各一份。源文件格式文字需转成曲线或栅格化，*.jpg文件格式要求分辨率为300dpi，色彩模式为CMYK格式。

③文件保存路径（网络共享文件夹中）：广告设计与制作专业技能考核\××××考场\工位号\。

（2）考核时量。

120分钟。

试题编号：Z2-27

以"祁门红茶"为主题，设计一款产品商业包装盒。

（1）任务描述。

任务内容：

①根据所给题目主题进行构思设计，完成包装盒展开图、正视图、侧视图、顶视图各一份，尺寸和包装方式依据商品内容自定。

②运用专业软件对包装文字和图形进行艺术处理。

③图文要素运用得当，画面整体效果层次分明，产品说明文字可用线框示意。

④附创意设计说明，字数在50~150字。

作品保存：

①将完成作品和设计说明置于A3（420mm×297mm）页面，构图版式横竖不限。

②提交设计源文件格式和预览文件格式（*.jpg）各一份。源文件格式文字需转成曲线或栅格化，*.jpg文件格式要求分辨率为300dpi，色彩模式为CMYK格式。

③文件保存路径（网络共享文件夹中）：广告设计与制作专业技能考核\××××考场\工位号\。

（2）考核时量。

120分钟。

试题编号：Z2-28

以"普洱茶"礼盒为主题，设计一款产品商业包装盒。

（1）任务描述。

任务内容：

①根据所给题目主题进行构思设计，完成包装盒展开图、正视图、侧视图、顶视图各一份，尺寸和包装方式依据商品内容自定。

②运用专业软件对包装文字和图形进行艺术处理。

③图文要素运用得当，画面整体效果层次分明，产品说明文字可用线框示意。

④附创意设计说明，字数在50～150字。

作品保存：

①将完成作品和设计说明置于A3（420mm×297mm）页面，构图版式横竖不限。

②提交设计源文件格式和预览文件格式（*.jpg）各一份。源文件格式文字需转成曲线或栅格化，*.jpg文件格式要求分辨率为300dpi，色彩模式为CMYK格式。

③文件保存路径（网络共享文件夹中）：广告设计与制作专业技能考核\××××考场\工位号\。

（2）考核时量。

120分钟。

试题编号：Z2-29

以"铁观音"茶叶礼盒为主题，设计一款产品商业包装盒。

（1）任务描述。

任务内容：

①根据所给题目主题进行构思设计，完成包装盒展开图、正视图、侧视图、顶视图各一份，尺寸和包装方式依据商品内容自定。

②运用专业软件对包装文字和图形进行艺术处理。

③图文要素运用得当，画面整体效果层次分明，产品说明文字可用线框示意。

④附创意设计说明，字数在50～150字。

作品保存：

①将完成作品和设计说明置于A3（420mm×297mm）页面，构图版式横竖不限。

②提交设计源文件格式和预览文件格式（*.jpg）各一份。源文件格式文字需转成曲线或栅格化，*.jpg文件格式要求分辨率为300dpi，色彩模式为CMYK格式。

③文件保存路径（网络共享文件夹中）：广告设计与制作专业技能考核\××××考场\工位号\。

（2）考核时量。

120分钟。

试题编号：Z2-30

以"碧螺春"茶叶礼盒为主题，设计一款产品商业包装盒。

（1）任务描述。

任务内容：

①根据所给题目主题进行构思设计，完成包装盒展开图、正视图、侧视图、顶视图各一份，尺寸和包装方式依据商品内容自定。

②运用专业软件对包装文字和图形进行艺术处理。

③图文要素运用得当，画面整体效果层次分明,产品说明文字可用线框示意。

④附创意设计说明，字数在50～150字。

作品保存：

①将完成作品和设计说明置于A3（420mm×297mm）页面，构图版式横竖不限。

②提交设计源文件格式和预览文件格式（*.jpg）各一份。源文件格式文字需转成曲线或栅格化，*.jpg文件格式要求分辨率为300dpi，色彩模式为CMYK格式。

③文件保存路径（网络共享文件夹中）：广告设计与制作专业技能考核\××××考场\工位号\。

（2）考核时量。

120分钟。

试题编号：Z2-31

以"旺旺雪饼"为主题，设计一件产品商业包装袋。

（1）任务描述。

任务内容：

①根据所给题目主题进行构思设计，完成包装袋展开图、正视图各一份，尺寸和包装方式依据商品内容自定。

②运用专业软件对包装文字和图形进行艺术处理。

③图文要素运用得当，画面整体效果层次分明，产品说明文字可用线框示意。

④附创意设计说明，字数在50～150字。

作品保存：

①将完成作品和设计说明置于A3（420mm×297mm）页面，构图版式横竖不限。

②提交设计源文件格式和预览文件格式（*.jpg）各一份。源文件格式文字需转成曲线或栅格化，*.jpg文件格式要求分辨率为300dpi，色彩模式为CMYK格式。

③文件保存路径（网络共享文件夹中）：广告设计与制作专业技能考核\××××考场\工位号\。

（2）考核时量。

120分钟。

试题编号：Z2-32

以"旺仔小馒头"休闲零食为主题，设计一件产品商业包装袋。

（1）任务描述。

任务内容：

①根据所给题目主题进行构思设计，完成包装袋展开图、正视图、侧视图各一份，尺寸和包装方式依据商品内容自定。

②运用专业软件对包装文字和图形进行艺术处理。

③图文要素运用得当，画面整体效果层次分明，产品说明文字可用线框示意。

④附创意设计说明，字数在50～150字。

作品保存：

①将完成作品和设计说明置于A3（420mm×297mm）页面，构图版式横竖不限。

②提交设计源文件格式和预览文件格式（*.jpg）各一份。源文件格式文字需转成曲线或栅格化，*.jpg文件格式要求分辨率为300dpi，色彩模式为CMYK格式。

③文件保存路径（网络共享文件夹中）：广告设计与制作专业技能考核\××××考场\工位号\。

（2）考核时量。

120分钟。

试题编号：Z2-33

以"百草味芒果干"休闲零食为主题，设计一件产品商业包装袋。

（1）任务描述。

任务内容：

①根据所给题目主题进行构思设计，完成包装袋展开图、正视图各一份，尺寸和包装方式依据商品内容自定。

②运用专业软件对包装文字和图形进行艺术处理。

③图文要素运用得当，画面整体效果层次分明，产品说明文字可用线框示意。

④附创意设计说明，字数在50～150字。

作品保存：

①将完成作品和设计说明置于A3（420mm×297mm）页面，构图版式横竖不限。

②提交设计源文件格式和预览文件格式（*.jpg）各一份。源文件格式文字需转成曲线或栅格化，*.jpg文件格式要求分辨率为300dpi，色彩模式为CMYK格式。

③文件保存路径（网络共享文件夹中）：广告设计与制作专业技能考核\××××考场\工位号\。

（2）考核时量。

120分钟。

试题编号：Z2-34

以"徐福记威化饼干（水蜜桃味）"为主题，设计一款产品商业包装盒。

（1）任务描述。

任务内容：

①根据所给题目主题进行构思设计，完成包装盒展开图、正视图、侧视图、顶视图各一份，尺寸和包装方式依据商品内容自定。

②运用专业软件对包装文字和图形进行艺术处理。

③图文要素运用得当，画面整体效果层次分明，产品说明文字可用线框示意。

④附创意设计说明，字数在50～150字。

作品保存：

①将完成作品和设计说明置于A3（420mm×297mm）页面，构图版式横竖不限。

②提交设计源文件格式和预览文件格式（*.jpg）各一份。源文件格式文字需转成曲线或栅格化，*.jpg文件格式要求分辨率为300dpi，色彩模式为CMYK格式。

③文件保存路径（网络共享文件夹中）：广告设计与制作专业技能考核\××××考场\工位号\。

（2）考核时量。

120分钟。

试题编号：Z2-35

以"友臣肉松饼"为主题，设计一款产品商业包装盒。

（1）任务描述。

任务内容：

①根据所给题目主题进行构思设计，完成包装盒展开图、正视图、侧视图、顶视图各一份，尺寸和包装方式依据商品内容自定。

②运用专业软件对包装文字和图形进行艺术处理。

③图文要素运用得当，画面整体效果层次分明，产品说明文字可用线框示意。

④附创意设计说明，字数在50～150字。

作品保存：

①将完成作品和设计说明置于A3（420mm×297mm）页面，构图版式横竖不限。

②提交设计源文件格式和预览文件格式（*.jpg）各一份。源文件格式文字需转成曲线或栅格化，*.jpg文件格式要求分辨率为300dpi，色彩模式为CMYK格式。

③文件保存路径（网络共享文件夹中）：广告设计与制作专业技能考核\××××考场\工位号\。

（2）考核时量。

120分钟。

试题编号：Z2-36

以"自然堂美白乳液套装"为主题，设计一款产品商业包装盒。

（1）任务描述。

任务内容：

①根据所给题目主题进行构思设计，完成包装盒展开图、正视图、侧视图、顶视图各一份，尺寸和包装方式依据商品内容自定。

②运用专业软件对包装文字和图形进行艺术处理。

③图文要素运用得当，画面整体效果层次分明，产品说明文字可用线框示意。

④附创意设计说明，字数在50～150字。

作品保存：

①将完成作品和设计说明置于A3（420mm×297mm）页面，构图版式横竖不限。

②提交设计源文件格式和预览文件格式（*.jpg）各一份。源文件格式文字需转成曲线或栅格化，*.jpg文件格式要求分辨率为300dpi，色彩模式为CMYK格式。

③文件保存路径（网络共享文件夹中）：广告设计与制作专业技能考核\××××考场\工位号\。

（2）考核时量。

120分钟。

试题编号：Z2-37

以"韩后保湿乳液套装"为主题，设计一款产品商业包装盒。

（1）任务描述。

任务内容：

①根据所给题目主题进行构思设计，完成包装盒展开图、正视图、侧视图、顶视图各一份，尺寸和包装方式依据商品内容自定。

②运用专业软件对包装文字和图形进行艺术处理。

③图文要素运用得当，画面整体效果层次分明，产品说明文字可用线框示意。

④附创意设计说明，字数在50～150字。

作品保存：

①将完成作品和设计说明置于A3（420mm×297mm）页面，构图版式横竖不限。

②提交设计源文件格式和预览文件格式（*.jpg）各一份。源文件格式文字需转成曲线或栅格化，*.jpg文件格式要求分辨率为300dpi，色彩模式为CMYK格式。

③文件保存路径（网络共享文件夹中）：广告设计与制作专业技能考核\××××考场\工位号\。

（2）考核时量。

120分钟。

试题编号：Z2-38

以"智多星儿童积木"玩具礼盒为主题，设计一款产品商业包装盒。

（1）任务描述。

任务内容：

①根据所给题目主题进行构思设计，完成包装盒展开图、正视图、侧视图、顶视图各一份，尺寸和包装方式依据商品内容自定。

②运用专业软件对包装文字和图形进行艺术处理。

③图文要素运用得当，画面整体效果层次分明，产品说明文字可用线框示意。

④附创意设计说明，字数在50～150字。

作品保存：

①将完成作品和设计说明置于A3（420mm×297mm）页面，构图版式横竖不限。

②提交设计源文件格式和预览文件格式（*.jpg）各一份。源文件格式文字需转成曲线或栅格化，*.jpg文件格式要求分辨率为300dpi，色彩模式为CMYK格式。

③文件保存路径（网络共享文件夹中）：广告设计与制作专业技能考核\××××考场\工位号\。

（2）考核时量。

120分钟。

试题编号：Z2-39

以"贝贝儿童小火车"玩具礼盒为主题，设计一款产品商业包装盒。

（1）任务描述。

任务内容：

①根据所给题目主题进行构思设计，完成包装盒展开图、正视图、侧视图、顶视图各一份，尺寸和包装方式依据商品内容自定。

②运用专业软件对包装文字和图形进行艺术处理。

③图文要素运用得当，画面整体效果层次分明，产品说明文字可用线框示意。

④附创意设计说明，字数在50～150字。

作品保存：

①将完成作品和设计说明置于A3（420mm×297mm）页面，构图版式横竖不限。

②提交设计源文件格式和预览文件格式（*.jpg）各一份。源文件格式文字需转成曲线或栅格化，*.jpg文件格式要求分辨率为300dpi，色彩模式为CMYK格式。

③文件保存路径（网络共享文件夹中）：广告设计与制作专业技能考核\××××考场\工位号\。

（2）考核时量。

120分钟。

试题编号：Z2-40

以"小叮当积木"玩具礼盒为主题，设计一款产品商业包装盒。

（1）任务描述。

任务内容：

①根据所给题目主题进行构思设计，完成包装盒展开图、正视图、侧视图、顶视图各

一份，尺寸和包装方式依据商品内容自定。

②运用专业软件对包装文字和图形进行艺术处理。

③图文要素运用得当，画面整体效果层次分明，产品说明文字可用线框示意。

④附创意设计说明，字数在50~150字。

作品保存：

①将完成作品和设计说明置于A3（420mm×297mm）页面，构图版式横竖不限。

②提交设计源文件格式和预览文件格式（*.jpg）各一份。源文件格式文字需转成曲线或栅格化，*.jpg文件格式要求分辨率为300dpi，色彩模式为CMYK格式。

③文件保存路径（网络共享文件夹中）：广告设计与制作专业技能考核\××××考场\工位号\。

（2）考核时量。

120分钟。

试题编号：Z2-41

以"彩虹糖"为主题，设计一件产品商业包装袋。

（1）任务描述。

任务内容：

①根据所给题目主题进行构思设计，完成包装袋展开图、正视图、侧视图各一份，尺寸和包装方式依据商品内容自定。

②运用专业软件对包装文字和图形进行艺术处理。

③图文要素运用得当，画面整体效果层次分明，产品说明文字可用线框示意。

④附创意设计说明，字数在50~150字。

作品保存：

①将完成作品和设计说明置于A3（420mm×297mm）页面，构图版式横竖不限。

②提交设计源文件格式和预览文件格式（*.jpg）各一份。源文件格式文字需转成曲线或栅格化，*.jpg文件格式要求分辨率为300dpi，色彩模式为CMYK格式。

③文件保存路径（网络共享文件夹中）：广告设计与制作专业技能考核\××××考场\工位号\。

（2）考核时量。

120分钟。

试题编号：Z2-42

以"吧啦啦儿童运动鞋"为主题，设计一款产品商业包装盒。

（1）任务描述。

任务内容：

①根据所给题目主题进行构思设计，完成包装盒展开图、正视图、侧视图、顶视图各一份，尺寸和包装方式依据商品内容自定。

②运用专业软件对包装文字和图形进行艺术处理。

③图文要素运用得当，画面整体效果层次分明，产品说明文字可用线框示意。

④附创意设计说明，字数在50～150字。

作品保存：

①将完成作品和设计说明置于A3（420mm×297mm）页面，构图版式横竖不限。

②提交设计源文件格式和预览文件格式（*.jpg）各一份。源文件格式文字需转成曲线或栅格化，*.jpg文件格式要求分辨率为300dpi，色彩模式为CMYK格式。

③文件保存路径（网络共享文件夹中）：广告设计与制作专业技能考核\××××考场\工位号\。

（2）考核时量。

120分钟。

试题编号：Z2-43

以"吧啦啦儿童服装"为主题，设计一件产品商业包装袋。

（1）任务描述。

任务内容：

①根据所给题目主题进行构思设计，完成包装袋展开图、正视图各一份，尺寸和包装方式依据商品内容自定。

②运用专业软件对包装文字和图形进行艺术处理。

③图文要素运用得当，画面整体效果层次分明，产品说明文字可用线框示意。

④附创意设计说明，字数在50～150字。

作品保存：

①将完成作品和设计说明置于A3（420mm×297mm）页面，构图版式横竖不限。

②提交设计源文件格式和预览文件格式（*.jpg）各一份。源文件格式文字需转成曲线或栅格化，*.jpg文件格式要求分辨率为300dpi，色彩模式为CMYK格式。

③文件保存路径（网络共享文件夹中）：广告设计与制作专业技能考核\××××考场\工位号\。

（2）考核时量。

120分钟。

试题编号：Z2-44

以"美伊娜多FE女士香水"礼盒为主题，设计一款产品商业包装盒。

（1）任务描述。

任务内容：

①根据所给题目主题进行构思设计，完成包装盒展开图、正视图、侧视图、顶视图各一份，尺寸和包装方式依据商品内容自定。

②运用专业软件对包装文字和图形进行艺术处理。

③图文要素运用得当，画面整体效果层次分明，产品说明文字可用线框示意。

④附创意设计说明，字数在50～150字。

作品保存：

①将完成作品和设计说明置于A3（420mm×297mm）页面，构图版式横竖不限。

②提交设计源文件格式和预览文件格式（*.jpg）各一份。源文件格式文字需转成曲线或栅格化，*.jpg文件格式要求分辨率为300dpi，色彩模式为CMYK格式。

③文件保存路径（网络共享文件夹中）：广告设计与制作专业技能考核\×××考场\工位号\。

（2）考核时量。

120分钟。

试题编号：Z2—45

以"丹姿水密码保湿面膜"为主题，设计一款产品商业包装盒。

（1）任务描述。

任务内容：

①根据所给题目主题进行构思设计，完成包装盒展开图、正视图、侧视图、顶视图各一份，尺寸和包装方式依据商品内容自定。

②运用专业软件对包装文字和图形进行艺术处理。

③图文要素运用得当，画面整体效果层次分明，产品说明文字可用线框示意。

④附创意设计说明，字数在50～150字。

作品保存：

①将完成作品和设计说明置于A3（420mm×297mm）页面，构图版式横竖不限。

②提交设计源文件格式和预览文件格式（*.jpg）各一份。源文件格式文字需转成曲线或栅格化，*.jpg文件格式要求分辨率为300dpi，色彩模式为CMYK格式。

③文件保存路径（网络共享文件夹中）：广告设计与制作专业技能考核\×××考场\工位号\。

（2）考核时量。

120分钟。

试题编号：Z2—46

以"伊利中老年奶粉"为主题，设计一款产品商业包装盒。

（1）任务描述。

任务内容：

①根据所给题目主题进行构思设计，完成包装盒展开图、正视图、侧视图、顶视图各一份，尺寸和包装方式依据商品内容自定。

②运用专业软件对包装文字和图形进行艺术处理。

③图文要素运用得当，画面整体效果层次分明，产品说明文字可用线框示意。

④附创意设计说明，字数在50～150字。

作品保存：

①将完成作品和设计说明置于A3（420mm×297mm）页面，构图版式横竖不限。

②提交设计源文件格式和预览文件格式（*.jpg）各一份。源文件格式文字需转成曲线或栅格化，*.jpg文件格式要求分辨率为300dpi，色彩模式为CMYK格式。

③文件保存路径（网络共享文件夹中）：广告设计与制作专业技能考核\××××考场\工位号\。

（2）考核时量。

120分钟。

试题编号：Z2-47

以"卡姿兰染发膏套装"为主题，设计一件产品商业包装。

（1）任务描述。

任务内容：

①根据所给题目主题进行构思设计，完成包装盒展开图、正视图、侧视图、顶视图各一份，尺寸和包装方式依据商品内容自定。

②运用专业软件对包装文字和图形进行艺术处理。

③图文要素运用得当，画面整体效果层次分明，产品说明文字可用线框示意。

④附创意设计说明，字数在50～150字。

作品保存：

①将完成作品和设计说明置于A3（420mm×297mm）页面，构图版式横竖不限。

②提交设计源文件格式和预览文件格式（*.jpg）各一份。源文件格式文字需转成曲线或栅格化，*.jpg文件格式要求分辨率为300dpi，色彩模式为CMYK格式。

③文件保存路径（网络共享文件夹中）：广告设计与制作专业技能考核\××××考场\工位号\。

（2）考核时量。

120分钟。

试题编号：Z2-48

以"梦洁床品四件套"为主题，设计一款产品商业包装盒。

（1）任务描述。

任务内容：

①根据所给题目主题进行构思设计，完成包装盒展开图、正视图、侧视图、顶视图各一份，尺寸和包装方式依据商品内容自定。

②运用专业软件对包装文字和图形进行艺术处理。

③图文要素运用得当，画面整体效果层次分明，产品说明文字可用线框示意。

④附创意设计说明，字数在50～150字。

作品保存：

①将完成作品和设计说明置于A3（420mm×297mm）页面，构图版式横竖不限。

②提交设计源文件格式和预览文件格式（*.jpg）各一份。源文件格式文字需转成曲线或栅格化，*.jpg文件格式要求分辨率为300dpi，色彩模式为CMYK格式。

③文件保存路径（网络共享文件夹中）：广告设计与制作专业技能考核\××××考场\工位号\。

（2）考核时量。

120分钟。

试题编号：Z2-49

以纸盒装"汇源果蔬5+7"为主题，设计一款产品商业包装盒。

（1）任务描述。

任务内容：

①根据所给题目主题进行构思设计，完成包装盒展开图、正视图、侧视图、顶视图各一份，尺寸和包装方式依据商品内容自定。

②运用专业软件对包装文字和图形进行艺术处理。

③图文要素运用得当，画面整体效果层次分明，产品说明文字可用线框示意。

④附创意设计说明，字数在50～150字。

作品保存：

①将完成作品和设计说明置于A3（420mm×297mm）页面，构图版式横竖不限。

②提交设计源文件格式和预览文件格式（*.jpg）各一份。源文件格式文字需转成曲线或栅格化，*.jpg文件格式要求分辨率为300dpi，色彩模式为CMYK格式。

③文件保存路径（网络共享文件夹中）：广告设计与制作专业技能考核\××××考场\工位号\。

（2）考核时量。

120分钟。

试题编号：Z2-50

以"汇源果汁100%"为主题，设计一款产品商业包装盒。

（1）任务描述。

任务内容：

①根据所给题目主题进行构思设计，完成包装盒展开图、正视图、侧视图、顶视图各一份，尺寸和包装方式依据商品内容自定。

②运用专业软件对包装文字和图形进行艺术处理。

③图文要素运用得当，画面整体效果层次分明，产品说明文字可用线框示意。

④附创意设计说明，字数在50～150字。

作品保存：

①将完成作品和设计说明置于A3（420mm×297mm）页面，构图版式横竖不限。

②提交设计源文件格式和预览文件格式（*.jpg）各一份。源文件格式文字需转成曲线或栅格化，*.jpg文件格式要求分辨率为300dpi，色彩模式为CMYK格式。

③文件保存路径（网络共享文件夹中）：广告设计与制作专业技能考核\××××考场\工位号\。

（2）考核时量。

120分钟。

（三）模块三　书籍封面设计与制作

1.考核评价标准（表2-19）

表2-19　书籍封面设计与制作考核评分细则

评价内容		配分	评分标准	
职业素养（10分）	专业素质	4分	按考试要求进行创作，不抄袭他人作品，创作内容积极向上	4分
	文明素质	6分	1.举止文明，遵守考场纪律	2分
			2.按照考试要求，正确填写个人信息并提交试卷	2分
			3.卷面干净、整洁	2分
工作任务（90分）	设计构思	30分	1.创意新颖，素材的编辑设计切合封面的主题要求，信息传递明确	25～30分
			2.创意平淡，素材的编辑设计能体现封面的主题要求，信息传递有欠缺	16～24分
			3.创意拼凑，素材的编辑设计没能体现封面的主题要求，信息传递不明	0～15分
	软件应用技能	25分	1.软件应用技术娴熟，图文元素艺术处理生动，封面设计布局合理、实用，色彩运用符合书籍内容	22～25分
			2.软件应用技术较熟练，图文元素艺术处理自然，封面设计符合要求，色彩运用基本符合书籍内容	15～21分
			3.软件应用技术生疏，图文元素设计简单，封面设计信息杂乱，色彩运用随意	0～14分
	编排制作	25分	1.版面编排合理，视觉流程清晰，制作精美，画面形式美感强	22～25分
			2.版面编排较为合理，视觉流程较为清晰，制作平实，画面具有一定的形式美感	15～21分
			3.版面编排混乱，视觉流程不清，制作粗糙，画面缺乏形式美感	0～14分
	设计表述	10分	1.设计说明表述准确清晰，专业术语运用合理，无错别字	9～10分
			2.设计说明表述不够清晰，专业术语运用欠妥，无错别字	6～8分
			3.设计说明表述混乱，专业术语运用不当，有错别字	0～5分
合计			100分	
备注		出现以下任意一种情况将做不合格处理： 1.考试舞弊、作品抄袭 2.没有按要求完成考生信息登记 3.未按试题要求保存文件 4.绘制恶俗、低俗书籍封面设计作品		

2.考场实施条件（表2-20）

表2-20 书籍封面设计与制作考场基本实施条件

项目	基本实施条件	备注
考场	每个考场配置40个操作台面和座位，照明通风良好	考场必备
设备	每个考场配一台服务器、40台电脑，并开通考场局域网 电脑配置基本要求如下： 1. 双核2.8GHz处理器 2.2GB内存 3.60GB可用硬盘空间 4. 屏显达到1280×800像素，显存达到1GB	考场必备
软件 （正版）	考场每台电脑配备的辅助设计软件如下： 1.Adobe Photoshop CS5（中文版）及以上 2.CorelDraw X4（中文版）及以上 3.Adobe Illustrator CS4（中文版）及以上 4.Word 2007及以上 5. 安装方正字库一套	考场必备
应试软件 运行环境	Windows® 7操作系统（正版）	考场必备
监考人员	由教育厅组织抽调非考点院校相关专业老师担任监考人员，每1～15个考生配一名监考人员	考场必备

3. 考核题库

试题编号：Z3-1

根据所提供素材，为书籍《中国梦——中华民族的复兴之路》设计一款封面。

（1）任务描述。

任务内容：

①素材中提供的文本素材必须表现在版面设计之中，图片素材可根据编排的适当进行选用。

②构思切合主题要求，版面编排合理，软件操作熟练。

③封面、封底和书脊均需设计，封面和封底尺寸均为185mm×260mm，书脊尺寸为15mm×260mm。

④附创意设计说明，字数在50～150字。

⑤将完成作品和设计说明置于A3横版页面（420mm×297mm，图2-1，后同）。

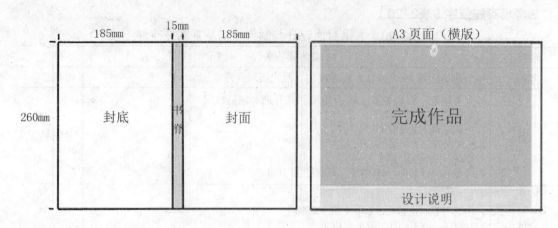

图2-1 作品尺寸及A3横版页面

①提交作品源文件格式和预览文件格式（*.jpg）各一份。作品源文件文字需转成曲线或栅格化，*.jpg文件格式要求分辨率为300dpi，色彩模式为CMYK格式。

②文件保存路径（网络共享文件夹中）：广告设计与制作专业技能考核\××××考场\工位号\。

所附素材：见二维码。

（2）考核时量。

120分钟。

试题编号：Z3-2

根据所提供素材，为书籍《时间机器——对遥远过去的科学探索》设计一款封面。

（1）任务描述。

任务内容：

①素材中提供的文本素材必须表现在版面设计之中，图片素材可根据编排的适当进行选用。

②构思切合主题要求，版面编排合理，软件操作熟练。

③封面、封底和书脊均需设计，封面和封底尺寸均为185mm×260mm，书脊尺寸为15mm×260mm。

④附创意设计说明，字数在50~150字。

⑤将完成作品和设计说明置于A3横版页面（420mm×297mm）。

作品保存：

①提交作品源文件格式和预览文件格式（*.jpg）各一份。作品源文件文字需转成曲线或栅格化，*.jpg文件格式要求分辨率为300dpi，色彩模式为CMYK格式。

②文件保存路径（网络共享文件夹中）：广告设计与制作专业技能考核\××××考场\工位号\。

所附素材：见二维码。

（2）考核时量。

120分钟。

试题编号：Z3-3

根据所提供素材，为书籍《微博改变一切》设计一款封面。

（1）任务描述。

任务内容：

①素材中提供的文本素材必须表现在版面设计之中，图片素材可根据编排的适当进行选用。

②构思切合主题要求，版面编排合理，软件操作熟练。

③封面、封底和书脊均需设计，封面和封底尺寸均为185mm×260mm，书脊尺寸为15mm×260mm。

④附创意设计说明，字数在50～150字。

⑤将完成作品和设计说明置于A3横版页面（420mm×297mm）。

作品保存：

①提交作品源文件格式和预览文件格式（*.jpg）各一份。作品源文件文字需转成曲线或栅格化，*.jpg文件格式要求分辨率为300dpi，色彩模式为CMYK格式。

②文件保存路径（网络共享文件夹中）：广告设计与制作专业技能考核\××××考场\工位号\。

所附素材：见二维码。

（2）考核时量。

120分钟。

试题编号：Z3-4

根据所提供素材，为书籍《思考，快与慢》设计一款封面。

（1）任务描述。

任务内容：

①素材中提供的文本素材必须表现在版面设计之中，图片素材可根据编排的适当进行选用。

②构思切合主题要求，版面编排合理，软件操作熟练。

③封面、封底和书脊均需设计，封面和封底尺寸均为185mm×260mm，书脊尺寸为15mm×260mm。

④附创意设计说明，字数在50～150字。

⑤将完成作品和设计说明置于A3横版页面（420mm×297mm）。

作品保存：

①提交作品源文件格式和预览文件格式（*.jpg）各一份。作品源文件文字需转成曲线或栅格化，*.jpg文件格式要求分辨率为300dpi，色彩模式为CMYK格式。

②文件保存路径（网络共享文件夹中）：广告设计与制作专业技能考核\××××考场\工位号\。

所附素材：见二维码。

（2）考核时量。

120分钟。

试题编号：Z3-5

根据所提供素材，为书籍《"一带一路"——中国的机遇与挑战》设计一款封面。

（1）任务描述。

任务内容：

①素材中提供的文本素材必须表现在版面设计之中，图片素材可根据编排的适当进行选用。

②构思切合主题要求，版面编排合理，软件操作熟练。

③封面、封底和书脊均需设计，封面和封底尺寸均为185mm×260mm，书脊尺寸为15mm×260mm。

④附创意设计说明，字数在50~150字。

⑤将完成作品和设计说明置于A3横版页面（420mm×297mm）。

作品保存：

①提交作品源文件格式和预览文件格式（*.jpg）各一份。作品源文件文字需转成曲线或栅格化，*.jpg文件格式要求分辨率为300dpi，色彩模式为CMYK格式。

②文件保存路径（网络共享文件夹中）：广告设计与制作专业技能考核\××××考场\工位号\。

所附素材：见二维码。

（2）考核时量。

120分钟。

试题编号：Z3-6

根据所提供素材，为书籍《中国结一本通》设计一款封面。

（1）任务描述。

任务内容：

①素材中提供的文本素材必须表现在版面设计之中，图片素材可根据编排的适当进行选用。

②构思切合主题要求，版面编排合理，软件操作熟练。

③封面、封底和书脊均需设计，封面和封底尺寸均为185mm×260mm，书脊尺寸为15mm×260mm。

④附创意设计说明，字数在50~150字。

⑤将完成作品和设计说明置于A3横版页面（420mm×297mm）。

作品保存：

①提交作品源文件格式和预览文件格式（*.jpg）各一份。作品源文件文字需转成曲线或栅格化，*.jpg文件格式要求分辨率为300dpi，色彩模式为CMYK格式。

②文件保存路径（网络共享文件夹中）：广告设计与制作专业技能考核\××××考场\工位号\。

所附素材：见二维码。

（2）考核时量。

120分钟。

试题编号：Z3-7

根据所提供素材，为书籍《插花入门》设计一款封面。

（1）任务描述。

任务内容：

①素材中提供的文本素材必须表现在版面设计之中，图片素材可根据编排的适当进行选用。

②构思切合主题要求，版面编排合理，软件操作熟练。

③封面、封底和书脊均需设计，封面和封底尺寸均为185mm×260mm，书脊尺寸为15mm×260mm。

④附创意设计说明，字数在50～150字。

⑤将完成作品和设计说明置于A3横版页面（420mm×297mm）。

作品保存：

①提交作品源文件格式和预览文件格式（*.jpg）各一份。作品源文件文字需转成曲线或栅格化，*.jpg文件格式要求分辨率为300dpi，色彩模式为CMYK格式。

②文件保存路径（网络共享文件夹中）：广告设计与制作专业技能考核\××××考场\工位号\。

所附素材：见二维码。

（2）考核时量。

120分钟。

试题编号：Z3-8

根据所提供素材，为书籍《创意化妆造型设计》设计一款封面。

（1）任务描述。

任务内容：

①素材中提供的文本素材必须表现在版面设计之中，图片素材可根据编排的适当进行选用。

②构思切合主题要求，版面编排合理，软件操作熟练。

③封面、封底和书脊均需设计，封面和封底尺寸均为185mm×260mm，书脊尺寸为15mm×260mm。

④附创意设计说明，字数在50～150字。

⑤将完成作品和设计说明置于A3横版页面（420mm×297mm）。

作品保存：

①提交作品源文件格式和预览文件格式（*.jpg）各一份。作品源文件文字需转成曲线或栅格化，*.jpg文件格式要求分辨率为300dpi，色彩模式为CMYK格式。

②文件保存路径（网络共享文件夹中）：广告设计与制作专业技能考核\××××考场\工位号\。

所附素材：见二维码。

（2）考核时量。

120分钟。

试题编号：Z3-9

根据所提供素材，为书籍《图案设计》设计一款封面。

（1）任务描述。

任务内容：

①素材中提供的文本素材必须表现在版面设计之中，图片素材可根据编排的适当进行选用。

②构思切合主题要求，版面编排合理，软件操作熟练。

③封面、封底和书脊均需设计，封面和封底尺寸均为185mm×260mm，书脊尺寸为15mm×260mm。

④附创意设计说明，字数在50~150字。

⑤将完成作品和设计说明置于A3横版页面（420mm×297mm）。

作品保存：

①提交作品源文件格式和预览文件格式（*.jpg）各一份。作品源文件文字需转成曲线或栅格化，*.jpg文件格式要求分辨率为300dpi，色彩模式为CMYK格式。

②文件保存路径（网络共享文件夹中）：广告设计与制作专业技能考核\××××考场\工位号\。

所附素材：见二维码。

（2）考核时量。

120分钟。

试题编号：Z3-10

根据所提供素材，为书籍《大国速度——中国高铁发展史》设计一款封面。

（1）任务描述。

任务内容：

①素材中提供的文本素材必须表现在版面设计之中，图片素材可根据编排的适当进行选用。

②构思切合主题要求，版面编排合理，软件操作熟练。

③封面、封底和书脊均需设计，封面和封底尺寸均为185mm×260mm，书脊尺寸为15mm×260mm。

④附创意设计说明，字数在50~150字。

⑤将完成作品和设计说明置于A3横版页面（420mm×297mm）。

作品保存：

①提交作品源文件格式和预览文件格式（*.jpg）各一份。作品源文件文字需转成曲线或栅格化，*.jpg文件格式要求分辨率为300dpi，色彩模式为CMYK格式。

②文件保存路径（网络共享文件夹中）：广告设计与制作专业技能考核\××××考场\工位号\。

所附素材：见二维码。

（2）考核时量。

120分钟。

试题编号：Z3-15

根据所提供素材，为书籍《中国传统节日与文化》设计一款封面。

（1）任务描述。

任务内容：

①素材中提供的文本素材必须表现在版面设计之中，图片素材可根据编排的适当进行选用。

②构思切合主题要求，版面编排合理，软件操作熟练。

③封面、封底和书脊均需设计，封面和封底尺寸均为185mm×260mm，书脊尺寸为15mm×260mm。

④附创意设计说明，字数在50~150字。

⑤将完成作品和设计说明置于A3横版页面（420mm×297mm）。

作品保存：

①提交作品源文件格式和预览文件格式（*.jpg）各一份。作品源文件文字需转成曲线或栅格化，*.jpg文件格式要求分辨率为300dpi，色彩模式为CMYK格式。

②文件保存路径（网络共享文件夹中）：广告设计与制作专业技能考核\××××考场\工位号\。

所附素材：见二维码。

（2）考核时量。

120分钟。

试题编号：Z3-16

根据所提供素材，为书籍《十二星座人》设计一款封面。

（1）任务描述。

任务内容：

①素材中提供的文本素材必须表现在版面设计之中，图片素材可根据编排的适当进行选用。

②构思切合主题要求，版面编排合理，软件操作熟练。

③封面、封底和书脊均需设计，封面和封底尺寸均为185mm×260mm，书脊尺寸为15mm×260mm。

④附创意设计说明，字数在50~150字。

⑤将完成作品和设计说明置于A3横版页面（420mm×297mm）。

作品保存：

①提交作品源文件格式和预览文件格式（*.jpg）各一份。作品源文件文字需转成曲线或栅格化，*.jpg文件格式要求分辨率为300dpi，色彩模式为CMYK格式。

②文件保存路径（网络共享文件夹中）：广告设计与制作专业技能考核\××××考场\工位号\。

所附素材：见二维码。

（2）考核时量。

120分钟。

试题编号：Z3-17

根据所提供素材，为书籍《狗狗饲养百科》设计一款封面。

（1）任务描述。

任务内容：

①素材中提供的文本素材必须表现在版面设计之中，图片素材可根据编排的适当进行选用。

②构思切合主题要求，版面编排合理，软件操作熟练。

③封面、封底和书脊均需设计，封面和封底尺寸均为185mm×260mm，书脊尺寸为15mm×260mm。

④附创意设计说明，字数在50~150字。

⑤将完成作品和设计说明置于A3横版页面（420mm×297mm）。

作品保存：

①提交作品源文件格式和预览文件格式（*.jpg）各一份。作品源文件文字需转成曲线或栅格化，*.jpg文件格式要求分辨率为300dpi，色彩模式为CMYK格式。

②文件保存路径（网络共享文件夹中）：广告设计与制作专业技能考核\××××考场\工位号\。

所附素材：见二维码。

（2）考核时量。

120分钟。

试题编号：Z3-18

根据所提供素材，为书籍《步行健身与跑步锻炼》设计一款封面。

（1）任务描述。

任务内容：

①素材中提供的文本素材必须表现在版面设计之中，图片素材可根据编排的适当进行选用。

②构思切合主题要求，版面编排合理，软件操作熟练。

③封面、封底和书脊均需设计，封面和封底尺寸均为185mm×260mm，书脊尺寸为15mm×260mm。

④附创意设计说明，字数在50~150字。

⑤将完成作品和设计说明置于A3横版页面（420mm×297mm）。

作品保存：

①提交作品源文件格式和预览文件格式（*.jpg）各一份。作品源文件文字需转成曲线或栅格化，*.jpg文件格式要求分辨率为300dpi，色彩模式为CMYK格式。

②文件保存路径（网络共享文件夹中）：广告设计与制作专业技能考核\××××考场\工位号\。

所附素材：见二维码。

（2）考核时量。

120分钟。

试题编号：Z3-19

根据所提供素材，为书籍《脑筋急转弯大全》设计一款封面。

（1）任务描述。

任务内容：

①素材中提供的文本素材必须表现在版面设计之中，图片素材可根据编排的适当进行选用。

②构思切合主题要求，版面编排合理，软件操作熟练。

③封面、封底和书脊均需设计，封面和封底尺寸均为185mm×260mm，书脊尺寸为15mm×260mm。

④附创意设计说明，字数在50～150字。

⑤将完成作品和设计说明置于A3横版页面（420mm×297mm）。

作品保存：

①提交作品源文件格式和预览文件格式（*.jpg）各一份。作品源文件文字需转成曲线或栅格化，*.jpg文件格式要求分辨率为300dpi，色彩模式为CMYK格式。

②文件保存路径（网络共享文件夹中）：广告设计与制作专业技能考核\××××考场\工位号\。

所附素材：见二维码。

（2）考核时量。

120分钟。

试题编号：Z3-20

根据所提供素材，为书籍《安徒生童话》设计一款封面。

（1）任务描述。

任务内容：

①素材中提供的文本素材必须表现在版面设计之中，图片素材可根据编排的适当进行选用。

②构思切合主题要求，版面编排合理，软件操作熟练。

③封面、封底和书脊均需设计，封面和封底尺寸均为185mm×260mm，书脊尺寸为15mm×260mm。

④附创意设计说明，字数在50～150字。

⑤将完成作品和设计说明置于A3横版页面（420mm×297mm）。

作品保存：

①提交作品源文件格式和预览文件格式（*.jpg）各一份。作品源文件文字需转成曲线或栅格化，*.jpg文件格式要求分辨率为300dpi，色彩模式为CMYK格式。

②文件保存路径（网络共享文件夹中）：广告设计与制作专业技能考核\××××考场\工位号\。

所附素材：见二维码。

（2）考核时量。

120分钟。

试题编号：Z3-21

根据所提供素材，为书籍《剪纸游戏》设计一款封面。

（1）任务描述。

任务内容：

①素材中提供的文本素材必须表现在版面设计之中，图片素材可根据编排的适当进行选用。

②构思切合主题要求，版面编排合理，软件操作熟练。

③封面、封底和书脊均需设计，封面和封底尺寸均为185mm×260mm，书脊尺寸为15mm×260mm。

④附创意设计说明，字数在50~150字。

⑤将完成作品和设计说明置于A3横版页面（420mm×297mm）。

作品保存：

①提交作品源文件格式和预览文件格式（*.jpg）各一份。作品源文件文字需转成曲线或栅格化，*.jpg文件格式要求分辨率为300dpi，色彩模式为CMYK格式。

②文件保存路径（网络共享文件夹中）：广告设计与制作专业技能考核\××××考场\工位号\。

所附素材：见二维码。

（2）考核时量。

120分钟。

试题编号：Z3-22

根据所提供素材，为书籍《庄子文集》设计一款封面。

（1）任务描述。

任务内容：

①素材中提供的文本素材必须表现在版面设计之中，图片素材可根据编排的适当进行选用。

②构思切合主题要求，版面编排合理，软件操作熟练。

③封面、封底和书脊均需设计，封面和封底尺寸均为185mm×260mm，书脊尺寸为15mm×260mm。

④附创意设计说明，字数在50~150字。

⑤将完成作品和设计说明置于A3横版页面（420mm×297mm）。

作品保存：

①提交作品源文件格式和预览文件格式（*.jpg）各一份。作品源文件文字需转成曲线或栅格化，*.jpg文件格式要求分辨率为300dpi，色彩模式为CMYK格式。

②文件保存路径（网络共享文件夹中）：广告设计与制作专业技能考核\××××考场\工位号\。

所附素材：见二维码。

（2）考核时量。

120分钟。

试题编号：Z3-23

根据所提供素材，为书籍《培养孩子记忆力的60种方法》设计一款封面。

（1）任务描述。

任务内容：

①素材中提供的文本素材必须表现在版面设计之中，图片素材可根据编排的适当进行选用。

②构思切合主题要求，版面编排合理，软件操作熟练。

③封面、封底和书脊均需设计，封面和封底尺寸均为185mm×260mm，书脊尺寸为15mm×260mm。

④附创意设计说明，字数在50~150字。

⑤将完成作品和设计说明置于A3横版页面（420mm×297mm）。

作品保存：

①提交作品源文件格式和预览文件格式（*.jpg）各一份。作品源文件文字需转成曲线或栅格化，*.jpg文件格式要求分辨率为300dpi，色彩模式为CMYK格式。

②文件保存路径（网络共享文件夹中）：广告设计与制作专业技能考核\×××考场\工位号\。

所附素材：见二维码。

（2）考核时量。

120分钟。

试题编号：Z3-24

根据所提供素材，为书籍《语言沟通的艺术》设计一款封面。

（1）任务描述。

任务内容：

①素材中提供的文本素材必须表现在版面设计之中，图片素材可根据编排的适当进行选用。

②构思切合主题要求，版面编排合理，软件操作熟练。

③封面、封底和书脊均需设计，封面和封底尺寸均为185mm×260mm，书脊尺寸为15mm×260mm。

④附创意设计说明，字数在50~150字。

⑤将完成作品和设计说明置于A3横版页面（420mm×297mm）。

作品保存：

①提交作品源文件格式和预览文件格式（*.jpg）各一份。作品源文件文字需转成曲线或栅格化，*.jpg文件格式要求分辨率为300dpi，色彩模式为CMYK格式。

②文件保存路径（网络共享文件夹中）：广告设计与制作专业技能考核\×××考场\工位号\。

所附素材：见二维码。

（2）考核时量。

120分钟。

试题编号：Z3-25

根据所提供素材，为书籍《婴儿护理百科全书》设计一款封面。

（1）任务描述。

任务内容：

①素材中提供的文本素材必须表现在版面设计之中，图片素材可根据编排的适当进行选用。

②构思切合主题要求，版面编排合理，软件操作熟练。

③封面、封底和书脊均需设计，封面和封底尺寸均为185mm×260mm，书脊尺寸为15mm×260mm。

④附创意设计说明，字数在50～150字。

⑤将完成作品和设计说明置于A3横版页面（420mm×297mm）。

作品保存：

①提交作品源文件格式和预览文件格式（*.jpg）各一份。作品源文件文字需转成曲线或栅格化，*.jpg文件格式要求分辨率为300dpi，色彩模式为CMYK格式。

②文件保存路径（网络共享文件夹中）：广告设计与制作专业技能考核\××××考场\工位号\。

所附素材：见二维码。

（2）考核时量。

120分钟。

试题编号：Z3-26

根据所提供素材，为书籍《趣味化学实验》设计一款封面。

（1）任务描述。

任务内容：

①素材中提供的文本素材必须表现在版面设计之中，图片素材可根据编排的适当进行选用。

②构思切合主题要求，版面编排合理，软件操作熟练。

③封面、封底和书脊均需设计，封面和封底尺寸均为185mm×260mm，书脊尺寸为15mm×260mm。

④附创意设计说明，字数在50～150字。

⑤将完成作品和设计说明置于A3横版页面（420mm×297mm）。

作品保存：

①提交作品源文件格式和预览文件格式（*.jpg）各一份。作品源文件文字需转成曲线或栅格化，*.jpg文件格式要求分辨率为300dpi，色彩模式为CMYK格式。

②文件保存路径（网络共享文件夹中）：广告设计与制作专业技能考核\××××考场\工位号\。

所附素材：见二维码。

（2）考核时量。

120分钟。

试题编号：Z3-27

根据所提供素材，为书籍《趣味几何学》设计一款封面。

（1）任务描述。

任务内容：

①素材中提供的文本素材必须表现在版面设计之中，图片素材可根据编排的适当进行选用。

②构思切合主题要求，版面编排合理，软件操作熟练。

③封面、封底和书脊均需设计，封面和封底尺寸均为185mm×260mm，书脊尺寸为15mm×260mm。

④附创意设计说明，字数在50～150字。

⑤将完成作品和设计说明置于A3横版页面（420mm×297mm）。

作品保存：

①提交作品源文件格式和预览文件格式（*.jpg）各一份。作品源文件文字需转成曲线或栅格化，*.jpg文件格式要求分辨率为300dpi，色彩模式为CMYK格式。

②文件保存路径（网络共享文件夹中）：广告设计与制作专业技能考核\××××考场\工位号\。

所附素材：见二维码。

（2）考核时量。

120分钟。

试题编号：Z3-28

根据所提供素材，为书籍《佛教的艺术》设计一款封面。

（1）任务描述。

任务内容：

①素材中提供的文本素材必须表现在版面设计之中，图片素材可根据编排的适当进行选用。

②构思切合主题要求，版面编排合理，软件操作熟练。

③封面、封底和书脊均需设计，封面和封底尺寸均为185mm×260mm，书脊尺寸为15mm×260mm。

④附创意设计说明，字数在50～150字。

⑤将完成作品和设计说明置于A3横版页面（420mm×297mm）。

作品保存：

①提交作品源文件格式和预览文件格式（*.jpg）各一份。作品源文件文字需转成曲线或栅格化，*.jpg文件格式要求分辨率为300dpi，色彩模式为CMYK格式。

②文件保存路径（网络共享文件夹中）：广告设计与制作专业技能考核\××××考场\工位号\。

所附素材：见二维码。

（2）考核时量。

120分钟。

试题编号：Z3-29

根据所提供素材，为书籍《变幻多彩的地球》设计一款封面。

（1）任务描述。

任务内容：

①素材中提供的文本素材必须表现在版面设计之中，图片素材可根据编排的适当进行选用。

②构思切合主题要求，版面编排合理，软件操作熟练。

③封面、封底和书脊均需设计，封面和封底尺寸均为185mm×260mm，书脊尺寸为15mm×260mm。

④附创意设计说明，字数在50~150字。

⑤将完成作品和设计说明置于A3横版页面（420mm×297mm）。

作品保存：

①提交作品源文件格式和预览文件格式（*.jpg）各一份。作品源文件文字需转成曲线或栅格化，*.jpg文件格式要求分辨率为300dpi，色彩模式为CMYK格式。

②文件保存路径（网络共享文件夹中）：广告设计与制作专业技能考核\××××考场\工位号\。

所附素材：见二维码。

（2）考核时量。

120分钟。

试题编号：Z3-30

根据所提供素材，为书籍《呐喊》设计一款封面。

（1）任务描述。

任务内容：

①素材中提供的文本素材必须表现在版面设计之中，图片素材可根据编排的适当进行选用。

②构思切合主题要求，版面编排合理，软件操作熟练。

③封面、封底和书脊均需设计，封面和封底尺寸均为185mm×260mm，书脊尺寸为15mm×260mm。

④附创意设计说明，字数在50~150字。

⑤将完成作品和设计说明置于A3横版页面（420mm×297mm）。

作品保存：

①提交作品源文件格式和预览文件格式（*.jpg）各一份。作品源文件文字需转成曲线或栅格化，*.jpg文件格式要求分辨率为300dpi，色彩模式为CMYK格式。

②文件保存路径（网络共享文件夹中）：广告设计与制作专业技能考核\××××考场\工位号\。

所附素材：见二维码。

（2）考核时量。

120分钟。

试题编号：Z3-31

根据所提供素材，为书籍《艺术的故事》设计一款封面。

（1）任务描述。

任务内容：

①素材中提供的文本素材必须表现在版面设计之中，图片素材可根据编排的适当进行选用。

②构思切合主题要求，版面编排合理，软件操作熟练。

③封面、封底和书脊均需设计，封面和封底尺寸均为185mm×260mm，书脊尺寸为15mm×260mm。

④附创意设计说明，字数在50～150字。

⑤将完成作品和设计说明置于A3横版页面（420mm×297mm）。

作品保存：

①提交作品源文件格式和预览文件格式（*.jpg）各一份。作品源文件文字需转成曲线或栅格化，*.jpg文件格式要求分辨率为300dpi，色彩模式为CMYK格式。

②文件保存路径（网络共享文件夹中）：广告设计与制作专业技能考核\××××考场\工位号\。

所附素材：见二维码。

（2）考核时量。

120分钟。

试题编号：Z3-32

根据所提供素材，为书籍《服装艺术设计》设计一款封面。

（1）任务描述。

任务内容：

①素材中提供的文本素材必须表现在版面设计之中，图片素材可根据编排的适当进行选用。

②构思切合主题要求，版面编排合理，软件操作熟练。

③封面、封底和书脊均需设计，封面和封底尺寸均为185mm×260mm，书脊尺寸为15mm×260mm。

④附创意设计说明，字数在50～150字。

⑤将完成作品和设计说明置于A3横版页面（420mm×297mm）。

作品保存：

①提交作品源文件格式和预览文件格式（*.jpg）各一份。作品源文件文字需转成曲线或栅格化，*.jpg文件格式要求分辨率为300dpi，色彩模式为CMYK格式。

②文件保存路径（网络共享文件夹中）：广告设计与制作专业技能考核\××××考场\工位号\。

所附素材：见二维码。

（2）考核时量。

120分钟。

试题编号：Z3-33

根据所提供素材，为书籍《游戏设计艺术》设计一款封面。

（1）任务描述。

任务内容：

①素材中提供的文本素材必须表现在版面设计之中，图片素材可根据编排的适当进行选用。

②构思切合主题要求，版面编排合理，软件操作熟练。

③封面、封底和书脊均需设计，封面和封底尺寸均为185mm×260mm，书脊尺寸为15mm×260mm。

④附创意设计说明，字数在50～150字。

⑤将完成作品和设计说明置于A3横版页面（420mm×297mm）。

作品保存：

①提交作品源文件格式和预览文件格式（*.jpg）各一份。作品源文件文字需转成曲线或栅格化，*.jpg文件格式要求分辨率为300dpi，色彩模式为CMYK格式。

②文件保存路径（网络共享文件夹中）：广告设计与制作专业技能考核\××××考场\工位号\。

所附素材：见二维码。

（2）考核时量。

120分钟。

试题编号：Z3-34

根据所提供素材，为书籍《日式设计美学》设计一款封面。

（1）任务描述。

任务内容：

①素材中提供的文本素材必须表现在版面设计之中，图片素材可根据编排的适当进行选用。

②构思切合主题要求，版面编排合理，软件操作熟练。

③封面、封底和书脊均需设计，封面和封底尺寸均为185mm×260mm，书脊尺寸为15mm×260mm。

④附创意设计说明，字数在50～150字。

⑤将完成作品和设计说明置于A3横版页面（420mm×297mm）。

作品保存：

①提交作品源文件格式和预览文件格式（*.jpg）各一份。作品源文件文字需转成曲线或栅格化，*.jpg文件格式要求分辨率为300dpi，色彩模式为CMYK格式。

②文件保存路径（网络共享文件夹中）：广告设计与制作专业技能考核\××××考场\工位号\。

所附素材：见二维码。

（2）考核时量。

120分钟。

试题编号：Z3-35

根据所提供素材，为书籍《写给大家看的设计书》设计一款封面。

（1）任务描述。

任务内容：

①素材中提供的文本素材必须表现在版面设计之中，图片素材可根据编排的适当进行选用。

②构思切合主题要求，版面编排合理，软件操作熟练。

③封面、封底和书脊均需设计，封面和封底尺寸均为185mm×260mm，书脊尺寸为15mm×260mm。

④附创意设计说明，字数在50～150字。

⑤将完成作品和设计说明置于A3横版页面（420mm×297mm）。

作品保存：

①提交作品源文件格式和预览文件格式（*.jpg）各一份。作品源文件文字需转成曲线或栅格化，*.jpg文件格式要求分辨率为300dpi，色彩模式为CMYK格式。

②文件保存路径（网络共享文件夹中）：广告设计与制作专业技能考核\××××考场\工位号\。

所附素材：见二维码。

（2）考核时量。

120分钟。

试题编号：Z3-36

根据所提供素材，为书籍《爱的艺术》设计一款封面。

（1）任务描述。

任务内容：

①素材中提供的文本素材必须表现在版面设计之中，图片素材可根据编排的适当进行选用。

②构思切合主题要求，版面编排合理，软件操作熟练。

③封面、封底和书脊均需设计，封面和封底尺寸均为185mm×260mm，书脊尺寸为15mm×260mm。

④附创意设计说明，字数在50～150字。

⑤将完成作品和设计说明置于A3横版页面（420mm×297mm）。

作品保存：

①提交作品源文件格式和预览文件格式（*.jpg）各一份。作品源文件文字需转成曲线或栅格化，*.jpg文件格式要求分辨率为300dpi，色彩模式为CMYK格式。

②文件保存路径（网络共享文件夹中）：广告设计与制作专业技能考核\××××考场\工位号\。

所附素材：见二维码。

（2）考核时量。

120分钟。

试题编号：Z3-37

根据所提供素材，为书籍《美的历史》设计一款封面。

（1）任务描述。

任务内容：

①素材中提供的文本素材必须表现在版面设计之中，图片素材可根据编排的适当进行选用。

②构思切合主题要求，版面编排合理，软件操作熟练。

③封面、封底和书脊均需设计，封面和封底尺寸均为185mm×260mm，书脊尺寸为15mm×260mm。

④附创意设计说明，字数在50~150字。

⑤将完成作品和设计说明置于A3横版页面（420mm×297mm）。

作品保存：

①提交作品源文件格式和预览文件格式（*.jpg）各一份。作品源文件文字需转成曲线或栅格化，*.jpg文件格式要求分辨率为300dpi，色彩模式为CMYK格式。

②文件保存路径（网络共享文件夹中）：广告设计与制作专业技能考核\××××考场\工位号\。

所附素材：见二维码。

（2）考核时量。

120分钟。

试题编号：Z3-38

根据所提供素材，为书籍《丑的历史》设计一款封面。

（1）任务描述。

任务内容：

①素材中提供的文本素材必须表现在版面设计之中，图片素材可根据编排的适当进行选用。

②构思切合主题要求，版面编排合理，软件操作熟练。

③封面、封底和书脊均需设计，封面和封底尺寸均为185mm×260mm，书脊尺寸为15mm×260mm。

④附创意设计说明，字数在50~150字。

⑤将完成作品和设计说明置于A3横版页面（420mm×297mm）。

作品保存：

①提交作品源文件格式和预览文件格式（*.jpg）各一份。作品源文件文字需转成曲线或栅格化，*.jpg文件格式要求分辨率为300dpi，色彩模式为CMYK格式。

②文件保存路径（网络共享文件夹中）：广告设计与制作专业技能考核\××××考场\工位号\。

所附素材：见二维码。

（2）考核时量。

120分钟。

试题编号：Z3-39

根据所提供素材，为书籍《艺术的力量》设计一款封面。

（1）任务描述。

任务内容：

①素材中提供的文本素材必须表现在版面设计之中，图片素材可根据编排的适当进行选用。

②构思切合主题要求，版面编排合理，软件操作熟练。

③封面、封底和书脊均需设计，封面和封底尺寸均为185mm×260mm，书脊尺寸为15mm×260mm。

④附创意设计说明，字数在50~150字。

⑤将完成作品和设计说明置于A3横版页面（420mm×297mm）。

作品保存：

①提交作品源文件格式和预览文件格式（*.jpg）各一份。作品源文件文字需转成曲线或栅格化，*.jpg文件格式要求分辨率为300dpi，色彩模式为CMYK格式。

②文件保存路径（网络共享文件夹中）：广告设计与制作专业技能考核\××××考场\工位号\。

所附素材：见二维码。

（2）考核时量。

120分钟。

试题编号：Z3-40

根据所提供素材，为书籍《中国古典民族乐器》设计一款封面。

（1）任务描述。

任务内容：

①素材中提供的文本素材必须表现在版面设计之中，图片素材可根据编排的适当进行选用。

②构思切合主题要求，版面编排合理，软件操作熟练。

③封面、封底和书脊均需设计，封面和封底尺寸均为185mm×260mm，书脊尺寸为15mm×260mm。

④附创意设计说明，字数在50~150字。

⑤将完成作品和设计说明置于A3横版页面（420mm×297mm）。

作品保存：

①提交作品源文件格式和预览文件格式（*.jpg）各一份。作品源文件文字需转成曲线或栅格化，*.jpg文件格式要求分辨率为300dpi，色彩模式为CMYK格式。

②文件保存路径（网络共享文件夹中）：广告设计与制作专业技能考核\××××考场\工位号\。

所附素材：见二维码。

（2）考核时量。

120分钟。

试题编号：Z3-41

根据所提供素材，为书籍《人像摄影艺术》设计一款封面。

（1）任务描述。

任务内容：

①素材中提供的文本素材必须表现在版面设计之中，图片素材可根据编排的适当进行选用。

②构思切合主题要求，版面编排合理，软件操作熟练。

③封面、封底和书脊均需设计，封面和封底尺寸均为185mm×260mm，书脊尺寸为15mm×260mm。

④附创意设计说明，字数在50~150字。

⑤将完成作品和设计说明置于A3横版页面（420mm×297mm）。

作品保存：

①提交作品源文件格式和预览文件格式（*.jpg）各一份。作品源文件文字需转成曲线或栅格化，*.jpg文件格式要求分辨率为300dpi，色彩模式为CMYK格式。

②文件保存路径（网络共享文件夹中）：广告设计与制作专业技能考核\××××考场\工位号\。

所附素材：见二维码。

（2）考核时量。

120分钟。

试题编号：Z3-42

根据所提供素材，为书籍《小提琴的故事》设计一款封面。

（1）任务描述。

任务内容：

①素材中提供的文本素材必须表现在版面设计之中，图片素材可根据编排的适当进行选用。

②构思切合主题要求，版面编排合理，软件操作熟练。

③封面、封底和书脊均需设计，封面和封底尺寸均为185mm×260mm，书脊尺寸为15mm×260mm。

④附创意设计说明，字数在50~150字。

⑤将完成作品和设计说明置于A3横版页面（420mm×297mm）。

作品保存：

①提交作品源文件格式和预览文件格式（*.jpg）各一份。作品源文件文字需转成曲线或栅格化，*.jpg文件格式要求分辨率为300dpi，色彩模式为CMYK格式。

②文件保存路径（网络共享文件夹中）：广告设计与制作专业技能考核\××××考场\工位号\。

所附素材：见二维码。

（2）考核时量。

120分钟。

试题编号：Z3-43

根据所提供素材，为书籍《西方美术史十议》设计一款封面。

（1）任务描述。

任务内容：

①素材中提供的文本素材必须表现在版面设计之中，图片素材可根据编排的适当进行选用。

②构思切合主题要求，版面编排合理，软件操作熟练。

③封面、封底和书脊均需设计，封面和封底尺寸均为185mm×260mm，书脊尺寸为15mm×260mm。

④附创意设计说明，字数在50～150字。

⑤将完成作品和设计说明置于A3横版页面（420mm×297mm）。

作品保存：

①提交作品源文件格式和预览文件格式（*.jpg）各一份。作品源文件文字需转成曲线或栅格化，*.jpg文件格式要求分辨率为300dpi，色彩模式为CMYK格式。

②文件保存路径（网络共享文件夹中）：广告设计与制作专业技能考核\××××考场\工位号\。

所附素材：见二维码。

（2）考核时量。

120分钟。

试题编号：Z3-44

根据所提供素材，为书籍《匠心比心》设计一款封面。

（1）任务描述。

任务内容：

①素材中提供的文本素材必须表现在版面设计之中，图片素材可根据编排的适当进行选用。

②构思切合主题要求，版面编排合理，软件操作熟练。

③封面、封底和书脊均需设计，封面和封底尺寸均为185mm×260mm，书脊尺寸为15mm×260mm。

④附创意设计说明，字数在50～150字。

⑤将完成作品和设计说明置于A3横版页面（420mm×297mm）。

作品保存：

①提交作品源文件格式和预览文件格式（*.jpg）各一份。作品源文件文字需转成曲线或栅格化，*.jpg文件格式要求分辨率为300dpi，色彩模式为CMYK格式。

②文件保存路径（网络共享文件夹中）：广告设计与制作专业技能考核\××××考场\工位号\。

所附素材：见二维码。

（2）考核时量。

120分钟。

试题编号：Z3-45

根据所提供素材，为书籍《敦煌壁画艺术》设计一款封面。

（1）任务描述。

任务内容：

①素材中提供的文本素材必须表现在版面设计之中，图片素材可根据编排的适当进行选用。

②构思切合主题要求，版面编排合理，软件操作熟练。

③封面、封底和书脊均需设计，封面和封底尺寸均为185mm×260mm，书脊尺寸为15mm×260mm。

④附创意设计说明，字数在50～150字。

⑤将完成作品和设计说明置于A3横版页面（420mm×297mm）。

作品保存：

①提交作品源文件格式和预览文件格式（*.jpg）各一份。作品源文件文字需转成曲线或栅格化，*.jpg文件格式要求分辨率为300dpi，色彩模式为CMYK格式。

②文件保存路径（网络共享文件夹中）：广告设计与制作专业技能考核\××××考场\工位号\。

所附素材：见二维码。

（2）考核时量。

120分钟。

试题编号：Z3-46

根据所提供素材，为书籍《从感知到艺术》设计一款封面。

（1）任务描述。

任务内容：

①素材中提供的文本素材必须表现在版面设计之中，图片素材可根据编排的适当进行选用。

②构思切合主题要求，版面编排合理，软件操作熟练。

③封面、封底和书脊均需设计，封面和封底尺寸均为185mm×260mm，书脊尺寸为15mm×260mm。

④附创意设计说明，字数在50～150字。

⑤将完成作品和设计说明置于A3横版页面（420mm×297mm）。

作品保存：

①提交作品源文件格式和预览文件格式（*.jpg）各一份。作品源文件文字需转成曲线或栅格化，*.jpg文件格式要求分辨率为300dpi，色彩模式为CMYK格式。

②文件保存路径（网络共享文件夹中）：广告设计与制作专业技能考核\××××考场\工位号\。

所附素材：见二维码。

（2）考核时量。

120分钟。

试题编号：Z3-47

根据所提供素材，为书籍《艺术大师达·芬奇》设计一款封面。

（1）任务描述。

任务内容：

①素材中提供的文本素材必须表现在版面设计之中，图片素材可根据编排的适当进行选用。

②构思切合主题要求，版面编排合理，软件操作熟练。

③封面、封底和书脊均需设计，封面和封底尺寸均为185mm×260mm，书脊尺寸为15mm×260mm。

④附创意设计说明，字数在50～150字。

⑤将完成作品和设计说明置于A3横版页面（420mm×297mm）。

作品保存：

①提交作品源文件格式和预览文件格式（*.jpg）各一份。作品源文件文字需转成曲线或栅格化，*.jpg文件格式要求分辨率为300dpi，色彩模式为CMYK格式。

②文件保存路径（网络共享文件夹中）：广告设计与制作专业技能考核\××××考场\工位号\。

所附素材：见二维码。

（2）考核时量。

120分钟。

试题编号：Z3-48

根据所提供素材，为书籍《艺术大师米开朗基罗》设计一款封面。

（1）任务描述。

任务内容：

①素材中提供的文本素材必须表现在版面设计之中，图片素材可根据编排的适当进行选用。

②构思切合主题要求，版面编排合理，软件操作熟练。

③封面、封底和书脊均需设计，封面和封底尺寸均为185mm×260mm，书脊尺寸为15mm×260mm。

④附创意设计说明，字数在50～150字。

⑤将完成作品和设计说明置于A3横版页面（420mm×297mm）。

作品保存：

①提交作品源文件格式和预览文件格式（*.jpg）各一份。作品源文件文字需转成曲线或栅格化，*.jpg文件格式要求分辨率为300dpi，色彩模式为CMYK格式。

②文件保存路径（网络共享文件夹中）：广告设计与制作专业技能考核\××××考场\工位号\。

所附素材：见二维码。

（2）考核时量。

120分钟。

试题编号：Z3-49

根据所提供素材，为书籍《日本动漫艺术》设计一款封面。

（1）任务描述。

任务内容：

①素材中提供的文本素材必须表现在版面设计之中，图片素材可根据编排的适当进行选用。

②构思切合主题要求，版面编排合理，软件操作熟练。

③封面、封底和书脊均需设计，封面和封底尺寸均为185mm×260mm，书脊尺寸为15mm×260mm。

④附创意设计说明，字数在50～150字。

⑤将完成作品和设计说明置于A3横版页面（420mm×297mm）。

作品保存：

①提交作品源文件格式和预览文件格式（*.jpg）各一份。作品源文件文字需转成曲线或栅格化，*.jpg文件格式要求分辨率为：300dpi，色彩模式为：CMYK。

②文件保存路径（网络共享文件夹中）：广告设计与制作专业技能考核\××××考场\工位号\。

所附素材：见二维码。

（2）考核时量。

120分钟。

试题编号：Z3-50

根据所提供素材，为书籍《如何听懂音乐》设计一款封面。

（1）任务描述。

任务内容：

①素材中提供的文本素材必须表现在版面设计之中，图片素材可根据编排的适当进行选用。

②构思切合主题要求，版面编排合理，软件操作熟练。

③封面、封底和书脊均需设计，封面和封底尺寸均为185mm×260mm，书脊尺寸为15mm×260mm。

④附创意设计说明，字数在50～150字。

⑤将完成作品和设计说明置于A3横版页面（420mm×297mm）。

作品保存：

①提交作品源文件格式和预览文件格式（*.jpg）各一份。作品源文件文字需转成曲线或栅格化，*.jpg文件格式要求分辨率为300dpi，色彩模式为CMYK格式。

②文件保存路径（网络共享文件夹中）：广告设计与制作专业技能考核\××××考场\工位号\。

所附素材：见二维码。

（2）考核时量。

120分钟。